Dados Internacionais de Catalogação na Publicação (CIP)
(eDOC BRASIL, Belo Horizonte/MG)

G826c Gren, Elisabeth Elliot.
Como meus pais nutriram a minha fé / Elisabeth Elliot Gren; tradutor Wellington Ferreira. – São José dos Campos, SP: Fiel, 2022.
304 p. : 16 x 23 cm

Título original: The shaping of a christian family
ISBN 978-65-5723-215-6

1. Gren, Elisabeth Elliot – Infância e juventude. 2. Famílias – Vida religiosa. 3. Parentalidade – Aspectos religiosos – Cristianismo. I. Ferreira, Wellington. II. Título.

CDD 248.8

Elaborado por Maurício Amormino Júnior – CRB6/2422

Como Meus Pais Nutriram a Minha Fé

Traduzido do original em inglês
The shaping of a christian family: How my parents nurtured my faith

Copyright © 1992 by Elisabeth Elliot Gren

Publicado originalmente por Revell
uma divisão do Baker Publishing Group
6030 East Fulton Road
Ada, MI 49301

Para mais informações sobre o legado, trabalho e escritos de Elisabeth Elliot, por favor visite: www.elisabethelliot.org.com

Copyright © 2021 Editora Fiel
Primeira edição em português: 2022

Todos os direitos em língua portuguesa reservados por Editora Fiel da Missão Evangélica Literária
PROIBIDA A REPRODUÇÃO DESTE LIVRO POR QUAISQUER MEIOS, SEM A PERMISSÃO ESCRITA DOS EDITORES, SALVO EM BREVES CITAÇÕES, COM INDICAÇÃO DA FONTE.

Diretor: Tiago Santos
Supervisor Editorial: Vinícius Musselman
Editor: Renata do Espírito Santo
Coordenação Editorial: Gisele Lemes
Tradução: Wellington Ferreira
Revisão: Zípora Dias
Diagramação: Rubner Durais
Capa: Rubner Durais

ISBN impresso: 978-65-5723-215-6
ISBN eBook: 978-65-5723-214-9

FIEL Editora

Caixa Postal, 1601
CEP 12230-971
São José dos Campos-SP
PABX.: (12) 3919-9999
www.editorafiel.com.br

Com amor
para
Phil, Dave, Ginny, Tom e Jim,
herdeiros comigo do inestimável
legado do lar que tentei descrever.

Amarás, pois, o SENHOR, teu Deus, de todo o teu coração, de toda a tua alma e de toda a tua força. Estas palavras que, hoje, te ordeno estarão no teu coração; tu as inculcarás a teus filhos, e delas falarás assentado em tua casa, e andando pelo caminho, e ao deitar-te, e ao levantar-te.

Deuteronômio 6.5-7

O espírito de fé e piedade dos pais deve ser considerado como o meio mais poderoso para preservação, desenvolvimento e fortalecimento da vida de graça nos filhos.

Teófano, o Recluso

SUMÁRIO

Introdução 11
Prefácio 17
1. Um lar vitoriano 21
2. Uma herança considerável 29
3. Uma linda casa nova 35
4. O bangalô, a chotiça, a igreja 41
5. Corajosos pela amada de papai 47
6. Luz e vida 51
7. Espera, minha filha 55
8. Um homem de decisão 61
9. Nasce um lar cristão 73
10. Os novos missionários 79
11. Ele viveu o que nos ensinou 85
12. Frugalidade, hospitalidade e heróis 99
13. O dia do Senhor 107
14. Um hábito de ordem 113
15. Mais bebês 123
16. A ternura de um pai 129

17. Uma mãe é um cálice 139
18. Autoridade sacrificial 147
19. Confiança 159
20. O amor é paciente e benigno 167
21. Regras 173
22. Disciplina: uma missão em benefício da redenção 183
23. Encorajamento 195
24. Franconia 203
25. Trabalho e brincadeira 215
26. Cortesia 227
27. A devoção de uma mãe 237
28. Deixando-nos crescer 247
29. Deixando-nos partir 253
30. O assunto de casamento 259
31. As cartas da família 271
    Epílogo 289
    Lista de leitura para pais 291
    Fotografias 293

INTRODUÇÃO

Quando mamãe tinha 79 anos de idade, a revista *Moody Monthly* lhe pediu que escrevesse um artigo sobre a educação de crianças. Suas perspectivas, conforme descritas aqui, parecem ser a melhor introdução para a história de nossa família:

Ensinando Seu Filhinho,
por Katharine G. Howard

Uma pequena batalha de vontades aconteceu entre meu filho primogênito e eu mesma. Papai e mamãe haviam acabado de tomar o café da manhã. Mas, sentado em sua cadeira alta, Phil enrolava com o restante de seu leite. E anunciou firmemente: "Quero descer".

"Termine o seu leite. Assim, você poderá descer", eu lhe disse, não imaginando que aquilo seria uma crise.

Ele ficou quieto por um tempo e, em seguida, declarou: "Quero descer".

"Sim, logo que você terminar o seu leite." Repetimos essa cena por vários minutos durante mais de uma hora. Comecei a compreender que minha autoridade estava sendo testada. Interiormente, decidi que ele ficaria sentado ali até que fizesse o que eu lhe dissera. Se não fosse por causa da vinda do leiteiro, não sei quanto tempo teríamos ficado ali. Phil amava ver o leiteiro descer a rua de paralelepípedo em nosso bairro, Schaerbeek, em Bruxelas, na Bélgica, com sua pequena carroça puxada por seu cachorro. Quando Phil o ouviu, engoliu o leite e escapou rapidamente da cadeira alta.

Anos mais tarde, durante seu serviço militar, Phil escreveu para seu pai e nos agradeceu por lhe ensinar obediência. Nunca lhe ocorreu desobedecer a uma ordem, ele disse, mas muitos homens tentaram esquivar-se de fazer o que lhes fora dito e, por consequência, passaram muito tempo na prisão.

"Ensina a criança no caminho em que deve andar, e, ainda quando for velho, não se desviará dele" é tão verdadeiro hoje como era quando Salomão o escreveu milhares de anos atrás. Examinar as colunas de qualquer concordância bíblica sobre as palavras *obedecer*, *obediência* e *obediente* nos dá uma ideia da sua importância aos olhos de Deus. "Eis que o obedecer é melhor do que o sacrificar, e o atender, melhor do que a gordura de carneiros", disse Samuel a Saul. A fim de *atender* apropriadamente, o que é o começo do aprendizado, deve-se ser obediente.

Treinar deve vir antes de ensinar. Antes de os pais poderem treinar seus filhos corretamente, eles devem primeiramente disciplinar-se a si mesmos. Um lar ordeiro e hábitos ordeiros podem ser alcançados apenas por concordarem juntos sobre essas coisas. Nosso lar seguia um programa rígido. Meu marido tinha de pegar na hora certa o seu trem, e cada filho tinha de terminar seus deveres e sair para a escola no horário. Meu marido insistia num café da manhã demorado e em orações familiares. Isso é impossível se os filhos não cooperarem. E não cooperam se não forem disciplinados desde seus primeiros dias. Essa disciplina é o fundamento para o ensino.

Orar juntos por sabedoria e manterem-se firmes juntos em questões de disciplina deve ser uma norma para os pais. Os filhos mais velhos percebem rapidamente que podem jogar um pai contra o outro. "Se mamãe não me deixar ir, pedirei ao papai. Ele não saberá que mamãe disse não." Os pais de filhos mais novos (e de filhos mais velhos, também) devem ler frequentemente o livro de Provérbios e se encharcar da sabedoria dada pelo Espírito de Deus.

Os pequeninos não são novos demais para receberem treinamento sério? Anos atrás, quando nossos três filhos mais velhos eram bem pequenos, meu marido e eu convidamos para o nosso lar um pai de dez filhos, os quais se tornaram, todos, homens e mulheres cristãos excelentes. Depois de acomodarmos seguramente nossos três filhos na cama, nós, pais jovens, começamos a fazer, ao nosso convidado, perguntas sobre criação de filhos. Nunca esqueci algo que ele disse: "Se você não consegue obediência por volta de quando eles têm dezoito meses, é tarde demais!"

Raramente diríamos que dezoito meses é tarde demais para ensinar obediência a uma criança. Mas, certamente, a obediência se tornará tanto mais difícil quanto mais uma criança for deixada na dúvida sobre quem está em autoridade. Nestes dias, ouvimos muito sobre não frustrar a criança por dizer "não". De fato, a frustração vem quando ela é desobediente e não é punida por isso. Observei, frequentemente, que uma aplicação imediata de uma punição física clareava a atmosfera. Nas semanas seguintes, não houve necessidade de mais castigo. A Bíblia nos diz: "O Senhor corrige a quem ama." A menos que sigamos firme e consistentemente o exemplo do Senhor, estamos realmente amando os nossos filhos?

Quando cada um de nossos seis filhos chegaram aos dezoito meses, eu descobri que nosso amigo sábio estava certo. Quando a criança começa a engatinhar e, depois, a andar, ela coloca seus pais à prova. "Mamãe quis dizer *realmente* não toque nisso?", parece que a criança se pergunta. "Vou testá-la e ver se é verdade!" E faz exatamente isso.

Lembro-me de observar meu filho Dave, quando seu filhinho Michael se arrastava em direção a meu fogão a gás, em nossa cozinha, na Flórida. Ele havia sido retirado de lá e ordenado a não ligar as bocas de gás. Mas, ele se arrastou devagarzinho rumo ao fogão, parando de vez em quando e olhando para seu pai, que continuava a dizer calmamente: "Michael, não toque nisso". Quando Michael tocou, descobriu que seu pai estava falando sério. Houve lágrimas intensas como resultado.

Até os pequeninos bebês podem ser ensinados, quando colocados na cama, que chorar não faz nenhum bem. A mãe tem de disciplinar-se a si mesma. Se ela tem certeza de que o bebê está sequinho, quente e bem alimentado, então, ela deve deixá-lo chorar. Serão necessárias apenas algumas noites para ele aprender que chorar é desperdício de tempo. Podemos lidar facilmente com a criança de colo que chora e grita por deixá-la sozinha em um quarto. Chorar e gritar não são muito divertidos quando não se tem audiência.

Nestes dias há muita conversa sobre ter coisas *não estruturadas*. Como um cristão pode fazer essa zombaria com as Escrituras, tais como "Tudo, porém, seja feito com decência e ordem" (1Co 14.40) ou com um estudo diligente da criação de Deus? O que aconteceria às galáxias se fossem não estruturadas? Certamente, deve haver ordem no lar.

Estrutura em um lar inclui mais do que planejar o horário. Significa ensinar um filho a disciplinar sua mente. Até uma criança pequena pode aprender a prestar atenção e a olhar para seus pais quando estão falando com ela. No tempo de nossas orações em família, não permitíamos brincadeiras ou divagação da mente. Esperávamos que nossos filhos ouvissem.

൞ൣ

Treinar uma criança começa bem cedo, mas, quando começamos a *ensiná*-la? Há maior alegria para uma mãe do que uma cadeira de embalo, balançando suavemente, e um bebezinho em seu colo para quem ela canta? Os seus pequeninos ouvidos devem escutá-la cantar "Jesus me Ama", ou "Lá na Manjedoura", ou "Salvador, guia-nos como um Pastor". O ritmo de embalo insere automaticamente versos e canções na mente de uma criança. Tranquilizada pelo movimento e pelo amor de sua mãe, a criança fica mais aberta e pode aprender sem esforço.

Uma apreciação de boa literatura pode ser instilada bem cedo. *Pedro Coelho*, o *Coelho Benjamin*, o *Esquilo Nutkin* e *Jeremias Pescador* se tornaram amigos de nossos filhos. Eles também amavam o vaivém cativante dos poemas escritos por A. A. Milne. E desgastamos dois livros de histórias da Bíblia.

Meu marido instituiu as orações familiares logo que nos casamos. Imediatamente após o café da manhã, tínhamos um hino, uma breve leitura bíblica, uma oração entregando cada membro da família aos cuidados de Deus e, depois, nos uníamos em dizer a oração do Pai Nosso. Quando nossos filhos eram pequenos, eu os segurava no colo enquanto meu marido tocava o hino no piano. Eu segurava os braços do bebê Jim e o ajudava a marcar o tempo para a música. Logo ele o fazia sozinho.

Descobri que simplesmente repetir o Salmo 23, toda noite, para o Jim, depois que estava na cama, era uma maneira simples de implantar essa linda canção de Davi no coração e na mente de Jim. Em uma semana, ele estava começando a dizê-la comigo, e isso era parte do ritual de ir para cama. Quando ele dominou o Salmo 23, acrescentamos outra Escritura.

Ao ensinar os filhos mais novos, é bom lembrarmos as palavras de Isaías 28.10: "Porque é preceito sobre preceito, preceito e mais preceito; regra sobre regra, regra e mais regra; um pouco aqui, um pouco ali". É assim que o nosso Deus paciente tem lidado conosco; e assim devemos lidar com os nossos pequeninos, repetindo frequentemente a Palavra de Deus, para que fique escondida no coração deles, para não pecarem contra Deus.

Observamos que a repetição do Pai Nosso no final do culto familiar era uma maneira que facilitava seu aprendizado. Meu netinho Charles quis se unir a nós em recitá-lo, mas não conseguia dizê-lo bem. No entanto, ele se tornou bom e forte no que sabia. Em voz clara, ele dizia: "Céu... nome... venha... feita...". "Ofensas" era um tropeço para ele, mas, com o passar do tempo, ele superou isso também e logo pôde se unir a nós em toda a oração.

A antiga versão do Salmo 127.3, dada no *Livro de Oração Comum*, desafia todo pai: "Eis que os filhos e o fruto do ventre são uma herança e dádiva que vem do SENHOR". Como estamos valorizando essa dádiva? Nenhum tempo gasto nessa responsabilidade é perdido.

> Só damos o que é teu,
> Seja este dom qual for.
> Só temos o que vem do céu,
> Confiado a nós, Senhor.[1]

Vivamos diante de nossos filhos para que nos honrem verdadeiramente como diz Efésios 6.2: "Honra a teu pai e a tua mãe (que é o primeiro mandamento com promessa)".

Filhos muito novos são capazes de dar seu coração a Cristo. Um de meus filhos não se lembra de quando isso aconteceu em sua vida, mas sabe que aconteceu. Minha filha mais nova se lembra de quando, aos quatro anos de idade, ela e eu nos ajoelhamos ao lado de minha cama e ela pediu ao Senhor Jesus que viesse morar em seu coração. Ela diz que nunca duvidou de sua salvação desde então. Lembre-se do amoroso convite do Senhor: "Deixai os pequeninos, não os embaraceis de vir a mim, porque dos tais é o reino dos céus" (Mt 19.14).

Deus permita que nenhum de nossos pequeninos tenha de dizer em sua vida adulta as tristes palavras de Provérbios 5.12-14: "Como aborreci o ensino! E desprezou o meu coração a disciplina! E não escutei a voz dos que me ensinavam, nem a meus mestres inclinei os ouvidos! Quase que me achei em todo mal que sucedeu no meio da assembleia e da congregação".

---

1 William Walsham How (1823-1897), Hinário Luterano, 387.

PREFÁCIO

O quarto da frente no piso superior da casa em que passei os primeiros nove anos de minha vida era grande e ensolarado, com uma cadeira de embalo na janela saliente onde mamãe amava sentar-se para alimentar e embalar seus bebês, cantar para nós e contar-nos histórias. Éramos três na época – Philip, chamado Sonny, naquele tempo, eu, Elisabeth, conhecida por Bets para mamãe e Betsy para papai, e David, o qual, então, era Davy.

Minha recordação mais antiga é de sentar-se no colo de mamãe, de frente para ela, olhando para seus olhos azuis vívidos (eles eram muito, muito azuis) e brincando com um broche de ouro em formato de raios solares na gola em V de seu vestido azul.

Ela cantava "A Capital Ship" (Uma Nau Capitânia), "Go Tell Aunt Nancy" (Vá Dizer à Tia Nancy), "I Went to Visit a Friend One Day" (Fui Visitar um Amigo Um Dia), "Bobby Shaftoe", "Matilda Told Such Awful Lies" (Matilda Contou Mentiras Horrorosas) e "She Is a Darling, She Is a Daisy" (Ela é Um Encanto, Ela é uma Maravilha). Das muitas canções evangélicas que ela cantava, lembro-me em especial de "Luz Bendita, Luz Gloriosa" e "Belas Palavras de Vida". Amávamos ler histórias de uma série de livros intitulada *My Bookhouse*, bem como de A. A. Milne e de Beatrix Potter. Amávamos as histórias que ela criou sobre um macaquinho chamado Jocko, porém implorávamos muito frequentemente para ouvir sobre "quando você era uma menina."

Quando mamãe chegou aos setenta anos, eu lhe pedi que colocasse toda a história em forma escrita.

"Oh! *Bobagem*", ela disse. "Quem jamais *desejaria* ler *isso*?" (Mamãe jamais conseguia falar sem ênfase. Acho que peguei seu hábito.)

"Todos nós", eu respondi, significando os seis filhos e nossos cônjuges, filhos, netos e quem sabe quantas gerações mais.

O argumento a convenceu de que certamente haveria alguns leitores. Afinal de contas, eu ressaltei, qual geração na história da humanidade tinha visto as mudanças cataclísmicas em tecnologia e na sociedade que a sua geração tinha visto – desde porcelana óssea a isopor, desde o tecido rude de linho e lã aos tecidos sintéticos, desde as pias de porcelana e bacias de latão às jacuzzis, desde querosene e lâmpadas a gás à eletricidade, desde cavalos e carroças a aviões a jato?

"Oh! *Misericórdia!*", ela disse. "Eu não sei o que dizer. *Não sou* uma escritora. *Você* faz isso!"

Eu lhe respondi: "Consiga um caderno de anotações e comece a escrever as coisas à medida que vêm à sua mente, uma história por folha, para que depois você possa inserir coisas que esqueceu. Use o tempo que for necessário".

Ela o fez. Foi adiante com o projeto. Gastou dez anos nele, colou até fotos e acabou em dois volumes grossos.

Isso, então, e não as minhas recordações infantis dessas histórias, foi a minha principal fonte para os fatos e a cronologia da vida de nossa família. Excertos da história de mamãe estão impressos em letras menores.

Papai morreu aos 65 anos. Infelizmente, não tivemos a ideia de lhe pedir que escrevesse sua história. Desejamos muito que tivéssemos pedido. Mas temos a meia dúzia de livros que ele escreveu, alguns poucos anos de diário que ele manteve, algumas de suas cartas e cartas escritas para mamãe a respeito dele, depois de sua morte. E ainda temos sua irmã Anne, que é muito boa em responder perguntas.

As histórias da vida de meus pais são, naturalmente, de grande interesse para mim, mas não pensei em colocá-las na forma de livro até alguns anos atrás, quando comecei a ouvir de muitos pais e mães jovens que desejavam sinceramente estabelecer lares cristãos, mas não tinham um contexto familiar como eu tive. Como uma pessoa desenvolve um lar cristão? Que forma ele deve assumir? Quais são os modelos dignos de ser copiados?

Ofereço esta história da família de *um* homem. Talvez alguns queiram aceitá-la como uma prescrição para si, mas não a ofereço como tal. Seu alvo primário é ser uma descrição de como *um* casal cristão trabalhou para ordenar o seu próprio lar. Os Howard procuraram aprender e aplicar princípios espirituais da Bíblia; e esses princípios são dignos de ser frequentemente revistos, embora sua aplicação possa ser diferente em outros lares. Nossos pais oravam todos os dias buscando a ajuda de Deus. Eles cometiam erros e pediam o perdão de Deus e, às vezes, o nosso também.

A pergunta que surge é esta: quais foram os resultados? O que aconteceu com os seis filhos da família Howard? Falo por todos eles quando digo que agradecemos a Deus pelo lar em que crescemos. Amávamos nossos pais e sabemos que eles nos amavam. Nós os respeitávamos, e os princípios que nos ensinaram contribuíram certamente para a formação dos seis lares que estabelecemos quando formamos nossas famílias, embora sejamos cônjuges diferentes e lares diferentes. Falo por mim mesma quando digo que tanto desnorteei quanto entristeci meus pais, sem dúvida muito mais frequentemente do que sei, mas as orações deles me acompanharam e somente a eternidade mostrará quão grande é a dívida que tenho para com eles.

Magnolia, Massachusetts, julho de 1991

1

UM LAR VITORIANO

"Vista-se rapidamente, Tom. Há uma surpresa para você lá embaixo."

O tio Tom tinha cerca de 90 anos quando nos falou, seus sobrinhos e sobrinhas, sobre aquela manhã memorável em junho de 1899, quando Granny Marshall, a idosa enfermeira, foi ao seu quarto para acordá-lo.

A bicicleta! Certamente, era a bicicleta pela qual ele tanto anelara. Quase tudo que ele tinha era de segunda mão, bem usado pelo seu irmão mais velho Frank. Se ele pudesse ter apenas uma única coisa nova, maravilhosa e brilhante.

Vestiu a camisa, as cuecas, meias pretas e os sapatos de cano alto (sem tempo para abotoá-los) e correu para baixo. Algum menino de oito anos foi mais terrivelmente desapontado? Não era uma bicicleta brilhante. Era um pequeno pacote nos braços de sua mãe, uma criancinha vermelha e chorosa, de cuja chegada ele não tivera nenhuma indicação.

"Sua irmã, Tom", disse sua mãe. "O nome dela é Katharine."

Katharine, mamãe, nasceu de Frank e Ida Keen Gillingham na Avenida Clarkson, em Germantown, uma parte da cidade de Filadélfia onde seu pai tinha uma madeireira. Sua casa ampla e confortável era metade do que na época chamavam casa "dupla", que compartilhava uma parede com os vizinhos ao lado. A primeira fotografia do bebê Katharine é uma daquelas antigas fotos de tom azul. Mostra um carrinho de vime bem acolchoado, com rodas altas e um guarda-sol fechado. Cercada por almofadas e mantas, está sentada uma criança lindamente vestida com roupa de babado e touca, com uma face redonda e olhos brilhantes.

Sua autobiografia conta a história:

> O Dr. Thomas Carmichael, pai do agora famoso Leonard Carmichael [por muitos anos, diretor do Instituto Smithsonian], colocou a meus dois irmãos e a mim no mundo, na casa para a qual papai e mamãe mudaram depois que se casaram.
>
> Granny Marshall, a enfermeira, é uma das primeiras pessoas das quais me lembro.

Viúva de um marinheiro perdido no mar, Granny gastava boa parte de seu tempo fazendo "kits de costura para homens do mar". Quando Katharine tinha três anos de idade, a idosa senhora quebrou a perna, que foi mal restaurada e ficou permanentemente rígida. "Quando ela vinha nos visitar, como o fazia com frequência, tornou-se meu dever ajudá-la a calçar seus sapatos pretos de cano alto e abotoá-los, um dever do qual nunca gostei!"

Outra mulher que a menininha aprendeu a amar bem cedo era sua "babá", Sarah Ann Hackley, que sempre usava um vestido preto, com colarinho e punhos de manga brancos; um avental branco e um chapéu branco. "O mundo chegou ao fim (por um tempo) no dia em que ela foi embora, quando eu tinha uns seis anos. Lembro-me de ficar sentada no topo da longa escada e observá-la partindo. Não podia imaginar a vida sem ela."

Na frente, a casa tinha uma cerca de ferro e uma grande varanda, com cadeiras de balanço de vime. No jardim da frente, havia "um pequeno grupo de árvores sempre-vivas, e, em uma delas, havia um arranjo de galhos que formavam um ótimo lugar para alguém se sentar. Era meu refúgio especial, e eu o amava".

Quando você entrava pela porta da frente, passava por um vestíbulo para um hall espaçoso e, depois, para o salão à direita, que continha um enorme piano mecânico de pernas grossas, com rolos de músicas.

Fotos desse cômodo mostram lâmpadas com imensos toldos franjados, mesas de pernas torneadas, com toalhas de renda ou veludo, e cadeiras elegantes cobertas com veludo franjado, espalhadas no que parece ser, um século depois, um formato aleatório que tem pouco a ver com as noções atuais de conforto, conveniência e simetria. Pesadas molduras douradas, na parede, sustentam quadros de lindas donzelas. Na cornija da lareira, há vasos de vidro decorado, um relógio de pêndulo, um candelabro com prismas de cristal, as mesmas coisas que mais tarde adornaram a cornija da lareira de que me lembro em nossa casa. Atrás desse cômodo havia o escritório onde a menininha podia se ver num grande espelho, enquanto dançava a música tocada no piano mecânico. Então, vinha a sala de jantar com uma porta de vaivém que dava para a cozinha, onde a comida era feita num fogão a carvão, que tinha um aquecedor de água acoplado. Aqui aconteceu uma tragédia quando Katharine tinha uns quatro anos de idade.

> Mamãe era alegre e feliz. Contudo, acho que ela nunca se recuperou totalmente da tragédia... Sua irmã, depois de ficar viúva, decidiu construir uma casa em Belmar (New Jersey), para fugir do calor da cidade nos verões. Ela estivera lá para supervisionar a obra e deixara suas duas meninas com mamãe. Acho que elas tinham dez e sete anos. Betty era a mais nova. Ela tinha acabado de almoçar, e mamãe quis ir para a cozinha, para falar com a empregada. Ela nos ordenou, as três meninas, que subíssemos. Betty, que era apegada a mamãe, seguiu-a até a cozinha. Repentinamente, houve uma explosão horrível. O aquecedor havia explodido ao lado do fogão. Uma peça de metal atingiu Betty, matando-a instantaneamente. Helen e eu não sabíamos o que havia acontecido, mas fomos levadas rapidamente para a casa ao lado, onde fomos colocadas na sala de estar e deixadas ali pelo que pareceu ser várias horas.

No andar de cima, ficava a sala de estar. Aqui, além do sofá de pelo de cavalo e cadeiras de braços estofadas de pelúcia, estava a linda escrivaninha Governador Winthrop, de Ida (agora, em minha sala de visitas), um telefone alto, na moldura da lareira, com suas campainhas montadas acima na parede, e um "tubo de falar", um tipo de interfone pelo qual alguém podia assoprar para atrair a atenção da cozinheira na cozinha. O móvel de fumar de seu pai propiciava alegria à menina, quando ela guardava ali as cartas e o cribbage dele, com suas fichas e pinos de latão.

O quarto dos pais era na frente, e o de Katharine ao lado. No terceiro piso, estava o quarto dos irmãos e uma sala de estar, um quarto de empregada e um depósito.

> Limpar a casa naqueles dias era uma tarefa formidável. Tapetes tinham de ser levados para fora, ao quintal, e um homem era contratado para BATÊ-los com varas fortes, uma em cada mão, e, se ele tivesse um senso de ritmo apropriado, era divertido ouvi-lo. A fim de preparar-nos para o verão, os carpetes de linho eram colocados em cima dos outros carpetes, e todos os móveis eram envolvidos em enormes lençóis de linho, e os quadros, cobertos com morim.

No amplo quintal, havia uma caixa de areia, uma treliça coberta com videiras e um maravilhoso pé de cereja, do qual Katharine podia ter apenas algumas poucas cerejas por vez, visto que não eram consideradas "boas para meninas". Os galinheiros para as galinhas de Tom e os pombos de Frank estavam no fundo do quintal. Gatos da vizinhança eram interessados nas galinhas e nos pombos, por isso, Teddy, o buldogue de Katharine era treinado a persegui-los. "Isso me causou muita tristeza posteriormente, quando eu costumava trazer para casa lindos gatos 'coon', do Maine, na esperança de que Teddy aprendesse a gostar deles. Ele nunca aprendeu, e, sob suas atenções, as nove vidas dos gatos foram consumidas rapidamente. Uma única chacoalhada era o suficiente!"

Katharine e seu amado Teddy, nascidos quase no mesmo tempo, eram inseparáveis. Ele tinha os mesmos sentimentos de Katharine a respeito de muitas coisas, inclusive sobre o 4 de julho. Juntos, eles se escondiam, tremendo, debaixo da cama, para fugir dos grandes "tiros canhão" que Tom e Frank disparavam.

> Certa vez eu estava sentada na varanda da frente, em meu pequeno banco de balanço. Mamãe havia me dado um punhado de amendoim descascado (outra coisa que meninas não deviam comer muito). Teddy veio e se sentou diante de mim, babando. Ele também gostava muito de amendoim. De repente, deixei cair um, e, antes que eu pudesse pegá-lo, Teddy o engoliu totalmente. Fiquei desnorteada. Eu o teria de volta ou saberia o motivo. Meti a mão em sua boca e tentei enfiá-la em sua garganta, enquanto ele gritava alto o tempo todo. Nosso carteiro estava passando no outro lado da rua e, vendo-me naquela posição, largou sua bolsa e veio correndo em minha ajuda, pensando que o pobre Teddy estava comendo o meu braço.

Teddy detestava o geleiro e tornou sua vida infeliz, rosnando e latindo ferozmente quando ele vinha cambaleando até ao barracão do fundo, puxando um enorme bloco de gelo, talvez de 22 quilos, com suas pinças. A caixa de gelo, "uma coisa em formato de esquife", tinha um grande compartimento de gelo com um buraco no fundo, para permitir que a água escoasse para um coletor embaixo. "Ai da empregada que se esquecesse de esvaziá-lo uma ou duas vezes por dia! Um fiozinho de água anunciaria o transbordamento do coletor!" Katharine ficava sempre alegre em ver o geleiro, pois, enquanto o cavalo paciente esperava na frente da casa, era-lhe permitido subir na parte de trás da carroça do geleiro e pegar as raspas de gelo que ele havia deixado depois de cortar os blocos com seu cinzel.

Havia poucas diversões para crianças no início do século XX, e obtemos a clara impressão de que elas eram mais felizes por causa disso. Coisas simples que custavam nada proviam entretenimento suficiente; e a travessura em que Katharine e sua amiga Dorothy se meteram foi relativamente inofensiva.

Ao lado deles, residia a idosa Sra. Manship, uma matriarca que havia se esforçado para manter todos os seus filhos adultos ao redor dela — Horace, um solteirão austero, e três irmãs solteironas: Dovey, Wheaty e Browny, distantes e intocáveis, todos eles. Katharine e Dorothy, determinadas a, de algum modo, quebrar o silêncio, jogaram areia, da caixa de areia, por sobre a cerca de trás, para o jardim dos Manship. Não há registro das consequências da diversão que isso deve ter oferecido aos Manship. Talvez eles precisassem, de vez em quando, de uma interrupção em sua vida quieta.

No lado oposto, estava a grande Propriedade Wistar, outra fortaleza impenetrável. "Nunca tínhamos permissão de ir lá, embora eu me lembre de tentar entrar furtivamente e pegar umas violetas de debaixo das árvores deles na primavera."

A fazenda Wistar ficava no fim da rua sem saída, e o velho Billy, com sua cabeça inclinada para frente, numa curvatura permanente (alguém disse que ela havia caído de uma carroça de feno e fraturado o pescoço muitos anos antes), costumava entregar leite da fazenda. Lembro-me de ficar esbugalhada num dia de inverno, quando ele veio à cozinha e ficou de pé apoiando sua mão casualmente no fogão quente.

Certa manhã, acordei com a notícia de que o celeiro da fazenda Wistar havia se incendiado completamente durante a noite. Fiquei furiosa pelo fato de que tinha dormido durante toda a agitação, quando os carros de bombeiro, puxados por três cavalos, passaram a galope por nossa casa, e ninguém me acordou.

Nos dias quentes de verão, a poeira formava uma camada grossa na rua. Podíamos observar o carro de água vindo para assentar a poeira por breve tempo. Era um tipo de carro tanque, com um sistema de irrigação ligado ou desligado à vontade do motorista.

Um dos sons que me lembro de ouvir era o agradável tilintar do pequeno sino que o amolador de tesouras usava para deixar as pessoas cientes de que ele estava na vizinhança. Depois, pessoas podiam levar para ele todas as facas e tesouras que precisavam ser afiadas, observá-lo girar seu esmeril e ver as faíscas voando.

2
UMA HERANÇA CONSIDERÁVEL

Meu irmão Frank conta uma história sobre o nosso avô (Frank Clemens Gillingham) que ele afirma persistentemente ser verdadeira. O vovô era um oficial no exército da União. Quando Lincoln foi morto, seu corpo foi transportado de trem para Springfield, no estado de Illinois. O vovô estava encarregado do trem fúnebre, que fez uma viagem lenta e triste para o oeste, parando em quase toda cidade no caminho, a fim de que as pessoas pudessem ter um último vislumbre daquele grande homem. Caiu para nosso avô a responsabilidade de cuidar para que as cinzas procedentes da locomotiva fossem cuidadosamente removidas da face de Lincoln em cada parada.

Lembro-me de quando, em 1913, vovô retornou de assistir ao quinquagésimo aniversário da Batalha de Gettsburg. Esse evento teve a participação de veteranos de ambos os exércitos, dos Confederados e da União. Ele nos disse que um dia, enquanto estava lá, andando pela estrada, viu um homem idoso sentado ao lado da estrada e parou para conversar com ele. O homem lhe perguntou em que regimento ele havia servido. E, quando vovô respondeu, o homem lhe disse: "Senhor, eu fui o seu baterista".

Ele também nos contou quão lindamente o campo de batalha havia sido restaurado. Papai falou mais alto e lhe perguntou se tinha visto o campo de batalha de Antietam — que ele pensava ser muito bonito. Vovô respondeu muito tranquilamente: "Eu lutei lá". Li que aquela foi a batalha mais sangrenta da mais sangrenta das guerras.

O pai de Katharine era Frank Morris Gillingham, o filho mais velho desse avô. Ele entrou no negócio de madeireira de seu pai ainda em seus anos de adolescência.

Toda manhã, ano após ano, papai tinha o mesmo café da manhã — café, torradas (eu acho) e dois ovos cozidos, abertos em uma grande tigela, com *hash brown* colocado sobre eles, o que ele misturava num instante, porque estava apressado para pegar seu trem na Ferrovia Reading, na Estação Wistar, que era no sopé de uma longa colina na rua Wistar. De manhã, em casa, ele estava renovado e descansado; à tardinha, ao voltar do trabalho, estava cansado e suado, depois de um longo dia na madeireira. Devia ter sido fatigante, mas ele voltava para o lar, para achar uma graciosa e pequena mulher (um metro e meio de altura), Ida Keen. Ela era a mais nova de quatro filhos de Alfred Keen. Tinha um irmão, Harry, que morrera num acidente de trem, e outro irmão, tio Will, de quem me recordo vagamente como um homem bonito e alto que sofria do que eu penso ser artrite. Sua irmã, que, por alguma razão desconhecida, fora batizada com o nome de Lizzie e que alguns de vocês conheciam como Nana, era a próxima na sequência e, depois, a Mamãe, que eu posso imaginar era a predileta da família.

Minha única recordação de meu avô Keen é de ele estar sentado numa grande cadeira de balanço na casa da tia Lizzie, onde morava, e mandar Helen, a filha mais velha de tia Lizzie, à loja a fim de comprar para ele tabaco de MASCAR.

Vovô e vovó Gillingham moravam em uma linda e enorme casa na esquina da Avenida Wayne com a Rua Coulter, em Germantown. Morando com eles, estavam a mãe de mamãe, a minha bisavó Tacy Shoemaker Morris, e a irmã dela, Mattie, uma moça solteira de idade incerta e NÃO muito bonita, conforme eu lembro. Minha bisavó vestia preto, com renda pregueada no pescoço e no punho das mangas. Um chapéu pequeno colocado em sua cabeça e um pequeno tufo de cabelo falso adornavam a sua testa. Ela se sentava numa cadeira de balanço profunda perto da janela que olhava para a Rua Coulter e fazia aquelas lindas colchas de retalho de seda que Bets tem e, conforme penso, também dei uma para Phyllis. Você deveria estudar o número infinito de tipos diferentes de costuras nelas.

Vovó (Tacy Morris Gillingham) morreu quando eu era muito pequena e quase não me lembro dela. Uma coisa, porém, recordo: quando éramos convidados a ir lá, para o jantar de domingo, quase sempre tínhamos MINGAU DE MILHO, do melhor tipo! Tenho certeza de que havia outras coisas, mas, como eu não GOSTAVA daqueles mingaus, eles são a única coisa de que me recordo! Depois que ela morreu, seu lugar foi sempre separado no jantar, como se ela fosse esperada. Isso me confundia muito.

Por breve tempo, tivemos um cavalo chamado Velho Tom. Ele era tão largo quanto comprido e sempre se assustava com bueiros, para constrangimento dos ocupantes da carruagem. Lembro-me de dois enormes casacos de pele de búfalo e tenho uma vaga imagem mental de estar em um trenó, agasalhada com aquelas coisas enormes ao meu redor.

Nos dias quentes de verão, cavalos que puxavam carroças e carretas eram frequentemente equipados com chapéus de palha com buracos para que seus ouvidos os atravessassem; e isso lhes dava uma aparência cômica. Em intervalos ao longo das ruas e nos campos, eram colocadas grandes cubas cheias de águas para dar de beber aos cavalos.

Quando era tempo de alimentá-los, seu condutor prendia uma "bolsa de comida", contendo aveia, sobre as narinas dos cavalos.

O primeiro automóvel de que me lembro pertencia ao médico de nossa família, o Dr. Carmichael. Parecia uma carroça, com rodas grandes e pneus duros. Não tinha volante, e sim um tipo de barra que cruzava o colo do motorista. Eu não tinha a menor ideia de que marca ele era. Talvez fosse movido a eletricidade.

Papai comprou um carro, um Columbia, talvez de 1904, eu acho. Não havia portas, entrávamos nele pisando num estribo. O motorista se sentava no lado direito (uma reminiscência dos dias de carroças e cavalos, sem dúvida), com o volante colocado em ângulo reto a ele e uma buzina com um bulbo de borracha que podia ser apertado. Não lembro se aqueles primeiros modelos tinham cortinas que podiam ser puxadas com a mão em caso de chuva. Um dia, eu estava andando de carro, na frente, com meu pai — deve ter sido o 4 de julho; eu estava com uma bandeira dos Estados Unidos e balançava-a com alegria. Infelizmente, eu a balancei na face de papai, obstruindo a sua visão, e acabamos nos chocando com um poste de luz ou telefone. Papai não ficou contente — nem eu!

Parecia que frequentemente acabávamos as nossas viagens em uma valeta, pois, na época, as ruas tinham valetas profundas em ambos os lados. Para evitar outro veículo, um motorista tinha de desviar um pouco para o lado, por segurança; e, se a rua estava escorregadia, o carro escorregava suavemente para a valeta, tornando muito difícil sair dali, a menos que viesse alguém com um cavalo. E ficávamos sujeitos à humilhação de ouvir os transeuntes gritarem: "Bipe! Bipe! Arranjem um cavalo!".

Para viajar nos carros abertos do início dos anos 1900, GUARDA-PÓS, ÓCULOS DE PROTEÇÃO e CACHECÓIS eram uma necessidade. Um guarda-pó era uma veste de linho que chegava até perto dos tornozelos. Papai tinha um boné de linho e óculos de proteção — coisas enormes que cobriam metade de sua face. Mulheres vestiam chapéus enormes com véus pesados, pendurados neles, descendo sobre os ouvidos e presos na parte de trás. Eles esvoaçavam quando andávamos rapidamente a uma velocidade de 25 a 35 km por hora! No fim do dia, ao retirarmos os óculos de proteção, éramos uma visão bizarra: a parte inferior de nosso rosto queimada pelo sol e o vento e coberta de poeira, enquanto os óculos de proteção haviam criado um efeito coruja ao redor de nossos olhos!

Quando eu era criança, um dos deleites da época de verão era viajar no bonde ABERTO. Eles ficavam ativos por volta de maio, eu acho. Os assentos eram de madeira e ficavam, de um lado a outro, na largura do bonde. Havia um degrau que percorria o comprimento do bonde, e, para receber a tarifa, o cobrador andava por esse degrau para contatar cada pessoa. Havia um operador na frente que conduzia o veículo usando como um freio uma alça longa, semelhante a uma manivela, que ele tinha de girar furiosamente para parar o movimento do carro.

3

UMA LINDA CASA NOVA

Quando Katharine tinha nove anos de idade, ficou horrorizada ao ver, um dia, uma placa de VENDE-SE na frente da casa. O nome do corretor de imóveis estava, sem dúvida, na placa. E ela decidiu que o odiava. "Como ele ousa fazer isso? Ele quase superava o Sr. McGregor em minha categoria de vilões!"

Ela não foi consultada, mas logo se reconciliou com a casa enorme na Rua Harvey, que seu pai comprara.

A casa tinha TUDO. Acho que havia 21 cômodos naquela casa. Estava um pouco acima da rua, tornando necessário subir alguns degraus para chegar até ela (tornando igualmente difícil levar minha bicicleta para cima e para baixo). Entrando pela porta da frente, a partir da varanda, chegava-se a um belo hall holandês, com uma ampla escadaria de madeira sólida natural. Papai conseguira, em algum lugar, uma enorme cabeça de alce que pendurou no patamar da escada. O lindo relógio da vovó, que ela deu à mamãe, ficava no patamar, badalando os sininhos Whittington. À esquerda, um cômodo enorme e confortável, com estantes imensas, e aquela mesa que Tom possui estava no meio. Olhando para a porta da frente, estava a sala de recepção de minha mãe, onde ela recebia, frequentemente à tarde, senhoras que haviam telefonado e combinado. Era pintada de esmalte branco e cheia de cadeiras elegantes, uma das quais sobrevive na casa de Betty. Havia também a maldição de minha existência, DUAS ESTANTES, cujas prateleiras eram cheias de porcelana frágil e "bibelôs" ou objetos bonitos, mas que eram totalmente inúteis, dos quais eu tinha o dever de LIMPAR A POEIRA todos os sábados de manhã.

Quando uma senhora vinha para se reunir com mamãe, o nosso mordomo, Alec Harris, com um impressionante bigode *handlebar*, abria a porta da frente com um floreio e, com grande pompa e cerimônia, introduzia a senhora à sala de recepção de mamãe, recebendo em uma bandeja de prata o cartão de visitas dela, que ele levava à mamãe no andar de cima. Mamãe, depois de esperar pelo tempo apropriado, descia os degraus e saudava calorosamente sua convidada.

Além do hall e atrás da biblioteca, a grande sala de jantar. Aqui, de novo, Alec estava fazendo o que sabia de melhor, empinando-se ao redor da mesa, levando e trazendo coisas rapidamente, enchendo copos com grande destreza, sem derramar uma única gota. Atrás das costas de meus pais, ele olhava para ver se eu estava observando e, depois, colocava um copo cheio de água em seu punho fechado e, movimentando seu braço para cima e para baixo, andava ao redor da mesa. Nem uma gota de água jamais caía.

Havia uma copa de mordomo atrás da sala de jantar e, depois, a cozinha, onde Mattie, a fofinha e alegre esposa de Alec, exercia domínio. Gastei muito tempo com essas pessoas agradáveis. Eles tinham um ótimo quarto no terceiro piso, com seu próprio banheiro. A lavanderia era ao lado da cozinha, e Julie Ruffin, nossa lavadeira, vinha toda semana para lavar e passar.

No segundo piso, estavam os quartos dos pais; o de Katharine era ao lado. Havia também um quarto para convidados, com banheiro, e uma sala de estar que se estendia pela largura da casa no fundo. Adiante dela, havia uma varanda envidraçada.

Os dois meninos, Frank e Tom, tinham um quarto para cada um e um escritório no terceiro piso. E havia o que completava toda casa daquela época, um "depósito" onde baús, maletas, carrinhos de bebê e quinquilharias de todas as descrições eram reunidos ali no passar dos anos.

Eu tinha um pequeno canto para minha casa de bonecas e podia escapulir para lá e fazer o que quisesse com minhas próprias coisas. Tinha o cuidado de voltar para baixo antes de escurecer, pois estava convencida de que, se tivesse de ficar ali à noite, um bando de lobos me pegaria certamente! Onde crianças acham tais ideias?

A resposta é, sem dúvida, que algumas delas vêm de livros de história; e pelo menos uma das mais perigosas vem diretamente dos pais, como Katharine recordou.

Eu acreditava muito firmemente na chegada de Papai Noel ou "Kris Kingle", como o chamávamos. Ele era apresentado como muito real para mim, cada ano, por me dizerem que ouvisse os sinos de seu trenó e por ser levada para a janela da frente a fim de esperar por ele. Então, eu ouvia os sinos, tocados, sem dúvida, por um de meus irmãos.

"Oh! Ele já deve ter passado. Deve estar no telhado agora", diziam-me. E eu me apressava em ir para o quarto, para ter certeza de que estava pronta para ele, quando descesse a chaminé. Depois de ter enchido a meia de Natal, talvez ele realmente viesse à sala para me ver — ninguém menos, estou certa, do que meu próprio irmão Tom!

Eu tinha uns nove anos de idade quando tive uma experiência traumática. Lembro-me claramente. Um dia, voltei da escola para casa com grande indignação. "Imaginem o que Eleanor me disse hoje?"

"O quê?"

"Ela disse que não existe Papai Noel!"

Papai, que nunca falava com rodeios, respondeu abruptamente: "Bem, não *existe mesmo*!"

Eu fiquei chocada; aquilo me abalou realmente. Essa é uma das razões por que nunca consegui me forçar a ensinar meus filhos sobre Papai Noel. Outra razão foi o profundo senso de honestidade de seu pai, obtido talvez, em parte, do livro do avô dele (Henry Clay Trumbull) *A Lie Never Justificable* (Uma Mentira Nunca Justificável).

A manhã de Natal era terrivelmente emocionante. Minha meia de Natal estava sempre pendurada no pé de minha cama. Todos os tipos de deleites estavam nela, com algo muito especial no dedo — muito provavelmente um lindo broche ou anel pequeno ou algo especial como isso. Meu avô Gillingham sempre me dava uma moeda de ouro de cinco dólares. Nunca ficava muito empolgada com isso, porque era sequestrada de mim rapidamente ou colocada em um lugar misterioso chamado "conta de poupança".

Depois, íamos ver a árvore, e, amontoadas ao redor dela, estavam lindas bonecas. Certo ano, eu ganhei uma grande casa de bonecas que papai fizera. A mobília nessa casa era realmente muito especial, muito mais excelente do que qualquer coisa que vi em anos posteriores. Lembro-me da mesa de jantar — tinha pequenas articulações, de modo que podia ser estendida. Valerie ainda tem uns poucos remanescentes dessa casa de bonecas: a cama de latão, alguns dos pratos, panelas e vasilhas de ferro.

Um ano, eu ganhei uma belíssima boneca grande, com cabelos ondulados castanhos reais e olhos que abriam e fechavam. Mamãe tinha um guarda-roupa completo feito para ela por nossa costureira, Sra. Metz. A boneca tinha luvas de pelica e pequenas galochas de borracha, meias de seda, um vestido de festa e uma roupa xadrez de duas peças, até mesmo um casaco de peles real. Sinto tristeza em dizer que devo ter desapontado grandemente mamãe, porém nunca me importei muito com bonecas. Eu amava realmente meu pequeno conjunto de animais.

Eu os tinha em três tamanhos (e nunca os misturei). Num dia, eu brincava com o menor conjunto de madeira; depois, talvez, com o próximo tamanho. Eram muito semelhantes à realidade e haviam sido feitos na Alemanha. As pequenas pessoas que acompanhavam esse segundo conjunto eram feitas maravilhosa e habilidosamente. O terceiro conjunto era grande demais para eu brincar com ele na casa de bonecas.

ഈരു

Depois que fiquei muito doente quando era uma criança pequena, o médico insistiu em que usasse uma "bandagem de flanela", um tipo de blusa de baixo feita de lã. Tive de suportar isso até me tornar uma menina maior. Naqueles dias, uma CINTA tinha uma conotação diferente da que tem hoje. Era parte das roupas de baixo de uma menina, uma geringonça de algodão usada sobre a sua blusa, que tinha uma ordem de botões. À cinta eram presas às minhas LONGAS CALCINHAS, e as calças brancas de algodão, com pregas, que eram vestidas sobre os "pijamas", e no topo de tudo isso eram abotoadas DUAS anáguas de flanela. Tudo isso era usado até MAIO, não importando a temperatura. Era a data que era importante e não o clima! Era um ótimo truque para manter minhas longas meias erguidas sobre aquelas longas calcinhas.

Mamãe amava coisas bonitas, e ela me vestia muito elegantemente. Muitos de meus vestidos eram bordados à mão pelas freiras de um convento que ficava nas proximidades. E mamãe me levava com ela quando ia buscar os vestidos... Os pisos eram sem revestimento, e, quando entrávamos, havia à esquerda uma série de janelas com grades pelas quais falávamos com a irmã Maria João Batista.

Num inverno, mamãe comprou para mim um casaco de pele de esquilo. Era macio, cinza e quente. Com isso, eu usava um grande chapéu branco de castor que permanecia fixo com fitas cor de rosa amarradas sob meu queixo. Eu usava esse conjunto de roupas para ir à igreja todo domingo; e nos dias bons em que caminhávamos, eu ia pulando na frente de meus pais. Mamãe usava longas saias esvoaçantes que tinha de segurar um pouco para cima, a fim de impedir que varressem o pavimento. Eu ansiava pelo dia em que minhas saias seriam tão longas que precisaria segurá-las para cima. Papai, vestindo um fraque, calças listadas e um chapéu de turfe, balançava sua bengala com ritmo fascinante.

Tenho uma vívida imagem mental de papai e mamãe se aprontando para ir à ópera. Tinham ingressos para a temporada de inverno, e eu amava vê-los vestidos para a ocasião. Eram um casal belíssimo. Eu costumava me perguntar como mamãe conseguia respirar depois de papai haver lutado para fechar, de cima até embaixo, as costas de seus apertadíssimos vestidos de estilo princesa. Havia um vestido, em especial, que eu amava vê-la usando — era vermelho; e ela calçava aqueles chinelos de contas vermelhas que Ginny tem agora.

4

O BANGALÔ, A CHOTIÇA, A IGREJA

Sempre houve férias de verão; primeiramente, em Cape May (New Jersey), das quais sobrevivem alguns instantâneos da família sentada embaixo de uma lona na areia, Katharine em um maiô escuro com mangas, um cinto branco e calças que chegavam aos joelhos. Sua mãe está com um vestido que chega até os joelhos, talvez preto, com mangas balão. Ela está usando meias pretas e sapatos de banho.

Houve pelo menos outro período de férias, em Swiftwater, nas montanhas Pocono da Pensilvânia, antes do primeiro verão em Monmouth, no Maine, em 1907, quando Frank Gillingham alugou uma casa na praia do lago Cochnewagan, cerca de 90 quilômetros ao norte de Portland.

> Em frente daquela casa, havia uma pilha de rochas onde eu passava muitas horas felizes com um pedaço de sabão e um pano, lavando-as! Eu tinha também uma caixa de madeira, coberta com uma tela, em que eu tinha uma coleção de pequenos sapos e tartarugas. Certa vez, fiquei preocupada com um deles, pensando que deveria estar com fome, porque tinha recusado as moscas e outros petiscos que eu colocara na caixa para suas refeições. Por isso, abri à força a boca

da pobre criatura e coloquei uma mosca dentro. O sapo morreu! Fiquei chateada, mas decidi que sabia melhor do que eles o que queriam comer.

Em 1909, o pai de Katharine comprou dois lotes e construiu um bangalô à beira do lago. Havia uma sala de estar com uma enorme lareira de pedra, uma sala de jantar, uma cozinha, seis quartos (dois, para as empregadas) e uma varanda em forma de "L", parte da qual era de vidro.

Banheiro? Não havia tal coisa. O lago supria a banheira; um jarro de água e uma bacia de porcelana com "balde de asseio" nos refrescavam de manhã. A privada externa era atrás, no outro lado da estrada. Tinha dois assentos, muito aconchegante e íntima. Uma caixa de cinzas era mantida disponível, bem como detergente.

Tínhamos quase uma frota de barcos: duas canoas Old Town, um barco a remos Rangeley, guarnecido em ambas as extremidades com um duplo jogo de remos e, para conforto dos pescadores, havia assentos com encostos e braços que podiam ser removidos. Era admiravelmente leve, mais excelente do qualquer outro barco a remos que já vi. E, coroando tudo isso, tínhamos o barco a motor mais veloz no lago. O escapamento ficava submerso, de modo que não fazíamos o barulho de motor ao navegarmos, como o fazia a maioria dos outros barcos, mas, em vez disso, navegávamos quietamente.

Aprendi a lidar com uma canoa quando tinha cerca de sete ou oito anos e não me lembro de jamais ter virado, exceto intencionalmente quando estávamos nadando.

A ferrovia Maine Central margeava o nosso lago e rugia através de Monmouth bem atrás de nosso bangalô... O trem mais encantador era o Bar Harbor Express, que no verão trazia pessoas de Washington, Filadélfia e Nova York. Dificilmente ele se movia mais devagar ao passar pela cidade. Mas, um dia, papai teve uma ideia brilhante... Ele escreveu para o presidente da companhia perguntando se poderiam parar o trem em Monmouth em certa data. Antes, tínhamos de desembarcar em Portland e pegar um trem local. Houve grande empolgação na cidade, quando souberam que o famoso trem iria parar ali e deixar pessoas da cidade. Todos os que puderam estiveram lá para ver a diversão... Foi um grupo razoável que desceu dos grandes vagões dormitórios, e a bagagem era ainda mais formidável — malas, e malas, e ainda mais malas!

Tínhamos uma horta maravilhosa em todo verão. Papai viajava para lá em maio; ele e John Henry Gukman verificavam se estava bem plantada... As ervilhas, feijões, milho verde e batatas eram os melhores que já comi — ou, pelo menos, olhando para trás, eles parecem muito especiais. Lembro-me especialmente dos jantares de domingo — tínhamos geralmente frangos assados, e mamãe dizia que um deles era para Tom. Ele era um adolescente de apetite insaciável. A cozinheira fazia doze batatas novas apenas para ele.

Todo dia, Helen e eu nadávamos no lago, com chuva ou com sol. Nas tardes, adorávamos pegar uma das canoas e remar para o outro lado do lago, onde a praia tinha fileiras de árvores. Prendíamos o barco a uma árvore, colocávamos travesseiros e encostos no fundo da canoa; e cada uma de nós se enrolava com um bom livro e um pacote de salgadinhos. Depois, arrastávamos a canoa para a praia e andávamos para dentro dos bosques, para chegarmos a uma linda fonte em que a água era límpida como cristal e geladinha. Os salgadinhos deixam a pessoa com sede, não é? Havia uma praia arenosa e uma pequena enseada ali perto. Às vezes, trocávamos as roupas para banho, nos bosques, e nadávamos lá.

De volta a Filadélfia, no período de inverno, havia as aulas de danças, realizadas todas as sextas-feiras no Manheim Cricket Club.

Para chegarmos lá, tínhamos de pegar um bonde na Avenida Waybe e caminhar o que parecia ser uma longa distância até o clube. Eu carregava meus sapatos de dança em uma sacola de veludo, e seguíamos diretamente para o vestiário, onde mamãe arrumava minhas enormes fitas de cabelo de cetim ou tafetá e meu cinto, e eu colocava meus sapatos de dança.

Em seguida, mamãe se unia às outras mães ou cuidadoras de crianças em um lado do salão de danças, e as meninas sentavam juntas no lado oposto. Os meninos ficavam sentados no outro extremo de nossa fileira, e, a um sinal da professora, faziam uma corrida louca para chegarem à menina com a qual queriam dançar. Tinham de parar em frente dela, colocar sua mão direita sobre a barriga, a mão esquerda, para trás, e curvar-se diante dela! Nem preciso dizer que ficávamos cheias de tremor para ver quem nos pediria. Havia alguns meninos que eram pequenos demais, ou gordos demais, ou muito desajeitados, ou tinham sardas, ou mau hálito, ou alguma outra característica desagradável, e tentávamos evitá-los ou fingíamos que não os víamos aproximar-se. Mas, é claro, havia os meninos atraentes e bons dançarinos.

Lembro-me de dois meninos, Jack e Bobby Beard, ambos bons dançarinos e bonitos. Eu apreciava dançar com eles. Acho que meu favorito era Lincoln Gillespie. Lincoln e eu amávamos fazer a chotiça juntos. Era uma dança linda e bem complexa, e o professora nos escolheu para fazê-la para os outros verem, conforme lembro.

Por mais que me esforce, não consigo lembrar o nome da professora, mas ela era extremamente graciosa e, ao mesmo tempo, extremamente feia. Ela me lembrava um sapo.

Quando a família se mudou para a Rua Harvey, isso significou uma mudança de escolas, de All Saints, onde Katharine estudava quando tinha seis anos, para Harvey Street School. Significou também uma mudança de igrejas, da igreja de São Lucas para a de São Pedro.

O pároco era o Dr. Keeling. Ele me parecia um pouco assustador e severo, embora fosse provavelmente um homem muito educado. Seu auxiliar conduzia uma classe de confirmação que eu frequentava. A idade para a confirmação era onze ou doze anos. Não posso lembrar muito sobre a classe, mas ele nos fez aprender, de memória, uma súplica preciosa que ainda uso, às vezes, ao orar:

"Ó Senhor, visto que sem Ti não somos capazes de agradar-Te, concede-nos misericordiosamente que Teu Espírito Santo governe e dirija, em todas as coisas, o nosso coração, por meio de Jesus Cristo, nosso Senhor. Amém".

A Páscoa era o tempo da confirmação, e me recordo do véu branco que mamãe me deu para usar. O culto foi muito impressionante, especialmente porque o bispo veio ministrar a cerimônia. Suspeito que fui uma candidata muito desatenta e não espiritual.

5

CORAJOSOS PELA AMADA DE PAPAI

Uma noite, Ida Gillingham retornou, com seu esposo, de uma visita a amigos, sentindo-se muito ruim. Dentro de pouco tempo, a doença se tornou tão séria que o médico prescreveu os cuidados de uma enfermeira.

Sempre pensei que mamãe tinha pneumonia, e naqueles dias não havia antibióticos. A situação piorou e fui morar com tia Lizzie e Helen, que na época moravam perto da Friends School, em Germantown, onde eu estudava. Um dia, por alguma razão, eu fui à nossa casa e parei para ver mamãe. Eu podia sentir que ela desejava que eu ficasse um pouco, mas uma amiga me esperava no lado de fora; por isso, me apressei a sair para estar com ela. Sempre tenho um sentimento de tristeza genuíno quando lembro esse incidente, porque foi a última vez que estive com mamãe, até ao dia em que ela morreu.

Na manhã de 12 de dezembro de 1911, fui chamada em sala de aula e me disseram que fosse imediatamente para casa. Compreendi o que isso significava: ou mamãe morrera, ou estava morrendo. Corri por todo o caminho, que eu acho era cerca de um quilômetro e meio. Enquanto corria, por alguma razão inexplicável, uma das novas canções muito populares acompanhava o ritmo de meus passos. Era

"Alexander's Ragtime Band!" Que coisa estranha! Desde então, nunca tenho ouvido essa canção sem me lembrar desse voo rápido da escola até minha casa.

Ao chegar, fui levada para o quarto de mamãe. Sua face estava cinzenta, e ela não conseguia falar. O pároco estava lá, e o médico, meus irmãos, papai e tia Lizzie. O pároco serviu a comunhão, da qual participei pela primeira vez. Depois, fui levada para dar um beijo em mamãe, em sua testa. Estava tão fria e suada, e ela olhou para mim com muita tristeza. A enfermeira me levou de volta para a sala de estar, colocou-me no sofá e pôs seu braço ao meu redor. E ficamos sentadas ali, dizendo nada. O que havia para dizer? Em poucos minutos, alguém entrou — não sei quem era — e disse: "Ela morreu". Mamãe tinha 47 anos de idade.

Naqueles dias os corpos não eram levados rapidamente para os agentes funerários como o são hoje... No dia após a morte de mamãe, seu corpo ainda estava na cama, e fui para a sala de visitas onde papai passara a noite. Ele estava de joelhos, CHORANDO. Era uma coisa pavorosa ver um homem forte chorar, e aqueles de vocês que se lembram do vovô compreenderão um pouco do meu desânimo. Novamente, eu não sabia o que dizer. Ele sussurrava a respeito de ir para o quarto deles e vê-la deitada ali morta. Lembro-me de escrever um verso que dei a papai:

Ela está mais feliz agora do que podemos torná-la aqui.
Ainda que teremos saudades e sentiremos a falta
De sua face sorridente e seus beijos amorosos,
Tentaremos ser corajosos pela amada de papai.

Eu tinha doze anos de idade.

O funeral foi realizado primeiramente em nosso lar. O caixão de mamãe foi colocado em sua agradável pequena sala de recepção. Era a primeira vez que eu via uma pessoa morta. E não pude realmente assimilar o que havia acontecido. Houve um culto na igreja de São Lucas; e mamãe foi sepultada sob uma árvore de salgueiro-chorão, no canto do grande cemitério atrás da igreja. Em 1940, papai foi sepultado ao lado dela.

Naqueles dias, um período de luto era observado cuidadosamente; e a nossa casa teve as persianas fechadas, e tudo era muito quieto. Papai sentava-se em sua grande cadeira de couro preto, onde eu frequentemente me sentava em seu colo e apenas ficava ali com ele. Sua cabeça ficava entre as mãos, e de vez em quando ele dava um grande suspiro. Quando finalmente retornei à escola, todos foram muito amáveis e bondosos para comigo.

A casa na Rua Harvey fora uma grande alegria para mamãe. E papai deve ter gastado uma fortuna na casa, mas não podia suportar ficar ali depois que mamãe faleceu. Ele pediu a tia Lizzie para cuidar de mim. Isso teria me separado dele; e, por isso, foi decidido que ele venderia a casa e que todos nós mudaríamos para a Rua Greene. Acho que ela foi muito corajosa em oferecer esse plano, mas papai deve ter aceitado a ideia, porque ele, meus irmãos e eu nos mudamos para a pequena casa dela, levando conosco Alec e Mattie...

De algum modo, superamos aquele ano; e, repentinamente, tivemos dois casamentos. Deve ter sido em novembro que fomos à igreja de São Pedro onde Frank e Helen Gawthrop se casaram muito quietamente. E da igreja fomos para a casa do Dr. Stearns onde ele casou papai e a tia Lizzie! Eles, Helen e eu retornamos para a casa; e, quando passaram pelo portão, nossa cozinheira irlandesa e uma camareira abriram a janela e esvaziaram um saco de arroz sobre os recém-casados! Helen e eu nos divertimos com isso, mas não agradou aos recém-casados!

O novo arranjo me agradou imensamente, porque eu amava minha prima Helen e, por fim, tinha uma IRMÃ!

6

LUZ E VIDA

O desânimo melancólico de papai, depois da morte de mamãe, continuou por alguns meses. No entanto, luz e vida estavam a caminho! Sempre achei que mamãe tinha uma fé simples em Cristo. As suas últimas palavras foram: "Jesus Cristo, que me ama tanto". Sua vida na igreja significava realmente algo para ela. Para papai, acho que era mais ou menos uma religião superficial. Frequentar a Igreja Episcopal era "a coisa que tinha de ser feita". Tia Lizzie conhecera uma senhora pequena que ela e mamãe chamavam Lavvy. Essa senhora convidou mamãe a frequentar uma classe de estudo bíblico na cidade, ensinada pelo Dr. D. M. Stearns. Mamãe aceitou o convite, e (graças a Lavvy) seu coração foi aberto para as verdades da Bíblia de uma maneira nova.

Depois da morte de mamãe, titia convidou papai para ir com ela ouvir os estudos bíblicos. Creio que a descoberta, por papai, da Bíblia de mamãe, que ele folheou e notou que estava totalmente marcada, abriu seus olhos para um mundo todo novo e o tornou disposto a ir com titia. Certamente, um mundo completamente novo se abriu para ele e para mim, quando começamos a frequentar a pequena Igreja Reformada Episcopal do Dr. Stearns, na esquina das avenidas Wayne e Chelten. Verdades frias e vazias, expressas por repetição e com grande rapidez nas maravilhosas palavras do Credo Niceno e no ritual da Igreja de São Lucas começaram a penetrar em nosso coração e a se tornarem realidades em nossa vida. Toda a atitude de papai foi mudada; ele e eu devíamos à tia Lizzie gratidão por sua coragem em colocar-nos sob o ensino de um homem maravilhoso como o idoso e querido Dr. Stearns. Sendo muito nova, fui facilmente guiada nessas novas veredas.

Acho que foi no segundo verão depois da morte de mamãe que fomos a Northfield (Massachusetts). Papai não quis ir para Monmouth pela mesma razão, eu acho, por que não quis ficar na casa da Rua Harvey.

Lá, há um grande hotel agradável chamado Northfield Inn, onde ficamos por pelo menos duas semanas. Northfield fora o lar do famoso evangelista D. L. Moody, e alguns de seus familiares ainda estavam lá. Havia um auditório em que palestrantes excelentes ministravam estudos bíblicos. Lembro-me de ouvir o Dr. G. Campbell Morgan ministrar uma palestra, um dia, sobre o Salmo 46, contrastando os dois títulos de Deus nos versículos 7 e 11, "o Senhor dos Exércitos" e "o Deus de Jacó".

Entre os convidados no hotel, conhecemos e nos familiarizamos com o Sr. George C. Stebbins, o escritor de hinos. Ele, sua esposa, Helen e eu costumávamos jogar cartas à noite; acho que era o jogo chamado "Quinhentos".

Toda noite (ou talvez fosse apenas no domingo à noite), havia um culto para jovens no cume de Round Top, o monte onde D. L. Moody e sua esposa estão sepultados. Na lápide dele está o versículo: "Aquele que faz a vontade de Deus permanece para sempre".

Não me recordo de quem falou numa noite específica, porém lembro-me de ser convencida de que necessitava de Cristo em minha vida; e, por isso, quando pediram a qualquer pessoa nessa condição que levantasse sua mão, eu ergui a minha e lembro-me de estar em lágrimas. Helen ficou pasmada, e me chacoalhou um pouco, e me assegurou de que eu estava bem! Desde então, tenho pensado que esse foi o tempo em que fui convertida, ainda que não tenha recebido qualquer encorajamento de Helen. É assim que me lembro do acontecimento. Espero não estar expressando-o de maneira equivocada.

Ouvir o ensino bíblico simples do idoso Dr. Stearns (que não era um pregador, mas um grande professor) abriu novas perspectivas para mim. Até essa altura, somente meu pequeno livro de oração vermelho e meu hinário me acompanhavam até a igreja. Eu sabia quase nada sobre a Bíblia, mas isso foi tudo que obtivemos do Dr. Stearns. Acho que nunca o ouvi pregar uma única mensagem sem referir-se à segunda vinda de Cristo, o que, sem dúvida, era um assunto completamente novo para mim.

Nessa atmosfera, fiquei impressionada com o fato de que algumas das coisas que estive fazendo em toda a inocência eram "mundanas"! Era mundano dançar, ou jogar cartas, ou ir ao teatro (não havia filmes nesse período da minha vida). Minha tia me perguntava: "Se Cristo voltasse agora, você gostaria que ele a achasse fazendo essas coisas?" "Não, eu acho que não." Por fim, quando estava no ensino médio, abandonei o dançar (que eu apreciava muito) e senti que estava progredindo espiritualmente. Eu queria que o VERDADEIRO mundanismo tivesse sido explicado para mim! Veja o livro *The Liberty of Obedience* [A liberdade de obediência], de Elisabeth Elliot!

Por um tempo, pareceu-me que um cristão era alguém que NÃO FAZIA uma lista de coisas. Era uma abordagem negativa!

A Igreja da Expiação da denominação Episcopal Reformada era... um tipo de capela pequena, que acomodava, eu suponho, cerca de duzentas ou trezentas pessoas. Um órgão antigo era tocado por uma querida senhora e bombeado à mão por um jovem suado, cuja cabeça aparecia regularmente por trás do órgão quando girava uma grande manivela que supria o ar. Se ele ficasse cansado, a música poderia definhar completamente!

Para mim, a coisa mais interessante na igreja era um mapa do mundo atrás do púlpito. Era em duas estruturas de madeira arredondadas, e cada uma continha um dos hemisférios. Por trás do mapa, haviam sido instaladas luzes e pequenos buracos pelos quais as luzes brilhavam. Cada uma representava uma obra missionária em que a igreja estava interessada. Lembro-me de que havia 50 ou 60 luzes em todas as partes do globo. Como uma adolescente, sentei-me e estudei aquele mapa domingo após domingo; e pensei naqueles missionários distantes do lar, em lugares remotos. Imaginei que algum dia eu poderia ir para um daqueles lugares, mas esperava que não fosse a África!

7

ESPERA, MINHA FILHA

Costumávamos gracejar de mamãe sobre a vida dura que ela tinha na Friends School, em Germantown — começava às oito e meia, tinha *dois* intervalos e terminava às treze horas. Quanto a tarefa de casa, parece que isso não havia sido ainda considerado naqueles dias ou, pelo menos, naquela escola. Ela não tinha a menor lembrança de tal coisa.

>Nosso professor de inglês era o Sr. Domincovitch. Sempre quis ter dado mais atenção a ele. Compreendo agora que ele tinha uma grande apreciação por boa literatura e tentou instilar em nós entusiasmo por tal. Ele me fez começar a apreciar a *Elegia* de Thomas Grey, e eu a lia com satisfação... Como eu havia passado, química era uma das sete maravilhas do mundo! Nas primeiras séries, tínhamos alguns Quacres como professores — a professora Helen ensinava latim, a professora Emma ensinava inglês, e a professora Jennie Jones era exímia em matemática. O nosso diretor era o professor Stanley, um solteirão bonito, de cabelo grisalho, que tinha um gênio forte. Uma vez ele ficou bravo com alguém na classe, pegou uma cadeira, jogou-a com força no chão e quebrou-a.

>Katharine Gillingham graduou-se na Friends School, em Germantown, em 1917, recebendo o prêmio Spoon Girl, uma enorme colher de

prata, com cabo de ébano, dada a menina mais destacada na classe. (O rapaz que recebeu o prêmio Cane Man, uma bengala que tinha a coroa de prata, foi Leonard Charmichael, que se tornou o diretor do Instituto Smithsonian.) O pai de Katharine, como muitos outros pais daqueles dias, não aprovava moças irem para a faculdade; e nunca passou pela mente dela questionar a decisão de seu pai.

Mais tarde, ela se perguntou como tinha conseguido encher seu tempo depois da graduação. Os Estados Unidos haviam entrado na Grande Guerra poucas semanas antes, um evento que pareceu fazer pouca diferença para a moça, embora, ocasionalmente, ela fosse enrolar ataduras para a Cruz Vermelha. Parte de seu tempo foi gasto em escrever cartas para soldados no estrangeiro, alguns dos quais eram desconhecidos dela, cujos nomes lhe foram dados pela Cruz Vermelha como homens que não tinham ninguém que escrevesse para eles. Outros eram amigos dos dias de escola; e um desses amigos havia sido um vizinho durante os verões deles passados em Monmouth.

> Antes de partir, ele me ensinou um aperto de mão especial que somente ele e eu tínhamos entre nós. Para mim, isso era muito romântico! Ele escrevia regularmente. E, quando voltou da França, veio me ver. Eu realmente gostava muito dele, e quem sabe o que poderia ter acontecido, se papai não tivesse interferido! Ele falou para Dick que não gostaria que ele tivesse um compromisso sério comigo, porque eu tinha apenas 19 anos. O pobre Dick nunca me falou sobre isso, mas, depois, eu descobri de papai o que ele havia feito. Posso ver agora que a mão de Deus estava em tudo isso, mas, naquele tempo, fiquei arrasada.

O pai de Katharine lhe deu como presente um pequeno Buick, com um assento traseiro externo, tornando-a uma das primeiras mulheres motoristas na Filadélfia. Esse maravilhoso brinquedo novo não somente ocupou muitas tardes vazias, mas também chamou a atenção de muitos rapazes invejosos. Alguns deles, em férias da faculdade e usando o uniforme do ROTC [Reserve Officers' Training Corps — Corpo de Treinamento de Oficiais da Reserva], foram até ela um dia, esperando conseguir pelo menos uma carona, se não dirigir o carro. Não era grande demais para todos eles. Por isso, ficou acertado que alguns deles pegariam o trem para a cidade, enquanto Katharine levaria os outros de carro. Fez-se uma aposta a respeito de qual grupo chegaria primeiro à estação da rua Broad.

Eu levei quatro dos rapazes comigo e começamos a descer a Lincoln Drive a uma velocidade terrível, provavelmente uns 40 km/h. Os guardas devem ter pensado que eu estava fazendo algum trabalho de guerra e tinha um contingente de soldados para levar apressadamente a algum lugar. Eles acenavam para nós, e os rapazes faziam continência solenemente. O teto estava abaixado, e o grande e bonito cachecol de pele de raposa que papai comprara para mim estava esvoaçando. Ficamos esperando o grupo do trem quando eles saíram da estação.

De certo modo, eu estava sozinha naquele ano. Helen se casara, e, embora eu tivesse algumas amigas muito boas, nenhuma delas estava interessada no tipo de vida que eu chegara a achar satisfatória. Um dia, titia sugeriu que eu tentasse orar por uma verdadeira amiga cristã. Isso me pareceu uma ideia excelente e comecei a orar. Deus não me deixou esperar muito tempo. Cerca de duas semanas depois, conheci uma moça que eu não havia conhecido antes, embora morasse a apenas duas quadras de nossa casa. Charles, o irmão de Margaret Haines, estivera em minha classe nas primeiras séries, na Friends School, em Germantown, mas eu não conhecia a sua irmã. Conhecê-la abriu um mundo novo para mim. Descobri que havia realmente outros jovens que amavam o Senhor e eram muito sérios em sua devoção a ele — tanto que muitos deles almejavam a obra missionária em campos estrangeiros. Meg era um desses. Naquele tempo, o Movimento de Estudantes Voluntários era muito ativo nos campi de faculdades, e foi emocionante para mim descobrir que havia um grupo tão maravilhoso de jovens com os quais eu poderia me associar.

Em 1920, Meg Haines convidou Katharine para assistir à Conferência da Vida Vitoriosa, em Stony Brook (Long Island). Houve uma forte ênfase em obra missionária no exterior, e perto do final da conferência os jovens foram confrontados com a ordem de Deus "Ide por todo o mundo e pregai o evangelho".

> Com temor e tremendo, fui à frente em resposta ao chamado por voluntários, indicando assim minha prontidão para ir. Enquanto considerava a vida protegida que eu levava até então, tentei imaginar como seria ir sozinha para a África. Eu tinha certeza de que teria de ser a África; e eu me esquivava da ideia. No entanto, o Senhor foi muito paciente e bondoso para com meus temores e me deu um versículo claro que tenho relembrado repetidas vezes em minha vida; são as palavras de Noemi à sua nora Rute: "Espera, minha filha, até que saibas em que darão as coisas" (Rt 3.18).
>
> E que surpresa eu tive ao esperar para ver como as coisas se dariam!

Mais tarde, naquele mesmo verão, Meg Haines convidou Katharine para uma festa de família na casa de verão deles, em Castine, no Maine.

> Eu peguei o trem de Monmouth para Portland, e, depois, peguei outro trem de Portland para Rockland, na baía de Penobscot. Ali, tomei um barco que navegava para vários lugares na baía. Uma névoa densa nos envolveu antes de irmos muito longe. A baía era pontuada de protuberâncias de rocha e ilhas de vários tamanhos. E me perguntei como o capitão conseguia evitar todas elas. Logo descobri. A sirene tocava

de poucos em poucos segundos. E, se houvesse um eco fraco vindo de alguma direção, ele saberia qual ilha era e navegaria de acordo com isso.

Quando chegamos ao cais, em Castine, eu vi as faces sorridentes de Meg e minhas duas amigas Winnie e Betty. Elevando-se por trás delas, estava uma pessoa que eu chegaria a conhecer e amar, o único homem na festa, Phil Howard!

8

UM HOMEM DE DECISÃO

Um ano e meio antes de o jovem Tom Gillingham descobrir que a surpresa não era uma "bicicleta" e sim uma irmã, um jovem casal celebrava, na Saint Mark's Square, na parte ocidental de Filadélfia, o nascimento de seu primeiro filho. Eram Philip Eugene Howard, filho de Eugene Howard, um médico de Massachusetts, e sua esposa, Annie Slosson Trumbull Howard, filha de Henry Clay Trumbull, um capelão da guerra civil e, depois, editor do *Sunday School Times*. O filho deles, Philip Jr., nasceu em janeiro de 1898.

Aos três anos de idade, ele demonstrou um tipo de clarividência, que surpreendeu seus pais em várias ocasiões posteriores. Certo dia, enquanto se recreava com seus brinquedos, ele olhou repentinamente para cima e disse: "Mamãe, a casa vai pegar fogo totalmente hoje". Era uma casa enorme em Haverford, Pensilvânia, e incendiou-se totalmente naquela tarde. A pergunta que surgiu naturalmente foi se o menino tinha algo a ver com o incêndio, mas descobriu-se que o fogo começara em um tubo de chaminé defeituoso.

Sua mãe, como a maioria das donas de casa de classe média da época, tinha uma empregada que parecia fazer quase tudo. O diário de sua mãe registra muitas dores de cabeça e manhãs na cama; viagens de trem para Filadélfia, para almoçar no Wanamaker's Tea Room sozinha ou com amigas;

uma tarde ocasional de assar "rosquinhas de chocolate" ou arrumar coisas na despensa. Ela começou ainda jovem a sofrer de artrite, que a paralisou lentamente, mas continuou a almoçar fora, jantar na casa de amigas, ir a palestras e concertos à noite e, usualmente, à igreja aos domingos.

Seu marido, Philip, que trabalhava com o sogro no *Sunday School Times*, levou os dois filhos, Philip Jr. e "Trum" a Roma, para uma convenção de Escola Dominical em 1907. Um dia, entediados no hotel, os meninos saíram para uma sacada e começaram a jogar pedrinhas nas garrafas de vinho que um comerciante tinha colocado para vender na rua. Para admiração deles, a pedra de Phil atingiu seu alvo, o vinho se derramou na calçada, o comerciante gritou e agitou os braços, procurando os culpados que tinham desaparecido de vista. Phil tinha uma consciência sensível e confessou o que fizera; seu pai o fez pagar pelo dano.

O menino se lembrava de seu pai como "um homem paciente, animado e otimista", cujos poderes de concentração eram notáveis: seu escritório era o patamar da escada. Ali, ele se sentava e escrevia, com todo o trânsito da família indo e vindo. Estava sempre disponível para seus quatro filhos (as duas meninas, Alice e Anne, nasceram em 1902 e 1909), não importando as interrupções deles e mostrando interesse em tudo que lhes interessava.

Durante o verão em que Phil estava com treze anos, ele foi com a família, como Katharine Gillingham o fez um ano depois, à sede das conferências de D. L. Moody, em Northfield (Massachusetts). Seu pai o proibira de soltar bombinhas no feriado de 4 de julho. Muito perigoso, ele disse. Phil decidiu que poderia cuidar de si mesmo. Ele obteve com sucesso alguns cartuchos de dinamite, saiu escondido de casa antes do amanhecer e foi com um amigo para uma fazenda nas proximidades, onde pediu ao proprietário para ajudá-lo a disparar a dinamite. Puseram no chão, acenderam o pavio e correram para ficar a uma distância segura. Nada aconteceu. Impaciente, os três se aproximaram, o fazendeiro chutou a pilha de dinamite, os cartuchos explodiram, um pequeníssimo pedaço de cobre perfurou o olho esquerdo de Philip. O médico recomendou que ele fosse levado imediatamente para um hospital na Filadélfia, uma viagem de trem por uma noite, acompanhado de seu pai. O trem precisou fazer paradas não programadas para obter gelo a fim de manter uma bolsa de gelo sobre o olho. O médico que o operou disse que, se não houvesse gelo disponível, ou se eles tivessem chegado uma hora mais tarde, Philip teria perdido ambos os olhos, em vez de apenas um. Foi uma lição sobre as recompensas da desobediência, uma lição que seus filhos ouviriam de novo frequentemente no futuro.

A pneumonia levou Philip a muito perto da morte, quando ele tinha dezessete anos de idade. Ele ficou acamado por meses — os únicos meses em que há mais do que menção passageira dele no diário de sua mãe ("O querido Philip está pior"; "Tivemos o médico para o querido Philip"). Quando o médico prescreveu conhaque, o rapaz, determinado a não permitir que uma gota de álcool passasse por seus lábios (um voto que ele manteve durante toda a vida), se recusou a tomar até mesmo o menor gole. Deus honrou a promessa do menino, ouviu as orações de seus pais e o curou.

Para seu pequeno primo, Gurdon Scoville, Philip:

> representava tudo o que um irmão grande e forte significa. Um dia, eu o vi, com admiração, subir o telhado íngreme e elevado da casa de um vizinho para reparar um cata-vento — não sei se por ousadia ou de propósito. Outro dia, eu estava muito cansado para empurrar minha bicicleta até o alto da colina íngreme, para chegar em casa. Ele me viu desanimado e sentado na estrada, pegou a bicicleta nos ombros e me acompanhou colina acima.

Philip compartilhava do amor de seu pai pela vida selvagem e nos campos; e se deleitava nos arredores da casa de verão da família em Franconia (New Hampshire), onde navegava em canoa, pescava, fazia caminhada, subia as Montanhas Brancas (pelo menos uma vez na companhia do poeta Robert Frost, que morava por ali) e continuava seus próprios estudos sobre pássaros, começando nos bosques perto de Swarthmore (Pensilvânia), onde moravam. Muito antes de se ouvir falar de "observação de pássaros", o jovem Philip gastava dias inteiros sozinho nas florestas, ficando quieto, com as mãos para trás (como ele mesmo ensinou aos próprios filhos anos mais tarde), observando as pequenas criaturas, registrando suas observações, fazendo listas de espécies vistas e imitando o chamado deles com tal perfeição que foi capaz de enganar os experts do Clube Ornitológico do Vale do Delaware, do qual ele se tornou membro. Às vezes, ele se escondia nos arbustos e imitava o som de um pássaro raro ou de um pássaro que não era visto comumente na região, para grande perplexidade e empolgação dos membros do clube — até que descobriam que a fonte era humana.

Ele foi por quatro anos (1916-1919) um mantenedor de diário consciente, porém não imaginativo, e anotava seu levantar e seu deitar (geralmente antes das seis da manhã e qualquer momento entre nove e doze horas da noite), o número de quilômetros que caminhava (16 quilômetros eram comuns; 24 quilômetros ou mais eram esporádicos), leitura de livros, nomes de pássaros vistos, atividades feitas. Um exemplo:

> Sexta-feira, 9 de junho de 1916. Levantei-me 6:30. Li jornal. Depois do café da manhã, fui a Filadélfia. Parei no escritório de papai para obter conselho sobre camisas, saí para comprar algumas, mas não comprei nenhuma. Depois do almoço, esvaziei a maleta, arrumei o quarto e desci; levei calças para o alfaiate; insisti num terno; recebi uma caixa de colarinho do Sr. Hulbert; escrevi para ela e para tia Irene. Fiz os registros das contas. Banquete da classe. Levei C. para casa. Permaneci ali um pouco. Falei com a tia Sophia. Cama, às 12:00 (última cama às 12:00 – 5 de maio).

"C" era Charlotte Bunting, um nome ouvido frequentemente quando nossos pais falavam de "velhas paixões". Ninguém, exceto Charlotte, havia cativado os olhos de Philip Howard, pelo que sabemos; enquanto mamãe tinha uma lista de namorados.

"Peguei um 'sapo cantante'", ele escreveu um dia; e, noutro dia: "Achei uma toca com seis cobras grandes. Uma me mordeu, e sua boca se mostrou branca". Em 1º de agosto, num acampamento de rapazes na Pensilvânia: "Caminhada para ver pássaros, árvores e flores. Nadar. Recebi uma carta excelente de C. 12 páginas. Um livro de papai. Uma carta de mamãe".

Há pouca indicação de interesse espiritual até 2 de agosto de 1916, quando ele participou de duas reuniões em Collegeville (Pensilvânia). Ele não faz menção dos palestrantes, mas escreveu: "Tive uma conversa maravilhosa com o tio Charley e, agora, estou feliz, feliz, feliz. Sinto uma paz maravilhosa. Tudo parece acertado. Agradeço ao Senhor".

Vários anos depois, em uma palestra à noite, numa conferência de verão, ele descreveu o que aconteceu naquele dia:

> Como muitos de vocês, fui criado num lar cristão, cheguei a Cristo quando ainda tinha pouca idade, lutei através dos anos, caindo e levantando-me de novo. Mas, por fim, entendi a verdade de 2 Coríntios 12.9: "A minha graça te basta". Deixei tudo aos pés de Jesus, até a minha fé e confiança; e ele me deu fé para crer que sua graça era suficiente para mim.

O registro do dia seguinte em seu diário começa:

> Levantei-me às 6:00, li a Bíblia. Reunião do amanhecer. Hora do estudo bíblico com o Dr. Crowell. Ele é franco em tudo. Sermão pregado pelo Dr. C. Armand Miller. Conversa demorada e oração com o tio Charley. Está tudo bem agora. Eu estava abatido sob o peso de meus próprios pensamentos, e Cristo veio. Tive saudades de casa, mas, pela oração, a saudade me deixou totalmente. Conversa com o tio C. Reunião do entardecer. Reunião da noite. Conversa breve com o tio C. Cama, 9:45.

A palestra à noite continua:

No dia após a minha nova decisão, enquanto conversava sobre ela com um amigo muito querido, não sentindo qualquer emoção, duas coisas vieram sobre mim como ondas do oceano: a minha própria insensatez e indignidade em tentar lutar com minhas próprias forças, mesmo com a ajuda de Cristo, e o fato de que a graça de Cristo é infinitamente mais do que suficiente. Que alegria eu senti no fato de que Cristo era a minha vitória, força e vida.

Em seu diário, em 4 de agosto, ele escreveu:

Tive vigília matinal [devoções privadas]. Hoje assisti à reunião do amanhecer, à hora do estudo bíblico, à conferência, ao pôr do sol e às reuniões da noite. Joguei tênis de areia com as moças Isenberg... Escrevi por extenso minha experiência maravilhosa. Conversei com o Dr. Crowell depois da reunião. Ele é fantástico. Depois, tive uma conversa agradável com o tio C. Oração com ambos à tarde. Cama, 11:15.

6 de agosto. Levantei-me às 6:10. Breve vigília matinal. Depois da reunião do amanhecer, Cristo levou a ele mesmo a primeira alma por meu intermédio. Louvado seja Deus!

Posteriormente, ele viu seu despertamento espiritual como uma preparação, da parte do Senhor, para as provações da vida na faculdade, onde ele se depararia com modernismo e alta crítica, ensinados por pessoas que:

despojavam a Palavra de Deus de tudo que ela queria dizer para mim — eu nunca vi algo semelhante. Mas Deus me deu graça para me levantar bem cedo de manhã e ouvi-lo falar por meio de sua Palavra e falar com ele em oração; e Cristo foi me dando vitória a cada dia. Havia um aluno veterano com o qual eu tinha comunhão, e à noite escapulíamos para uma sala de aula para orar; os melhores tempos que já tive. Perto do final do ano, tínhamos um grupo de oração.

Um incidente que deve ter acontecido logo depois disso foi o que seu primo Gurdon Scoville chamou de sua recordação mais importante de Phil:

> Ele tinha dezoito anos, era um calouro no Haverford College; e eu tinha doze anos. Uma tarde, em seu quarto, ele me falou sobre receber a Cristo como meu Salvador e entrar num pacto vitalício de ler a sua Palavra todos os dias e levá-la comigo aonde quer que eu fosse. Naquela tarde, Deus usou Phil para me levar a um relacionamento pactual com meu Senhor, um relacionamento que tem sido mantido através dos anos não somente na leitura diária e no levar da Palavra de Deus, mas também em entrar numa nova vida em Cristo que ainda continua se desdobrando, em maneiras novas e mais gloriosas, quarenta e cinco anos depois.

Em 1915, seu pai havia dedicado seu livro *Their Call to Service* [O chamado deles para servir], "a Philip E. Howard Jr., com amor de seu pai, que ora para que o chamado a servir seja ouvido e respondido por ele sempre". O fato de que Phil era cego de um olho impediu-o do serviço militar na Primeira Guerra Mundial, mas, tendo ouvido o inconfundível chamado de Deus para o serviço cristão, ele aceitou um convite do Sr. George T. B. Davis, diretor da Liga de Testamento de Bolso, para viajar com ele a acampamentos militares como um tipo de aprendiz-assistente.

O diário registra viagens de trem a lugares tão distantes quanto a fronteira com o México, permanecendo em hotéis ou vivendo em quartéis, anotando à mão as frases ditadas pelo Sr. Davis por horas sem parar, mantendo reuniões, distribuindo Novos Testamentos, tocando piano para os homens, testemunhando em conversas quietas com indivíduos. Registros frequentes no diário revelam a autodisciplina cuidadosa de levantar-se bem cedo para ler a Bíblia, fazer longas caminhadas para exercitar-se, lidar semanalmente com as contas, escrever diligentemente para os pais, primos, tios e ler livros edificantes. Em Tucson, ele foi realmente a um "espetáculo de cinema" de Sam Fairbanks, com George — "ótimo espetáculo, puro, excelente. Boas fotos de guerra francesa, educativo e divertido. Voltei à reunião de jovens. Caminhada. Refeição. Cama, 11:00".

Nos primeiros quatro meses, os dois homens distribuíram 14.000 Novos Testamentos de bolso, e 3.500 homens disseram que queriam aceitar a Cristo como seu Salvador.

Sobre um domingo, 14 de abril de 1918, numa conferência missionária em Nyack, no estado de Nova York, o diário registra: "Deus levou quatro homens a Cristo por meu intermédio; louvado seja Ele! Ótima conversa com uma missionária africana". Isso está escrito a lápis. No pé da página, escrito com tinta, está: "Decisão missionária". Nenhum outro comentário, mas ele acrescentou os detalhes de seu chamado missionário, em sua palestra à noite:

> O apelo continuava a vir a mim. E toda vez que eu chegava a um versículo missionário, em minha Bíblia, ele me atingia como se fosse uma pedra. Por fim, certa manhã, ouvi um amigo cantar. Não foi o hino que me levou até o chamado; foi o próprio Cristo. O hino era "Ao Pé da Cruz de Jesus". Estava pensando que havia tanto a ser renunciado. Eu amava meu lar e prazeres, mas, graças a Deus, ele me deu finalmente o poder para tomar a decisão. Uma frase me ajudou: "Não peço outro resplandecer, senão o resplandecer de Sua face". Quando pensei nisso, não pude resistir mais e disse: "Senhor, eis a minha decisão de ir como um missionário estrangeiro".

Ele continuou sua obra com o Sr. Davis. Em Camp Merritt:

> Dirigi-me a um indivíduo e lhe perguntei: "Você gostaria de ter um Novo Testamento?". Sua face brilhou quando ele disse, em sotaque

sulista: "Oh! Sim. Com certeza. Eu gostaria de ter um". Ele falou de tal maneira que me admirei do tom. Então, eu pensei que algo poderia estar escondido. "Você sabe ler?", eu perguntei. "Não", ele respondeu, com um sorriso tímido. "Tenho tentado aprender por muito tempo, mas não consigo fazer muito. Mas sou bastante grato pelo que sei".

Ele parecia tão interessado que eu disse: "Suponha que você receba um Novo Testamento e consiga alguém para lê-lo para você todos os dias". Sua resposta foi: "Eu certamente farei tudo que puder com ele". Eu assinei um cartão por ele e lhe dei um Novo Testamento. Depois, lhe falei sobre Cristo. Então, ele falou de tal maneira que eu sabia que o Senhor estava agindo. "Venha para perto desta caixa", eu lhe disse, "distante da multidão". Ele veio e, depois, me disse algo assim:

"Eu nunca fiz uma decisão por Cristo, mas eu quero fazer. Deus tem lidado comigo por muito tempo. Nas três últimas semanas, tenho buscado o Senhor e orado a ele todas as noites. Outra noite eu vi um amigo tomar uma decisão por Cristo na reunião de evangelização de homens jovens. Mas não consigo apartar-me do velho caminho — eu abandonei a bebida. Estive muitas vezes na prisão por causa da bebida; e sei que, se um sujeito cruza o rio e morre, se não é salvo, ele vai direto para o inferno. Mas, se ele é salvo, está tudo bem. Muitos pregadores têm me desafiado por dez anos. Mas sempre há algo que me impede de ir a Cristo".

À medida que falava, ele desabou e puxou seu lenço. Em seguida, eu falei como raramente me vejo falando. O Senhor me deu muitos versículos que pude usar. Eu contei ao amigo um pouco de minha própria experiência. Finalmente, ele disse, com a voz trêmula: "Eu o receberei". E apertou fortemente a minha mão. Eu lhe disse: "Você escreverá isso aqui, neste canto?". Esqueci que ele não sabia escrever. Ele respondeu, com sua voz ainda trêmula: "Você escreve, e eu toco o lápis". Portanto, enquanto eu escrevia "Eu aceito a Cristo", ele colocou uma mão firme e quente sobre a minha. Depois, apertou minhas mãos de novo e agradeceu-me por ter ido até ele.

Em julho daquele ano, Phil assistiu à Conferência da Vida Vitoriosa em Princeton, como Katharine Gillingham o faria dois anos depois em Stony Brook.

O fim da Grande Guerra é observado com uma nota lacônica em seu diário no domingo, dia 21: "Grande vitória americana anunciada por sirenes e sinos". Mais importante para ele foi o que aconteceu na conferência alguns dias depois: um convite para que voluntários dispostos a ir ao campo missionário subissem à plataforma. É claro que respondeu a esse convite, com seu amigo Donald Grey Barnhouse, com quem ele deveria trabalhar posteriormente na Bélgica, com Robert McQuilkin, mais tarde, o fundador do Columbia Bible College, e Margaret Haines, que deveria ir para a Índia como missionária e, depois, teria uma parte importante no estabelecimento da InterVarsity Christian Fellowship na América. Os voluntários cantaram juntos "Seguirei ao meu Jesus" e "As Boas-Novas anunciai".

Uma decisão para a vida toda havia sido feita: Philip Howard faria o que Deus quisesse. Mas, em seguida, veio a pergunta inquietante: o que exatamente Deus queria que ele fizesse agora? Duas opções imediatas estavam diante dele: continuar na Liga de Testamento de Bolso ou ir para a faculdade. "Muito confuso. Não consigo dormir." Ele escolheu ficar na Liga pelo resto daquele ano.

O nome de Margaret Haines começa a ocorrer mais frequentemente no diário. A mãe dela o convidava mais frequentemente para refeições. Phil esteve na casa de verão deles em Castine (Maine), por duas semanas. A Sra. Haines lhe mostrou uma foto de Margaret quando ele chegou à casa. Então, um dia, em novembro (os acampamentos militares nos quais ele trabalhava estavam a pouca distância da Filadélfia), ele escreveu: "Passeio com Katharine Gillingham e Margaret no Buick de Katharine Gillingham... Dia maravilhoso". Uma semana depois, ele registrou outra caminhada com Margaret, e, no final de dezembro, enquanto a Sra. Haines estava lendo em voz alta para seus convidados, depois de um almoço no domingo, a atenção dele foi distraída — "Katharine Gillingham entrou". Em 3 de janeiro de 1919, ele decidiu que era tempo de queimar as cartas de Charlotte. Ao relê-las, porém, decidiu em contrário e, em vez de queimar as cartas, telefonou para ela. Ela foi "muito cordial e agradável". No dia seguinte, houve jantar novamente na casa da família Haines com um grupo que incluía Katharine.

O rapaz deve ter falado com sua família a respeito da amiga de Margaret. Sua mãe julgou, sem dúvida, que seu interesse era mais do que rotineiro. E convidou Margaret, Katharine e dois dos amigos de Phil para uma festa de aniversário. Em março, ele foi à casa da família Gillingham para um jantar. Setembro trouxe outro convite para a casa de verão dos Haines, no Maine, onde sua decisão de ser um missionário foi confirmada quando ele conversou com outros convidados — um missionário da África e um casal com quem ele trabalharia mais tarde, Ralph e Edith Norton, fundadores da Belgian Gospel Mission [Missão Evangélica Belga].

18 de outubro de 1919 — "Fui à casa de K, para jantar".

27 de novembro — "Levei M. à partida de futebol Penn-Cornell".

29 de novembro — "Jantar na casa de Katharine Gillingham".

17 de dezembro — "Orquestra de Filadélfia com Alice Adams".

22 de dezembro — "Fui à casa de C. (Charlotte)".

Os registros do diário terminam em 1919, não revelando preferência especial por uma das moças acima das demais.

Em setembro de 1920, a Sra. Haines convidou novamente o rapaz para a sua casa — sua linda casa de verão, desta vez em Castine, no Maine — e outros amigos de Margaret, para o que na época era chamado festa domiciliar. Foi outra oportunidade de colocar juntos sua filha e aquele jovem admirável.

Não é certo se Phil sabia que outros convidados estariam lá. Talvez, ao aceitar o convite, ele estivesse pensando nisso como uma ocasião para distinguir as possibilidades no grupo de moças excelentes (mas Charlotte e Alice certamente não estariam entre elas) ou talvez fosse apenas a expectativa de um fim de semana agradável em um lugar maravilhoso. Mas, estando com Margaret no cais particular dos Haines, quando uma de suas convidadas saiu do barco, ele soube repentinamente qual era a sua preferência.

9
—

NASCE UM LAR CRISTÃO

Era uma quinta-feira quando Katharine chegou a Castine. A Sra. Haines a colocou ao lado de Phil Howard na mesa.

> Uma olhada ocasional no rosto me fez gostar muito dele, mas eu estava bem certa de que ele era o amigo especial de Meg; por isso, lhe dava somente os pensamentos mais casuais e amigáveis... Nós, quatro moças e Phil, tivemos alguns passeios e piqueniques agradáveis nos dias seguintes. Lembro-me de um momento em que Meg, quando estava lacrimejando ao longo da estrada (ela era um Jeú no que diz respeito a dirigir), irrompeu subitamente num tipo de canção: "Oh! É muito bom ser LIVRE!". Todos nós sorrimos, pensando que ela não era realmente o que dissera, mas quase comprometida com Phil.
>
> Bem cedo no domingo de manhã, Phil vinha até mim com um pedido especial. Poderíamos ter uma caminhada depois do jantar? Pensei que o "nós" se referia a todos nós e, por isso, disse ao resto do grupo que Phil queria ter uma caminhada naquela tarde. E TODOS nós fomos! Depois do jantar, quando nos preparávamos para ir à igreja do vilarejo, ele se aproximou de mim e perguntou se eu caminharia com ele até a igreja. Achei um tanto engraçado o fato de que ele estivesse tão ansioso para andar de novo, depois da longa caminhada que tivéramos

naquele dia, mas eu consenti e começamos a andar juntos. Não fomos longe, porém, antes que o carro com o resto do grupo parasse ao nosso lado, insistindo em que entrássemos. Não fiquei triste.

Ao final do culto, Phil me perguntou novamente se poderíamos caminhar juntos de volta para casa. Realmente, ele estava ficando desesperado, porque iria embora no dia seguinte, retornando para Franconia [New Hampshire, onde sua família tinha uma casa de verão].

Dessa vez, nada interferiu na caminhada.

Uma noite tranquila de domingo na pequena cidade litorânea, uma suave brisa salgada movendo os imponentes olmeiros e uma moça esbelta e sorridente (*qual* era o verdadeiro significado dessa caminhada?), ao lado do homem magro, prudente e de pernas longas, vinte centímetros mais alto (uma dama como eu terá esse homem de apenas um olho?).

Ele não perdeu tempo no que pretendia dizer para mim. Ele me amava e perguntou se eu queria me casar com ele.

Pode parecer estranho eu dizer que estava completamente despreparada para isso, pensando, como estivera pensando, que, eventualmente, ele e Meg se uniriam. Foi literalmente um caso de "Oh! Isso é *tão* repentino!".

Ele apresentou seu argumento com muita sinceridade, mas tudo que eu pude dizer no momento foi que não poderia lhe dar uma resposta afirmativa ou negativa.

Naquele ano, Phil era um aluno veterano na Universidade de Pensilvânia e morava com sua família em Swarthmore, viajando de bonde, tão frequentemente quanto possível, os 19 ou 24 quilômetros, até à casa da família Gillingham, em Germantown, esperando, cada vez, por uma resposta à sua pergunta. Depois de seis semanas, a paciência fez a sua "obra perfeita", e, em meados de outubro, ela disse sim.

Ele se apressou, escada acima, para a nossa sala de estar, onde achou papai e lhe disse que queria se casar com sua filha. Papai foi menos do que entusiasta, e o melhor que pôde dizer ao seu futuro genro foi um relutante "Bem, pelo menos você é um cristão".

Frank Gillingham, um negociante pragmático, tinha em mente para Katharine algo muito diferente de Phil Howard, o quieto estudante de outro contexto social. Um cristão, sim, mas, talvez, levando esse aspecto das coisas um pouco mais longe do que o necessário.

Em novembro, Phil deu à sua noiva uma pequena Bíblia, em capa de couro, com a dedicação "À querida Kath, com meu melhor amor e grande alegria e gratidão por nosso amor em Cristo, de seu amado Phil". Ele acrescentou a referência de Filipenses 1.3: "Dou graças ao meu Deus por tudo que recordo de vós". Abaixo da dedicação, Katharine escreveu: "Querido Senhor Jesus, abençoe Phil e guarda-o sempre em Tua vontade. Oh! Torna-me digna dele e modela-nos, ambos, para o lugar que tens para nós. Agradeço-Te, Senhor Jesus, por Ti mesmo e peço-Te que sejas mais e mais real para mim a cada dia". No pé da página, ela anotou: "Nosso versículo —– Sl 71.16" ("Sinto-me na força do Senhor Deus; e rememoro a tua justiça, a tua somente").

Philip Howard ganhou uma chave Pi, Beta, Kapa e graduou-se na universidade em junho de 1921. Em 1947, em seu discurso de formatura no Wheaton College, no Estado de Illinois, ele disse:

> Passaram-se vinte e seis anos desde que me sentei com uma grande turma de alunos no Dia de Formatura, esperando receber diplomas, como vocês agora esperam pelos de vocês. Posso lembrar algo dos sentimentos mistos que tive naquele dia — alegria pela conclusão do curso e boa medida de apreensão ao olhar para o futuro, perguntando-me se eu seria capaz de edificar bem. Em todos estes anos, tenho procurado servir a Deus e quero me unir à multidão de outros que têm feito o

mesmo, em dar testemunho de seu amor e misericórdia ilimitados e em dizer, de todo o coração, que sua graça é suficiente para cada necessidade e que não há serviço tão prazeroso e satisfatório quanto o dele.

Naqueles dias, um homem não pensava em tomar para si uma esposa enquanto não tivesse alguma ideia de como a sustentaria. Phil não tinha dinheiro; por isso, ele obteve um emprego de instrutor de educação física e supervisor da sala de estudos na Escola para Meninos de Haverford, enquanto estudava no Instituto Bíblico da Pensilvânia, com sua noiva. Eles eram unânimes em seu desejo de ser missionários e oraram juntos durante um ano em busca da orientação de Deus a respeito do lugar para o qual deveriam ir. Visto que a obra da Missão Evangélica Belga parecia vir repetidamente à atenção deles, tomaram isso como a resposta às orações.

Vinte e dois meses depois do pedido de casamento no Maine, eles se casaram. A cerimônia em 14 de junho de 1922, na pequena capela da Igreja da Expiação, foi simples e tranquila. O banquete de casamento foi menos simples e consideravelmente menos tranquilo; a família "imediata" de Phil incluía inumeráveis tios, tias e primos. A lua de mel começou com uma viagem de trem para Nova York, depois, um barco para Fall River, em Massachusetts, uma noite em Boston e outro trem para Littleton, em New Hampshire. De carruagem, eles chegaram, por fim, ao bangalô Gale, um tipo de residência antiga e encantadora construída por um tio-avô de Phil, em Franconia.

> Tenho certeza de que tivemos algo além de presunto para comer durante aquelas duas semanas, mas não consigo lembrar devido ao fato de que, em minha ignorância, eu comprei UM PRESUNTO para nós dois. Meu conhecimento de cozinhar era praticamente ZERO naquele tempo. Em casa, sempre tivemos empregadas, e suponho que nunca me ocorreu que, algum dia, eu teria de cozinhar muito. Bem, Phil [que não sabia como fazer café e mingau de aveia, como ele disse aos filhos

anos depois] era um santo em referência às refeições que eu preparava — nunca me lembro de haver reclamado delas, e tive de aprender da maneira difícil. Bendito seja aquele que nos deu um livro de receitas culinárias de Fanny Farmer como presente de casamento!

Uma anotação breve talvez carregue mais valor do que o casal compreendia na época. Oferece a chave para o estabelecimento de um casamento cristão e de um lar cristão:

> Foi logo depois de nos casarmos que decidimos ter um tempo especial de oração juntos todos os sábados à noite, expondo diante de Deus as nossas necessidades, bem como as de nossos filhos, e dando-Lhe graças por todos os seus benefícios.

10

OS NOVOS MISSIONÁRIOS

O candidato a missionário contemporâneo enfrenta um processo de triagem admirável, com treinamento em linguística, antropologia, culturas etc. Ele tem de viver e ministrar sob os olhos vigilantes de supervisores maduros e experimentados e ser inquirido pelos membros do conselho da missão. Deve ter obtido certa quantidade de treinamento bíblico e experiência no trabalho cristão em seu país. Sem dúvida, tudo isso é muito bom e deve ajudar a eliminar os que não são qualificados para a obra missionária.

> Nem Phil nem eu tínhamos qualquer dessas preparações quando fomos aceitos pela Missão Evangélica Belga. Devo corrigir essa afirmação. Phil TINHA experiência de trabalho pessoal nos acampamentos militares e em Camp Allagash. Também teve algumas aulas sobre a Bíblia, como eu tive, mas, além disso, éramos certamente um casal de inexperientes quando viajamos de navio para a Bélgica em meados de julho de 1922.
>
> Os Norton e os pais de Phil os acompanharam no S. S. *Lapland*, da Red Star Line, sendo pedido ao pai de Phil que escrevesse um livro sobre a história da missão, *A New Invasion of Belgium* [Uma nova invasão da Bélgica].

Um missionário idoso e veterano enviou uma carta para Phil e Katharine, quando estavam no navio, desejando-lhes um tempo feliz e proveitoso, e acrescentou sugestões para que isso se realizasse.

> Vejam tudo que puderem a bordo do navio, em todos os lugares. Se as condições permitirem, familiarizem-se com o engenheiro-chefe e vejam os "trabalhos" do navio! São dignos de serem vistos! Nunca se juntem ao grupo dos que pensam que santificação significa fechar os olhos para tudo! [...]
>
> O meio que Deus usa para falar com vocês e guiá-los é a sua Palavra. Portanto, meditem nela! Comecem todos os dias com uma porção dela. Orem por graça para saberem quando ele está falando com vocês e por graça para se ajustarem ao que ele lhes mostra. Façam isso e serão cristãos e missionários bem-sucedidos onde quer que estiverem.
>
> Se ainda não fizeram isto, em algum ponto no meio do Atlântico, lancem ao mar toda a suposta superioridade que nós, americanos, pensamos ter sobre a maioria dos outros povos! Entrem na Bélgica meramente como pecadores salvos pela graça e não como americanos! [...] Não andem por lá com ressentimentos, exigindo os seus direitos. Não digo isso porque vi em vocês qualquer coisa que me leve a pensar que tal conselho é necessário, pois, pelo que tenho observado, são isentos disso. Conheço um pouco da natureza humana, e vocês precisarão manter-se bem perto do Senhor para impedir que esse tipo de coisa venha à vida de vocês.
>
> O Sr. Hoste [diretor da Missão para o Interior da China] me disse certa vez, quando estava para assumir uma nova responsabilidade: "Sr. Whittlesey, você pode esperar toda a honra e estima que é digno de receber e não mais!" Um bom texto: "Seja a vossa moderação conhecida de todos os homens" — Fp 4.5.

Foi uma travessia perfeita, com um cálido vento oeste em todo o percurso, e os recém-casados provaram ser "bons marinheiros". Depois de um mês numa pensão, eles acharam um apartamento.

[Ficava] cinquenta e oito degraus acima, no terceiro piso, de um prédio alto e encardido sobre uma loja de vinhos, gerenciada por uma pequena e agitada mulher inglesa que se casara com um belga. O apartamento era mobiliado com uma miscelânea de móveis enormes e feios. Não havia água encanada, e Phil tinha de carregá-la de meio lance de escada abaixo, onde tínhamos um tipo de banheiro. O problema de tomar banho afigurou-se em nosso horizonte! Ter alguns poucos litros de água morna numa bacia é certamente melhor do que nada, mas um bom banho quente significa muito para um americano acostumado a tantos banhos quanto deseja toda semana. O Sr. e a Sra. Norton nos convidaram muito bondosamente para nos beneficiarmos do luxo de sua banheira. Por isso, todo sábado à tarde, enchíamos uma maleta com sabonete, toalhas e roupas limpas, esperávamos um trem e desfrutávamos de um banho quente.

Papai ficou horrorizado com o fato de que não tínhamos água em nosso apartamento e nos mandou dinheiro para que ela fosse canalizada para cima. Isso foi uma grande bênção, e tivemos uma pia na cozinha onde lavávamos não somente as louças, mas também a nós mesmos.

Um fogão a carvão na sala de estar aquecia os três cômodos e significava, de novo, mais carregamento, desta vez do porão. Cinquenta e oito degraus para cima com o carvão e, de novo, para baixo com as cinzas. Nossas janelas tinham vista para uma encarvoada coleção de respiros de chaminés. Phil comprou para mim um lindo canarinho que cantava muito vigorosamente e foi uma alegria genuína para mim.

Levando tudo em conta, quando olho para trás e penso naquela primeira residência, acho que a experiência foi desanimadora, mas não percebíamos assim, pois estávamos muito apaixonados e felizes apenas por ter um pequeno lugar totalmente nosso.

Lições de francês começaram tão logo chegamos, com M. Boutee, um francês que tinha um sotaque excelente e dentes sempre cheios de comida que caía na mesa à nossa frente, quando ele tentava enunciar suas palavras claramente, para nosso benefício!

Foi um choque quando, certo dia, os Norton informaram a Phil que ele deveria assumir imediatamente o trabalho com as crianças nas favelas de Bruxelas.

É muito difícil para um estrangeiro com um francês de escola e de faculdade se comunicar quando seu ouvido não está afinado com o idioma. Entender as CRIANÇAS é, sem dúvida, a coisa mais difícil de todas... As tardes de quinta-feira chegavam muito rápido e frequentemente. Quando o clima se tornava mais frio, úmido e chuvoso, o que era usual a partir de novembro até junho, aquelas crianças chegavam vestidas de aventais pretos (até mesmo os meninos pequenos) e enormes cachecóis pretos ao redor do pescoço. Geralmente, eles não usavam calças debaixo do avental; por isso, seus pequenos traseiros e pernas ficavam roxos de frio, mas, se o pescoço estava quente, isso parecia ser suficiente!

Os amigos mais próximos dos Howards eram um casal jovem que conheceram na conferência em Stony Brook, pouco antes de deixarem a América — John e Grace Winston. No início de 1923, Katharine sentiu um pouco de inveja quando Grace lhe sussurrou que teria um bebê. ("A palavra *grávida* não era usada em círculos educados.") Pouco tempo depois, Katharine se achou na mesma condição maravilhosa.

A ideia de subir e descer vagarosamente cinquenta e oito degraus com um bebê e, ao mesmo tempo, carregar um carrinho de bebê dobrável apresentou problemas. Por isso, decidimos que era tempo de procurar outro lugar para morar.

Eles encontraram um agradável apartamento de três cômodos, na rua Ernest Laude, 52. Tiveram uma banheira instalada na cozinha, com um *chauffe-bain*, um aquecedor de imersão.

Philip Gillingham Howard nasceu em 9 de dezembro de 1923, "uma alegria e deleite", mas, na época, Katharine sentiu que era "um espécime muito pobre de missionário", por ficar tão envolvida com o cuidado do filho. Um dia, pediram-lhe que ensinasse a Bíblia para um grupo de mulheres — em francês, é claro.

> Tentei esquivar-me do compromisso, mas Filipenses 4.13 continuava a vir à memória ("Tudo posso naquele que me fortalece"), até que, por fim, tive de dizer que tentaria fazê-lo. Desde então, tenho me perguntado o que as mulheres obtiveram de meus frágeis esforços, mas sei que a experiência foi boa para mim.

༄

Um teste de confiança em Deus, do qual poucos cristãos são isentos, é o teste do dinheiro. É raro um missionário que não é severamente provado neste assunto.

Os Howard recebiam um salário de cem dólares por mês. Um dia, eles receberam...

> ...um golpe financeiro — o governo da Bélgica nos informou que teríamos de pagar um imposto de renda de cinquenta dólares pelo ano de 1923. Você pode imaginar o que significou ter o salário mensal cortado

ao meio, mas, de alguma maneira, conseguimos superar juntos a dificuldade e pagar o imposto. No mês seguinte, veio outra notificação dizendo que teríamos de pagar cem dólares pelo ano de 1924. Não lembro como conseguimos, mas conseguimos. O golpe final veio em maio. Uma terceira notificação sobre o nosso imposto de 1925 — duzentos dólares.

Naquele mesmo tempo, Papai [lembre-se de que a autobiografia foi escrita para nós, filhos; por isso, ela chama Phil de Papai] teve de ir à Suíça, para resolver negócios da missão. E lá estava eu, sentada, pensando e orando sobre aquele último golpe em nosso já magro saldo bancário. Enquanto Phil estava fora, recebi um telegrama de seu pai, dizendo: "Depósito em sua conta no valor de 200 dólares".

Acho que não tínhamos mencionado nosso problema para nossos familiares nos Estados Unidos. O telegrama terminava assim: "Segue uma carta". Imediatamente, mandei essas boas notícias para o Papai. Quando a carta do vovô chegou, ele nos disse que estivera em Nova York e havia parado para ver uma senhora idosa que era amiga do *Sunday School Times* por muitos anos. Quando ele estava indo embora, ela lhe disse: Aliás, você tem um filho que trabalha com a Missão Evangélica Belga, não tem?". Ela lhe entregou um cheque de 200 dólares para nós. Nunca tínhamos ouvido falar dela e nunca ouvimos falar dela novamente! Filipenses 4.19!!!

A Palavra de Deus sempre foi o ponto de referência da família Howard. Se Deus tinha algo a dizer sobre qualquer assunto, eles o ouviam. A consciência delicadamente sensível de Phil o tornou frugal quase em excesso, visto que considerava tudo que chegava às suas mãos como o dinheiro do Senhor. "Necessitar" era claramente distinguido de "querer", e as palavras da passagem referida no final da carta de mamãe governavam o pensamento deles: "Meu Deus, segundo a sua riqueza em glória, há de suprir, em Cristo Jesus, cada uma de vossas necessidades".

11

ELE VIVEU
O QUE NOS ENSINOU

Cinco anos de trabalho missionário se passaram, e 1927 foi o ano de licença para os Howard. Quando Charles Lindbergh estava voando através do Atlântico, em direção ao leste, em seu frágil *Spirit of Saint Louis*, os missionários estavam navegando para o oeste com seus dois filhos: Philip, que já estava com três anos de idade, e Elisabeth, com cinco meses. Enquanto Katharine visitava seu pai e sua madrasta em uma fazenda na Pensilvânia, Philip foi para Castine, no Maine, em resposta a um convite urgente de seu tio Charley, levando consigo o pequeno Philip. Ele sabia mais ou menos o que o tio Charley tinha em mente, havendo recebido na Bélgica uma carta dele pedindo-lhe seriamente que considerasse unir-se ao *Sunday School Times*, como editor associado. Esse pedido havia sido alvo de oração e fora rejeitado, visto que na época estavam "tão ocupados e envolvidos na obra da missão que não podiam nem imaginar deixá-la", Katharine escreveu, lembrando também que seu marido havia dito que trabalhar para o *Sunday School Times* era uma coisa que ele nunca faria.

Tio Charley apresentou razões fortes para justificar por que precisava de seu sobrinho com ele. Papai retornou para a fazenda e lutamos com essa proposta; nenhum de nós desejava sequer considerá-la, e lutamos contra a ideia por um tempo, embora sentindo, o tempo todo, que isso era o que Deus queria que fizéssemos. Foi a decisão mais difícil que já tivemos de fazer.

Quando li a história de mamãe, vi nessa decisão uma revelação dos princípios vitais da vida de meus pais: eles amavam a Deus, confiavam nele, pretendiam obedecer-lhe, não importando o sacrifício, não importando quanto essa obediência poderia mudar o curso de sua vida.

Havia outro bebê a caminho. Eu não podia imaginar ter outro médico além do brilhante médico belga Dr. Cheval. Em nossa casa em Bruxelas, tudo era tão lustroso e atraente, um lar perfeito, com um banheiro completo, um querido pequeno jardim murado, amplos espaços abertos para as crianças brincarem — Oh! Eu me sentia muito infeliz em relação a não voltar para lá!

Ficamos. E acho que o nosso primeiro ano foi vivido não TRIUNFALMENTE, MAS DE QUALQUER JEITO! Tivemos de apressar-nos para comprar uma casa, e tinha de ser barata. E FOI!

৫০০৪

Minhas próprias recordações da casa na Rua West Washington, 103, em Germantown, começam, eu suponho, quando eu tinha três ou quatro anos de idade. Era uma casa dupla, como aquela em que mamãe nasceu. Havia um pequeno retângulo de grama entre nós e a calçada, um jardim estreito na lateral, e um quintal suficiente para uma caixa de areia, um varal e um pequeno jardim de flores.

Tínhamos um vestíbulo azulejado, um hall escuro na frente, com escadas que subiam para o lado direito, uma sala de estar com cornija, mas sem a lareira, uma sala de jantar com uma janela saliente que olhava diretamente para a janela saliente da casa ao lado, uma copa, uma cozinha e o que chamávamos de o barracão, um tipo de alpendre no fundo que continha tanques e ferramentas. No piso superior, havia três quartos e um banheiro; no terceiro piso, mais dois quartos e um depósito. Para mim, era uma casa perfeitamente boa. Foi somente anos depois que compreendi quão escura e apertada aquela casa era para meus pais, acostumados, como eram, a casas muito mais espaçosas. Se os tivéssemos ouvido queixar-se, teríamos nutrido o sentimento de pessoas carentes, porque os filhos são rápidos para captar a atitude dos pais em relação a tudo. Visto que nunca revelaram qualquer indício de descontentamento que eu recorde, aceitávamos alegremente a casa, como o fazíamos com os tapetes orientais, os lindos móveis antigos e a prata de lei que mamãe tinha de sua família. Foi só quando cheguei à adolescência que observei que nem todos andavam sobre tapetes orientais ou comiam com prata de lei todos os dias.

୨୦୧୪

Assim era a casa em que morávamos. O que acontecia lá era muito mais importante do que suas paredes, seus móveis, seus quadros e seus livros. Um lar estava sendo estabelecido. Seu fundamento era o amor a Deus, confiança em sua providência, obediência à sua Palavra. Deus *estava* lá, falávamos sobre ele, conversávamos com ele. "Os filhos dos teus servos habitarão seguros, e diante de ti se estabelecerá a sua descendência" (Sl 102.28).

Quando eu era criança, quase não sabia nada de mal. T. S. Eliot escreveu: "Se humildade e pureza não estão no coração, não estão no lar; e, se não estão no lar, não estão na cidade". Nosso lar não era um lugar de humildade e pureza? Eu acho que era. Era também um lugar de paz. Nunca ouvimos nossos pais erguerem sua voz um para o outro e muito raramente para nós. Se queríamos alguém que estava em outro cômodo ou em outro andar, íamos até onde ele estava.

Como regra, nossos pais não batiam portas, nem subiam e desciam a escada estrondeando e esperavam que fizéssemos o mesmo. Mas, para que nenhum leitor pense que eles foram um exemplo inatingível, devo dizer que houve exceções. Papai herdou o famoso temperamento de um de seus avôs. Houve algumas poucas ocasiões em que ele bateu portas, subiu a escada estrondeando e saiu tão violentamente da mesa que virou a cadeira para trás. Porque essas *eram* exceções, nós, filhos, éramos impressionados ao silêncio; e os humildes pedidos de desculpas de papai reforçavam posteriormente o padrão. Ele sentia muita vergonha de suas falhas e orava por vitória sobre elas. Com o passar dos anos, vimos suas orações serem respondidas, e numa reunião familiar recente, os três mais novos de nossa família disseram que raramente testemunharam cenas que nós, os mais velhos, lembrávamos tão bem.

É admirável quão frequentemente os filhos fazem o que se espera deles quando o exemplo é dado consistentemente tanto pelo pai quanto pela mãe. Minha enteada Katharine Scamman, a graciosa mãe de quatro filhos que vive agora na Escócia, tem uma voz muito suave. Quando meu marido e eu a visitamos, notamos que os filhos, alguns dos quais já estão na adolescência, falam brandamente. Também notamos que pais que gritam habitualmente com seus filhos têm filhos que gritam.

O exemplo dos pais, para o bem ou para o mal, é uma influência muito mais profunda do que podemos medir. A disciplina e a organização deles, bem como seu controle calmo, não foram coisas que observamos como crianças. Era apenas a maneira como as coisas funcionavam em casa e, por conseguinte, a maneira como pensávamos que as coisas deveriam ser. Por isso, ficávamos terrivelmente chocados quando visitávamos lares em que as coisas não eram disciplinadas, ordeiras e calmas. Quando olho para trás, sei que era a presença de Deus que fazia a diferença. Acima do botão da campainha na porta da frente, estava pendurada uma pequena placa de cobre que continha estas palavras:

Cristo é o cabeça deste lar,
O convidado invisível em cada refeição,
O ouvinte silencioso de toda conversa.

Para um filho atencioso, essas palavras criam uma aura.

Nossos pais entendiam muito claramente que os princípios que ensinavam a seus filhos teriam pouco efeito se não fossem vigorosamente reforçados pelo exemplo de suas próprias vidas. "Dar aos filhos boa instrução e um mau exemplo", escreveu o arcebispo Tilotson, "é apenas acenar para eles com a cabeça para lhes mostrar o caminho para o céu, enquanto os tomamos pela mão e os guiamos no caminho para o inferno" (J. C. Ryle, *Os deveres dos pais*).

A última parte do século em que tenho vivido mostra uma semelhança notável com o que o apóstolo Paulo chamou "os últimos dias", pelo que, conforme penso, se referia ao tempo em que o jovem Timóteo vivia, quase dois mil anos atrás:

> Sabe, porém, isto: nos últimos dias, sobrevirão tempos difíceis, pois os homens serão egoístas, avarentos, jactanciosos, arrogantes, blasfemadores, desobedientes aos pais, ingratos, irreverentes, desafeiçoados, implacáveis, caluniadores, sem domínio de si, cruéis, inimigos do bem, traidores, atrevidos, enfatuados, mais amigos dos prazeres que amigos de Deus, tendo forma de piedade, negando-lhe, entretanto, o poder.
>
> 2 Timóteo 3.1-5

Parece que homens como meu pai eram uma estirpe rara mesmo no tempo de Timóteo. E ainda o são. Aqueles que buscam o reino de Deus são caracterizados pelos opostos da lista acima. São altruístas, indiferentes à riqueza, simples no falar, humildes. Não desprezam o que seus pais lhes ensinaram. São gratos, reverentes, homens de afeições humanas normais, autocontrolados, amantes de Deus. A sua vida afirma a sua profissão de fé. Isso me parece uma descrição de Philip E. Howard Jr. O Dr. Frank Gaebelein, diretor da Stony Brook School e, posteriormente, editor da *Chistianity Today*, diz em sua introdução ao livro de meu pai *New Every Morning* [Novas cada manhã]:

Philip Howard, que foi meu amigo por muitos anos, era um cristão incomumente disciplinado. Embora nestes ensaios, como em seus outros escritos, ele tenha sido cuidadoso em se referir a si mesmo apenas de maneira indireta, estas páginas refletem a personalidade transparente de um homem de intelecto e refinamento, cuja vida era genuinamente centrada em Deus, por meio de Jesus Cristo.

Não tenho nenhuma lembrança de qualquer palavra específica que papai falou quando eu era muito pequena, mas tenho um senso vívido de sua presença confortadora e, às vezes, impressionante. Papai estava ou em casa ou fora de casa. E a diferença era muito grande. Algumas vezes, eu esperava no vestíbulo, espreitando pela fresta de correspondências, para vê-lo chegar do escritório e subir os degraus da varanda, sempre vestido de paletó azul escuro, camisa branca, gravata conservadora e sempre carregando uma maleta. Quando ele abria a porta, eu abraçava seus joelhos.

Não conhecemos uma única palavra que José, o marido de Maria, disse. Mas o silêncio dele foi eloquente. Como um pai judeu fiel, José deve ter ensinado as Escrituras para o filho santo que Deus lhe confiara. No tempo em Jerusalém, quando Jesus tinha apenas 12 anos, ele deu evidência notável de que havia aprendido totalmente suas lições. Presumimos que Jesus aprendeu também de José a profissão de carpintaria; e deve ter sido um carpinteiro habilidoso e meticuloso. Quando Jesus falou do que vira seu Pai fazer, estava ele não somente pensando em Deus, seu Pai, mas também lembrando seus dias de infância, de observar atentamente a José, o único que Deus designou para cuidar dele — vendo-o em sua vida de oração, seu estudo das Escrituras judaicas, seu amor por Maria, seu trabalho com a serra, a enxó e o martelo?

A vida de papai, como testemunhamos, foi mais eloquente do que qualquer coisa que ele tenha dito. Quando me tornei adulta, tomei consciência de sua simplicidade, humildade e integridade, bem como de muitas outras qualidades às quais uma criança não prestava atenção.

Não pudemos deixar de observar que ele orava, embora não ficássemos impressionados, tomando como certo que era normal os pais fazerem aquilo. Ele tinha como seu padrão o seu Senhor, que orou: "*A favor deles eu me santifico a mim mesmo, para que eles também sejam santificados na verdade*" (Jo 17.19). A responsabilidade de ser pai era muito desafiadora para ele: como poderia cumpri-la se não se santificasse? Era também uma responsabilidade muito pesada para ele levar sozinho. "Tomai sobre vós o *meu* jugo e aprendei de mim", disse Jesus (Mt 11.29, ênfase minha). Papai tentou fazer exatamente isso. À semelhança de seu Senhor, ele se levantava "bem cedo". Ia para o térreo, vestido em seu robe (chamado "roupão" naqueles dias), para se ajoelhar em oração e estudar sua Bíblia antes do café da manhã. A diferença que causou em nós o saber que ele orava por nós todas as manhãs antes de acordarmos não foi percebida na época. E somente Deus pode avaliar os efeitos de longo prazo daquelas orações no restante de nossa vida.

"Foi por causa do levantar-se cedo habitual, e não meramente ocasional, para oração e estudo da Bíblia", escreveu o Dr. Gaebelein:

> que o Dr. Howard pôde escrever sobre uma "madrugada de maio... escura e ainda com um céu encoberto e poucas estrelas", quando a aurora "despertou aquele magnífico coro de canto de aves... que parece um hino de louvor ao Criador. A sinfonia", ele diz, "era dominada pelas doces canções dos tordos. Como se, ao sinal de um líder invisível, se introduzissem as notas lentas e suaves da rola carpideira, a canção intermitente da juruviara norte-americana, os tons tilintantes do tordo-dos-bosques, o flautim do tico-tico-musical e até o chamado estridente do grande papa-moscas com crista. Cantar parece ser o primeiro dever dos pássaros, até antes de alimentarem-se".

"Um dos fenômenos naturais mais belos é a estrela da manhã", escreveu papai no livro mencionado anteriormente.

O coração do escritor obtém frequentemente um sentimento de paz e esperança renovada ao contemplá-la antes do alvorecer. Embora ele e seus associados trabalhem em meio ao barulhento conglomerado de ruas e fábricas durante todo o dia, mas, como muitos outros, ele tem um lar quieto e suburbano à noite. E, portanto, houve aquela manhã em que, no silêncio da madrugada que é tão propício à meditação na Palavra, ele se voltou da Palavra para a testemunha nos céus e contemplou, maravilhado, Vênus, a estrela da manhã... não atingida por furacões terrenos, não perturbada por tumultos políticos, não abalada por crises internacionais... Ela nos lembra daquele que disse: "Eu sou... a brilhante Estrela da manhã... Certamente, venho sem demora" (Ap 22.16, 20).

"Um cristão que é saturado com a Palavra de Deus", ele disse, "provavelmente terá uma atitude calma e saudável quanto à vida; se manterá firme no caminho de Deus, na alegria ou na tristeza, na riqueza ou na pobreza; provavelmente será uma companhia agradável, não fluente em conversas frívolas; e não será excessivamente perturbado pelas condições do mundo".

Quando o mais novo dos filhos se tornou um homem adulto, pediu a papai que o ajudasse a elaborar sua própria lista de oração. Ele recebeu esta anotação:

1. Revise-a periodicamente.
2. Três colunas: Organizações/Pessoas/Pessoal
3. Uma lista diária; depois, outra para cada dia: segunda-feira, terça--feira etc.
4. Qualquer área da vida em que você achar
   a. dificuldade
   b. erros
5. Não limite a oração a apenas essas coisas — ore por assuntos sobre os quais você lê na Bíblia.

6. Ore sobre as duas decisões mais importantes na vida:
   a. esposa
      1) uma mulher que queira ir para o campo missionário não somente porque você quer ir.
      2) ore *antes* que vocês fiquem comprometidos
   b. trabalho

Papai não nos *forçava* a orar; ele nos *guiava* — primeiro, por meio daquele exemplo consistente de ser ele mesmo alguém que orava; depois, por suplicar a bênção (uma expressão que ele achava mais exata do que "dar graças") nas refeições e por reunir a todos nós, depois do café da manhã, para orações familiares, como mamãe descreveu em seu artigo. Não digo que sempre acompanhávamos espontaneamente ou com alguma fome ou entendimento espiritual, não até anos mais tarde, para a maioria de nós. Mas digo realmente que não houve hipocrisia da parte dele para apoiar o que tentava nos ensinar. Crianças são argutas como cães de caça para perceber isso. Papai *acreditava* no que dizia. Não podíamos ter duvidado disso. Ele vivia pelo que acreditava.

Para mim, é significativo que nas orações familiares nunca tivemos qualquer coisa parecida com o que hoje seria designado *compartilhar*. Ninguém falava sobre como se sentia a respeito de Deus. Era uma reunião breve e formal, sempre na sala de estar, distante das louças e migalhas de torradas da mesa de café. Não havia variações na ordem, nenhuma inovação, nada "criativo". Um filho mais novo passava o hinário para todos os que sabiam ler. Todos cantavam; os que não sabiam ler memorizavam hinos com uma rapidez incrível. Além dos grandes hinos antigos como "Louvemos o Rei", "A Cristo coroai", "Que firme alicerce", amávamos canções evangélicas como "Quero estar ao pé da Cruz", "O Lírio dos Vales", "Sou feliz com Jesus" e, cantada talvez mais do que todas as outras, "Crer e observar", que poderia ser chamado o tema prático e espiritual de nosso lar.

Um dia, quando Philip estava no ensino médio e havia estudado latim, ele foi muito ávido em pegar sua bicicleta e fazer contato com seus amigos, o bombeiro e o engenheiro do trem suburbano! Quando papai perguntou o que deveriam cantar naquela manhã, Philip sugeriu NUNC DIMMITIS (Senhor, despede agora em paz o teu servo)!

Dave, aos três anos de idade, nos deixou confusos ao pedir que cantássemos "os chapéus felpudos". Por fim, alguém se lembrou de um hinário que tinha figuras, e uma delas ilustrava a cena da ressurreição mostrando anjos com halos. Então, ali estavam eles — os "chapéus felpudos"!

Em tempos de aflição profunda, tenho sido sustentada pelas palavras dos hinos aprendidos nas orações familiares. Minha amiga Arlita Winston me contou seu método para manter longe a depressão e os demônios: *cantar hinos!* Quando três homens foram tirados da prisão para serem usados como alvos da prática de baioneta, num campo de concentração japonês, os homens ficaram cantando "Habita comigo, ó Deus", para lhes dar coragem a fim de suportarem tortura e morte. Jesus cantou um hino com seus discípulos quando se encaminhava para o Getsêmani. Quão grata eu tenho sido, nos momentos árduos, pelo fato de que meus pais cuidaram para que hinos se fixassem em nossa mente e coração, por meio de um tempo que para nós, na época, era apenas rotina familiar.

Leitura bíblica seguia o cantar hinos. Papai acreditava em ler *reverentemente* (tínhamos de sentar e ficar quietos — sem impacientar-nos). Ele acreditava na leitura regular (duas vezes por dia em voz alta para nós; pelo menos uma vez, em privado); ele nos ensinou a ler *toda* a Bíblia (em devoções pessoais, ele leu a Bíblia toda mais de 40 vezes). Ele era rígido, mas também misericordioso para conosco, lendo não mais do que uma página por dia do livro *A História da Bíblia*, de Hurlbut — uma dose espiritual adequada para os mais novos do grupo. Ele raramente comentava a passagem. Podia, ocasionalmente, fazer uma pergunta a uma das crianças para assegurar-se de que estávamos prestando atenção; e, se estávamos distraídos ou distraindo os outros, ele parava. Uma vez, papai disse a Tommy que ele tinha de guardar o lápis com o qual estava brincando. Com seus olhos azuis de cílios pretos, cheios de inocência, Tommy arriscou uma desculpa tímida: "Mas *está escrito* no lápis 'Jesus salva'!" Era um lápis cristão; certamente ele era permitido nas orações, não era?

Relato essa parte de nossa história para encorajar pais que acham difícil falar com alguém sobre coisas espirituais e acham ainda mais difícil moderar um grupo de discussão familiar. "Eu não sou realmente muito espiritual", tenho ouvido homens dizer. "Minha esposa é melhor nisso". Mas um pai é um sacerdote em seu lar, responsável para com Deus pela educação espiritual de seus filhos. Tenho certeza de que papai não se sentia capacitado em qualquer sentido da palavra. Ele falava com tristeza a respeito de suas próprias fraquezas. Mas sabia qual era seu dever. Pela graça de Deus, ele o fez, sem estardalhaço.

No poema "O sábado à noite de um plebeu", de Robert Burns, achamos um belo retrato de uma família em adoração.

> Acabado o jantar revigorante, com rosto sério,
>   Eles rodeiam a lareira para formar um círculo;
> O progenitor abre com graça patriarcal
>   A grande *Bíblia*, outrora orgulho de seu pai...
>   O pai-sacerdote lê a página sagrada,
> Como Abraão foi amigo do Deus no céu...
> Então, ajoelhando-se ao Rei eterno do céu,
>   O santo, o pai, o esposo ora.

As orações de papai eram notavelmente simples. A bênção que ele invocava às refeições dificilmente variava: "Nosso Pai, nós Te agradecemos por esta boa refeição e, com isso, pedimos a Tua bênção, no nome de nosso Senhor Jesus Cristo. Amém". Nós, filhos, sorríamos uns para os outros quando ele começava com "Ó Deus, nosso Pai celestial". Observávamos as coisas e verificamos que essa abertura estava reservada (acho que ele desconhecia isso) para ocasiões mais sérias, como aquelas em que tínhamos companhia. Seus pedidos em favor dos familiares eram assim: "Abençoe a querida mamãe, dê-lhe mais forças para seu trabalho hoje; abençoe Phil em seu trabalho escolar; ajude Betty em suas tarefas escolares — especialmente, em matemática" etc., terminando com "Em nome do nosso Senhor Jesus Cristo, que nos ensinou a orar"; após isso, nos uníamos a ele em proferir a oração do "Pai Nosso".

Depois do jantar, não podíamos sair da mesa até que papai lesse uma porção da Escritura. Dessa vez não era a obra de Hurlbut, e sim *Daily Light* [Luz Diária], aquela pequena coleção clássica de leituras bíblicas matutinas e vespertinas. A oração seguia a leitura. Quando era tempo de irmos para cama, ele ou mamãe acomodava na cama um dos pequenos individualmente, cantando um hino e orando antes de beijá-los e desejar-lhes boa noite. Quando papai ia me acomodar, sentava-se na cama, e frequentemente eu me ajoelhava, esticando-me para colocar as mãos em seus joelhos. Com sua mão enorme sobre a minha, ele orava por mim. Porque tive um pai assim, não é difícil eu imaginar o que significa a profecia de Isaías a respeito do reino de justiça: "Cada um servirá de esconderijo contra o vento, de refúgio contra a tempestade, de torrentes de águas em lugares secos e de sombra de grande rocha em terra sedenta" (Is 32.2).

As maiores decisões da vida — sua salvação, casamento e ministério — foram tomadas com base em valores eternos e não em valores temporais. Quando aceitou o convite do tio Charley para o *Sunday School Times*, papai sabia que nunca chegaria nem perto de "viver confortavelmente". O que era infinitamente mais importante era ser um servo do Deus fiel. E, visto que sua tarefa como pai era uma parte desse serviço, ele se esforçou para fixar o nosso coração no mesmo alvo transcendente. Como havia se comprometido com Deus a saturar-se com seu Livro, ele procurou nos ensinar a amá-lo. Ninguém pode fazer uma criança amar alguma coisa, quer seja espinafre, quer sejam pardais, quer seja a Escritura, mas o amor dos pais por coisas exerce uma influência poderosa nessa direção (e eu aprendi a amar as três coisas que mencionei). Esse amor opera em ambas as direções: um filho cujo pai ama esportes provavelmente amará esportes; um filho cujo pai odeia trabalho provavelmente odiará trabalho. Porque ouvimos as majestosas cadências da Versão Autorizada da Bíblia, lida para nós dia após dia, anos após ano, em casa, na igreja, na Escola Dominical e nas instituições cristãs que frequentamos, aprendemos finalmente a amar a Bíblia, apesar de todos os anos em que menosprezávamos, suspirávamos, não gostávamos, cutucávamos uns aos outros por baixo da mesa e parecíamos, em geral, ignorar o que deveria estar acontecendo. Muito mais do que nossos pais ou nós sabíamos infiltrou-se em nós por um tipo de osmose providencial. Como outras crianças, também aprendemos comerciais de rádio ("Use Ajax, *bum-bum*, o limpador espumante, *bum-bum*, remove a sujeira, *bum-bum*, drenando-a pelo ralo" e "Sou Chiquita, a banana, e *venho* lhes dizer: bananas têm de amadurecer, de *certa maneira*"), mas a Escritura ocupa indiscutivelmente a maior parte do território de nossa mente hoje.

Nossos pais deram a cada um de nós uma Bíblia de ótima encadernação antes que tivéssemos dez anos de idade e nos encorajaram a lê-la sozinhos, sublinhar e fazer anotações nas margens. (Pensando melhor, eles provavelmente não disseram nada sobre fazer anotações e sublinhar — nós apenas imitamos o que vimos.) Levávamos a Bíblia para a Escola Dominical, para o culto e examinávamos as passagens citadas. Vencíamos competições de achar referências — a Sra. Stevens anunciava a plenos pulmões, como um oficial militar, por exemplo, "Romanos 10:9"; e nós percorríamos freneticamente as páginas de nossa Bíblia e nos levantávamos triunfantemente para ler o versículo em voz alta. Quando chegamos à idade em que as discussões à hora do jantar se tornaram mais vívidas e sérias, descobrimos que a Bíblia era sempre o ponto de referência. Deus tem algo a dizer sobre esse assunto? Se tem, vamos descobrir: "Porque o mandamento é lâmpada, e a instrução, luz" (Pv 6.23).

O apóstolo Paulo escreveu:

> Vós e Deus sois testemunhas do modo por que piedosa, justa e irrepreensivelmente procedemos em relação a vós outros, que credes. E sabeis, ainda, de que maneira, como pai a seus filhos, a cada um de vós, exortamos, consolamos e admoestamos, para viverdes por modo digno de Deus, que vos chama para o seu reino e glória.
>
> 1 Tessalonicenses 2.10-12

É assim que vejo meu pai.

12

FRUGALIDADE, HOSPITALIDADE E HERÓIS

Por economizarem cuidadosamente, os Howard conseguiram guardar duzentos dólares numa contapoupança. Então, veio a Grande Depressão. O banco fechou, e o dinheiro se foi. O vovô Gillingham veio em socorro deles e repôs o que haviam perdido. Mas o salário de papai, como o da maioria das pessoas, foi reduzido e se tornou ainda mais difícil equilibrar o orçamento. Sopa e macarrão com queijo eram itens-padrão em nosso menu. Bife era literalmente desconhecido (acho que não soube o que era até que me tornei adulta), e sorvete e guloseimas eram os maiores eventos em nossa infância. Conhecíamos um padrão diferente quando íamos à casa de vovô para jantares de domingo, nos quais havia rosbife assado e bolo de chocolate.

O relato de mamãe prossegue:

Como os Bunkers costumavam cantar: "Aqueles eram os dias!" — de fazer nada. Sem empregados, sem dinheiro, sem roupas novas, sem uma lavadora, uma secadora, um aspirador, um rádio, um carro — acrescente o que quiser, não o tínhamos.

MAS tínhamos amor na família e três filhos muito queridos [Dave nasceu em 1928]. E sempre tínhamos o suficiente para comer e itens de segunda mão para continuarmos seguindo em frente.

"Mamãe!", resmungou Bets um dia, "você está usando o chapéu de tia Bertha, o vestido de tia Aline e os sapatos de tia Annie Keen!". Eu estava vestida para alguma ocasião moderadamente festiva e tinha uma ideia de que parecia bastante respeitável! Estava um pouco enganada em minha ideia!

Lavar cobertores à mão nos grandes e velhos tanques de pedra-sabão, na lavanderia fria, e colocá-los no torcedor manual não era fácil. Mas, ao comparar minha vida na West Washington, 103, com a vida de Phil e Margaret em Nahanni [filho e nora nos Territórios do Noroeste, no Canadá, onde serviram como missionários entre os índios Slave], por muitos anos, minha boca se fecha para as queixas.

Quando eu estava na terceira série, exigia-se que as meninas tivessem aulas de costura. Nossa primeira tarefa foi levar um metro de guingão para fazermos uma sacola para guardar nossos trabalhos. Eu tremi de medo ante o pensamento de ter de pedir dinheiro a meus pais — vinte centavos ao todo — para comprar o tecido. Não nos ocorria o pensamento de pedir dinheiro além de nossa mesada — cinco centavos por semana. Sabíamos que nossos pais "não tinham dinheiro suficiente para isso", uma frase familiar aos nossos ouvidos na época.

Não pensávamos que éramos pobres, visto que sempre havia dinheiro para ser doado. Nossos pais eram dizimistas fiéis, que sempre separavam para Deus pelo menos dez por cento de tudo que entrava. Esse dinheiro não era *deles*. Pertencia a Deus. Uma parte dos dízimos estava numa caixa na cômoda que ficava na mesa da sala de estar — moedas de dez centavos que devíamos dar para os desempregados pobres que tocavam nossa campainha quase todos os dias, às vezes para vender broches e cadarços, às vezes para pedir dez centavos ou um sanduíche. Entendíamos que dar para eles era dar para Deus, como o era colocar nossas moedas no gazofilácio na Escola Dominical.

O registro do diário de papai em 10 de agosto de 1939 dá uma ideia sobre o separar o dízimo de um filho:

> Ginny, cinco anos e meio de idade, trouxe seu cofre vermelho em forma de barril com um porta-comprimidos em cima. Ela abriu o porta-comprimidos tirou uma chave, abriu o cofre e me deu 26 centavos para levar à Sra. Stevens, para a Missão Evangélica Belga. Essa quantia foi economizada, K. me disse, de uma mesada de seis centavos por semana.

Sempre havia dinheiro para Deus, dinheiro para comprar livros, dinheiro suficiente para alimentar-nos e vestir-nos — *muito* modestamente (nessa época, eu raramente tinha mais de dois pares de sapatos — um para o domingo, outro para a escola e brincar). E minhas roupas, como mamãe disse, tinham sido usadas por outra pessoa. Algumas eram muito bonitas e caras, muito requintadas para a escola, vindas de uma família que pensávamos ser "rica".

Aprendemos uma frugalidade rigorosa nas menores coisas — apagar as luzes, fechar a torneira, sermos cuidadosos para não espremer mais creme dental do que precisávamos, economizar as lascas de sabão para serem colocadas numa pequena cesta quadrada de arame pendurada num suporte. Isso era misturado na água quente da bacia de lavar louças. Se naqueles dias havia produtos para lavar louças, nunca ouvimos falar deles. O plástico, é claro, ainda não tinha sido inventado; por isso, nunca *precisávamos* de uma sacola plástica. Muito poderia ser economizado se hoje uma família, ansiosa por guardar dinheiro e salvar o meio ambiente, não visse essas coisas como necessidades. Tínhamos papel vegetal para empacotar sanduíches, mas ainda não havia papel toalha, papel alumínio, filme plástico, sacos herméticos, Ziploc, Tupperware, Kleenex e, certamente, guardanapos de papel (tínhamos guardanapos de linho puro, legados através de gerações). Nunca os perdemos! Nós lidamos com isso, como a maior parte da população do mundo sempre lidou. A regra de mamãe era uma que sua madrasta lhe ensinara, e ainda é a regra de minha vida: *desperdício obstinado produz necessidade lastimável!*

Sempre havia dinheiro suficiente para hospitalidade modesta. Não há mistério nisso — Deus o promete. Os cristãos de Filipos foram generosos em sua contribuição financeira para o apóstolo Paulo. E Paulo relaciona a generosidade deles a um "aroma suave, como sacrifício aceitável e aprazível a Deus". E assim sempre é; e a promessa sempre se cumpre: "Meu Deus, segundo a sua riqueza em glória, há de suprir, em Cristo Jesus, cada uma de vossas necessidades" (Fp 4.18-19).

Meus pais viam o hospedar o povo de Deus como um grande privilégio e bênção para a família. Por isso, não importando a nossa condição econômica, eles conseguiam, de algum modo, ter um quarto de hóspedes separado e sempre pronto. A porta de acesso a esse quarto permanecia fechada; por isso, ele tinha seu próprio aroma especial: um cheiro nítido de cola de papel de parede, madeira velha e móveis polidos. Havia uma enorme cama antiga de mogno, uma cômoda com tampo de mármore, uma graciosa mesa oval e uma grande cadeira de balanço. O menu para os convidados não podia ser muito mais do que o cardápio habitual de nossa família, porém um lugar ou dois sempre podiam ser acrescentados à mesa.

Quando preletores visitantes iam à nossa igreja, presumia-se sempre que os Howard os receberiam. E, de fato, os Howard se alegravam em fazê-lo, crendo que era claramente ordenado aos crentes fazerem isso. "Compartilhai as necessidades dos santos; praticai a hospitalidade" (Rm 12.13), escreveu Paulo aos cristãos romanos. E a exortação de Pedro foi: "Sede, mutuamente, hospitaleiros, sem murmuração. Servi uns aos outros, cada um conforme o dom que recebeu, como bons despenseiros da multiforme graça de Deus" (1Pe 4.9-10). Quando estudo as fotos das casas em que meus pais cresceram e as comparo com a casa em que crescemos, sei que um pensamento melancólico deve ter-lhes ocorrido ocasionalmente, uma centelha de desejo por terem um lugar mais confortável para seus convidados, mas esses desejos nunca chegaram aos nossos ouvidos.

Meus pais sabiam quão importante era que nós, filhos, conhecêssemos homens e mulheres cristãos de todas as classes sociais, ouvíssemos em primeira mão as suas histórias de fidelidade a Deus e desfrutássemos do privilégio de fazer-lhes perguntas. Eles faziam o seu melhor para persuadir os outros da igreja a não perderem essa bênção. Mas poucos entendiam o que estavam perdendo ou aceitavam isso como uma questão de obediência. Presbíteros e bispos da igreja primitiva tinham de ser homens de caráter impecável, o que significava, entre outras coisas, serem "hospitaleiros".

Hoje, muitos consideram impossível convidar outros frequentemente ao seu lar, porque exigiria uma grande limpeza antes de poderem levá-los para o interior da casa. Às vezes, amigos inesperados têm de ser entretidos na porta, porque a sala de estar não está pronta para ser vista. A ordem costumeira da casa que mamãe mantinha eliminava, em geral, esse problema, mas, se as coisas não estivessem perfeitas, ela pensava que os amigos entenderiam sem fazer estardalhaço, por amor à dedicação dela.

"Não é ruim, de modo algum, ter de limpar a casa para a vinda de convidados e, antecipadamente, 'fazer um resumo' para os filhos sobre o comportamento correto", escreveu papai.

(Existe alguma casa em que nada disso é necessário durante o ano inteiro?) A presença de amigos cristãos ou mesmo de estranhos — a menos que eles sejam muito excêntricos, egoístas e insensatos — deveria iluminar o lar e ampliar sua perspectiva, à medida que os convidados falam sobre como o Senhor os guiou nas provações da vida e sobre a obra que estão realizando para ele. É bom a família ser removida de sua rotina e olhar para além de suas quatro paredes e da rotina semanal de seus próprios negócios, escola e igreja. Se hospitalidade é retida porque "dá trabalho demais" e custa muito, lembre-se de que somos ordenados a mostrá-la, e que deve ser dada "sem murmuração" e, "ao que retém mais do que é justo, ser-lhe-á em pura perda" (Pv 11.24).

New Every Morning, p. 95

Mamãe escreveu:

Quando nos casamos, um dos melhores presentes que recebemos foi um livro de hóspedes. O primeiro registro é o nome de minha querida "sogra" e foi em Bruxelas, datado de 30 de agosto de 1922. O último nome no livro é o de Eleanor Vandevort, e a data é 2 de julho de 1963, assinado em Moorestown, New Jersey. Entre essas duas datas, há os nomes de pessoas de 24 nacionalidades e pessoas de 44 países. Entre os amigos que nos visitaram enquanto morávamos em Germantown, vejo a assinatura de pessoas como Ernest Gordon, filho de A. J. Gordon, que deu nome ao Gordon College, eu acho; George T. B. Davis, da Liga de Testamento de Bolso; Wilbur Smith; a Sra. W. H. Griffith Thomas; Alice Gallaudet Trumbull Sparhawk; Betty Scott (posteriormente, Betty Stam, assassinada na China por salteadores); Charles Ernest Scott, o pai dela; Allen MacRae, do Faith Seminary; Ted Pudney, da Missão para Campos Não Evangelizados; V. Atchinak, de Beirute; William Pettingill, um dos editores da Bíblia Scofield... E muitos outros, dos quais não me lembro de modo algum, mas tê-los, todos eles, em nosso lar foi uma grande alegria e deleite.

Eu recordo Leland Wang, da China, cujo lema era: "Sem Bíblia, sem café". Eu tinha, provavelmente, dez ou onze anos quando ele me chamou de "a filósofa". Sem dúvida, não esqueci isso. Depois, houve o Sr. Vansteenberghe, da Missão Evangélica Belga, sempre exuberante e entusiasta quanto a tudo em nosso lar — a comida de mamãe, nosso cantar e tocar piano, nossa tarefa escolar, o humor de papai, o corte de cabelo do Dave ("Oh! Que *chique!*"). O Sr. Russel Abel, da Missão para o Pacífico Sul, nos falou sobre o canibalismo e nos divertiu por nos girar no ar em uma cadeira. O Sr. e a Sra. George Sutherland, da Missão para o Interior da China, nos ensinou como escalar uma montanha da maneira como o fazem os servidores chineses, com um pequeno pulo cada vez que você firma seu pé. O Sr. L. L. Legters nos contou histórias dos índios do México, e a Sra. Helen Yost nos contou histórias dos índios do Arizona. Ivan Bjornstadt nos eletrizou com seu barítono estrondoso; e Arousiag Stephanian, da Armênia, cantou em um soprano alto e doce. Ela também nos contou sua experiência angustiante do massacre turco, quando seus parentes foram todos mortos, e ela, uma criança pequena, retirada de um poço por beduínos e levada para morar em uma tenda no deserto. Ela ainda carrega a marca deles tatuada no corpo.

Por meio desses servos de Deus, nossa imaginação era instigada, nossos ideais, elevados. Tínhamos o que todo jovem procura: heróis, mas de um tipo muito raramente encontrado em nossos dias, heróis que valiam a pena ser imitados. Suas histórias nos transportavam para bem longe de nosso pequeno mundo, mas seus valores reforçavam, de maneiras vívidas e dramáticas, os mesmos valores que nossos pais nos ensinavam no lar. Em nossa própria mesa de jantar, víamos e ouvíamos o que significa buscar em primeiro lugar o reino de Deus, dar tudo a Jesus, trabalhar por "ouro, prata e pedras preciosas" e não por "madeira, feno e palha".

13

O DIA
DO SENHOR

Sempre íamos à Escola Dominical. E sempre íamos à igreja. É claro. Esses são meios de graça públicos. E nunca houve nenhuma discussão sobre irmos à igreja, bem como sobre orações em família ou qualquer outro hábito regular que nossos pais mantinham. Onde quer que o povo do Senhor estivesse reunido, deveríamos estar lá. Teófano, o Recluso, em *Raising Them Right* [Criando-os corretamente], diz: "A igreja, sua vida e os Santos Mistérios são como um tabernáculo (tenda) para os filhos; e eles deveriam estar sob ela, sem deixá-la. Exemplos mostram quão redentor e frutífero isso é (como a vida do profeta Samuel)".

Papai havia sido criado como um presbiteriano, e mamãe, como uma episcopal. Mas eles escolhiam para nós, onde quer que morássemos, a igreja mais próxima que acreditavam ser fiel à Bíblia. Somente nesse sentido — fiel à Bíblia — podiam elas ser chamadas ortodoxas. A obra de papai no *Sunday School Times* exigia uma amplitude de visão e entendimento de muitas denominações diferentes. Meu irmão Phil se recorda de aprender de papai uma apreciação pelo governo dos presbiterianos, a reverência dos episcopais, o conhecimento bíblico dos batistas e o zelo dos metodistas. Lembro-me de papai citar:

> Porque o amor de Deus é maior
> Que a medida da mente humana,
> E o coração do Eterno
> É admiravelmente bondoso.
>
> Frederick Wiliam Faber, 1862

A primeira Escola Dominical que recordo foi em um prédio de igreja totalmente novo na Rua Green. Fui vestida com roupas de domingo, o que significava um vestido de algodão engomado, meias brancas de algodão e sapatos "Mary Jane" — de couro envernizado, preto e com uma tira que cruzava o dorso do pé. Fiquei emocionada em achar não somente cadeiras pequenas, feitas exatamente para nós, crianças de quatro ou cinco anos, mas também um sanitário baixo, no banheiro. Papai estava sempre na plataforma, visto que ele era o superintendente. Sentávamos com nossas respectivas classes para os atos de abertura e, depois, seguíamos para as classes, onde nos ensinavam histórias bíblicas, recebíamos papéis de Escola Dominical com figuras coloridas e aprendíamos um versículo para memorizar.

Na igreja, toda a família sentava em um único banco. Papai tinha uma opinião muito firme sobre isso. Éramos uma família. Devíamos ficar de pé, sentar e ajoelhar-nos juntos diante do Senhor; e, apesar de todas as objeções (e levantamos muitas), acho que ele estava certo. Quando Moisés se apresentou a Faraó com a mensagem de Deus para que deixasse seu povo sair, para servir ao Senhor, seu Deus, Faraó perguntou quais pessoas sairiam. "Havemos de ir com os nossos jovens, e com os nossos velhos, e com os filhos, e com as filhas, e com os nossos rebanhos, e com os nossos gados; havemos de ir, porque temos de celebrar festa ao Senhor" (Êx 10.9). Posteriormente, quando Josué leu para a congregação o que Moisés ordenara, todos estavam lá, "as mulheres, e os meninos, e os estrangeiros que andavam no meio deles" (Js 8.35). Lemos a respeito de Cornélio, que ele era um homem "piedoso e temente a Deus *com toda a sua casa*" (At 10.2 — ênfase minha).

Sentar e ficar quieto era um ponto de doutrina. A julgar pelo remexer, revolver, levantar, sentar e o perambular ao banheiro incessante que vemos nas igrejas hoje, admito que a maioria dos pais supõem que é impossível as crianças pequenas aprenderem a sentar e ficar quietas, até mesmo por uma hora, e que, portanto, é cruel esperar isso delas. A isso, eu digo *bobagem*! Em primeiro lugar, sei que é possível — nós o aprendemos, e conheço algumas crianças de hoje que o aprenderam. (E ninguém deve sugerir que os filhos dos Howard o aprenderam porque eram crianças impassíveis — todos nós lutávamos para controlar a nossa inquietação hereditária!) Em segundo lugar, creio que é errado *não* esperar isso, porque, além de ser uma lição fundamental da submissão de um filho à vontade dos pais, é também o melhor lugar para começar a treinar o domínio do corpo. Controlar os movimentos em obediência aos pais capacita um filho a controlar os movimentos posteriormente em obediência à sua própria vontade.

Papai entendia que ele era responsável — o cabeça do lar, sacerdote sob a autoridade de Deus, encarregado da solene responsabilidade da saúde espiritual de seus filhos, pelo que um dia ele teria de prestar contas. Ele não podia nos forçar a absorver a mensagem, mas podia nos colocar numa condição de ouvi-la, não importando se entendíamos ou não. Quanto os discípulos assimilaram do que o seu Senhor ensinou? Teríamos gostado de ficar sentados com amigos, mas foi sábio que raramente tínhamos permissão para fazer isso, pois teríamos sido ainda mais desatentos e irreverentes, se não estivéssemos sob os olhos de nossos pais.

Nós que sabíamos ler deveríamos acompanhar o culto no hinário, no livro de orações (na igreja em que havia um) e na Bíblia; e havia muita rivalidade entre os filhos em achar a passagem. Certa quantidade de diversão era permitida para o mais novo — ele podia sentar-se no genuflexório e usar o banco como uma mesa para desenhar figuras durante os sermões de 40 minutos.

Domingo era um dia separado dos outros dias. Quando íamos ver os avós, geralmente tínhamos convidados. Mamãe cozinhava um "jantar de domingo", que, depois da Depressão, significava carne assada ou frango, molho de carne, batatas e um vegetal. Raramente tínhamos algum tipo de salada, ou pãezinhos, ou extras. Mas havia uma sobremesa, ainda que fosse apenas fruta enlatada ou cookies comprados no supermercado (mamãe nunca fora uma doceira). Ocasionalmente, tínhamos o tratamento muito especial de um bolo comprado do padeiro que vinha todo dia com seu cavalo e carroça e levava sua cesta à nossa porta.

Não mudávamos nossas roupas após a igreja. Isso parece quase inacreditável hoje, especialmente em face de nossa relativa pobreza e da necessidade de mantermos o respeitável traje de domingo tanto quanto possível. Nossos pais tinham a opinião de que filhos se comportavam de acordo com a maneira como estavam vestidos. Queriam que pensássemos no domingo como o Dia do Senhor, distinguido, em muitas maneiras, como santo e separado dos outros seis dias. Éramos limitados a atividades quietas — jogos bíblicos, livros escolhidos com cuidado para leitura no domingo, caminhadas. Se à tarde houvesse uma reunião de jovens na igreja, íamos a essa reunião. Às vezes, íamos com papai ao culto da noite, embora ele não insistisse nisso, porque mamãe ficava em casa com o bebê. Íamos fielmente à reunião de oração na quarta-feira à noite; e, quando ficamos mais velhos, ele perguntava às vezes nostalgicamente se alguém gostaria de ir com ele. Digo com tristeza agora, mas acho que fui pouquíssimas vezes. Oração que nos custa algo parece ser a última coisa que aprendemos.

Uma igreja, como uma organização paroquial, é "uma unidade de lugar e não de gostos; une pessoas de diferentes classes e pensamentos", no tipo de unidade que o Senhor deseja.

Meu irmão Tom, em sua descrição de papai no livro *Heroes* [Heróis], escreveu:

> Ele não se sentia à vontade com o ligeiramente maltrapilho conjunto de sensibilidades que eventualmente chegou a acompanhar a piedade fundamentalista. Tagarelice e sintaxe vacilante nas orações públicas;

expressões levianas ou sentimentais de devoção na hinografia ou, pior, protestos estáticos de autoconsagração a Deus; performance ostentosa em reuniões de evangelização; e a natureza aparentemente *ad hoc* de grande parte do que acontecia nos cultos da igreja: isso enchia papai de embaraço angustiante.

É difícil imaginar uma igreja que não era muito do agrado de meus pais como a que frequentávamos quando papai escreveu uma descrição (destinada apenas à família) de um domingo de Páscoa de manhã. A igreja era, naquele tempo, como sempre tem sido, constituída de nada mais do que *meros* seres humanos, "afligidos por natureza", emprestando as palavras de Evelyn Underhill, "e amados por graça".

O Sr. Conant está na liderança, um início um pouco atrasado. Muito barulho em sentarem-se os frequentadores regulares e os visitantes, e as crianças subindo em correria as escadas. Pequenos chapéus de palha de primavera brotam nas filas de bancos, ou seja, chapéus adornados com margaridas, rosas, ásteres e até mesmo cerejas (um pouco cedo, mas não importa). Um hino é cantado por todos, com o tempo um pouco incerto, porque Jean está no piano. O Sr. C. anuncia um número pelo nosso "grupo musical", não é uma designação ruim, sugerindo seu arranjo desordenado e aspirações de, talvez, sucesso brilhante. Silêncio, expectativa. A introdução ressoa no piano. Silêncio, agora! O piano começa, seguido por gemido trêmulo ou de um saxofone ou de um clarinete. (O grupo era formado de Janet — saxofone; Sr. McCoy — corneta; Jack e Ginny Norcross — clarinetes; e Jean — no piano.) O lamento é acompanhado e silenciado, sucessivamente, pela corneta e pelos clarinetes. O número prossegue, com todo o grupo em uníssono às vezes. Sons variados de bebês em momentos inesperados, dividindo a atenção, especialmente dos pequenos, entre os assentos de trás e a sinfonia lá na frente. Mais canto, oração e anúncios.

Então, a companhia do Sr. Stevens. A expressão costumeira de tristeza e surpresa na face do Sr. Stevens ante o fracasso de certas fileiras, com o estalar de dedos e o aceno da cabeça. Por fim, na segunda canção, uma apresentação confiável. Agora, o Sr. Conant, com uma palestra com giz para crianças; depois, uma palestra com flanelógrafo para os estudantes mais velhos Perguntas são feitas, algumas respostas chocantes de diferentes partes da audiência; também algumas respostas muito boas. Comentários paralelos e engraçados do Sr. Conant. Mais resmungos, queixas e gritos de bebês na parte de trás; e, imediatamente, uma dúzia de pares de pequenos olhos castanhos, azuis e brilhantes, se focalizam nos assentos de trás.

Ora, a reunião transcorreu bem; e tivemos 212 pessoas presentes, o que foi ótimo! A mensagem da ressurreição e o Evangelho foram anunciados novamente; portanto, podemos ser gratos. O humor é privativo, apenas para a família.

14

UM HÁBITO DE ORDEM

O nosso lar era organizado. A grama era aparada; a varanda era varrida; carrinhos, bicicletas e trenós eram guardados na garagem. Livros escolares, sapatos, papéis ou brinquedos não adornavam o hall da frente ou a sala de estar; toalhas ficavam penduradas no banheiro; os guardanapos e as toalhas de cômoda bordados em linho dos quais mamãe gostava estavam sempre limpos. Um lar perfeito. Era mesmo? É claro que não. Não podia ter sido impecável o tempo todo, mas essa é a minha impressão e a de outros que se lembram do nosso lar. Quando criança, o lar organizado era algo natural para mim. Mais tarde, quando voltei do internato ou da faculdade, fiquei impressionada logo que entrei pelo hall da frente – a ordem, o asseio, o senso de coisas estarem *no lugar*.

Isso era um sinal visível de uma realidade invisível. Nossos pais acreditavam em um Deus de ordem, criador de um universo organizado em um padrão ordeiro, em que cada coisa está no seu lugar designado. Quando Deus deu a Moisés instruções sobre o tabernáculo, ele disse: "Meterás, nele, a mesa e porás por ordem as coisas que estão sobre ela; também meterás, nele, o candelabro e acenderás as suas lâmpadas. Porás o altar de ouro para o incenso diante da arca do Testemunho", e prossegue, página após página, mostrando o amor do Senhor por ordem. Moisés fez apenas o que lhe fora dito: "Pôs também a mesa na tenda da congregação [...] e sobre ela pôs em ordem os pães da proposição perante o Senhor" (Êx 40.4-5, 22-23).

No Novo Testamento, homens qualificados para a liderança (bispos, presbíteros, diáconos) eram homens que governavam bem a sua família e recebiam obediência de seus filhos. Isso lhes deu o direito de falar abertamente sobre assuntos da fé cristã (1Tm 3.4, 12; Tt 1.6). Mulheres que procuravam ser autoridade na igreja e no lar e filhos que não mostravam respeito aos pais eram sinais de desordem.

Meus pais tentavam seguir as instruções que entendiam Deus havia dado sobre qualquer área da vida. Não penso que tanto esforço consciente tinha de ser feito naquele tempo quanto parece ser necessário agora — esforço consciente da parte de meus pais. Os fundamentos morais sobre os quais os lares da infância deles eram edificados não haviam sido deteriorados como têm sido em nossos dias. Certas profecias do livro de Daniel parecem apropriadas ao tempo de escrita deste livro (e quão usualmente elas têm descrito a situação entre o tempo de Daniel e o nosso?) — um líder que fará o que nem seus pais nem seus avós fizeram, elaborando planos contra as fortalezas (a fortaleza da família, por exemplo?), com seu coração em oposição à santa aliança, de tal modo que ele dá atenção aos que a abandonam. O templo profanado, a "abominação desoladora" colocada nos lugares santos, o povo bajulado quando violam a aliança etc.

"Mas o povo que conhece ao seu Deus se tornará forte e ativo. Os sábios entre o povo ensinarão a muitos; todavia, cairão pela espada e pelo fogo" (Dn 11.32-33).

Papai e mamãe tomavam como certa a ordem hierárquica do lar cristão, uma questão muito mais importante do que o lugar onde livros escolares e brinquedos deviam ser guardados. O marido devia ser o cabeça do lar; a esposa, em sujeição alegre ao ofício designado ao marido. Duvido que essa questão tenha surgido alguma vez para discussão entre eles. Não era necessário. Eles sabiam que essa era a maneira como as coisas deviam ser; a Escritura definia isso com clareza. E eles o aceitavam de maneira inquestionável. Não tenho dúvida de que essa era também a maneira que desejavam que fosse.

Tom, em seu livro *Hallowed Be This House* [Santificada seja esta casa], descreve:

> o ritmo amoroso de desigualdade como um modo de mutualidade e alegria. É um estado de relações totalmente repugnante à imaginação do inferno, que é obcecada com questões de poder, direitos e privilégio. Mas questões de poder, direitos e privilégio não têm nenhum significado nesta troca aqui. O oferecer é real e espontâneo; o receber é real e espontâneo.

Quando pessoas decidem "improvisar" e arranjar as coisas de acordo com o capricho ou conforto pessoal, elas fazem uma bagunça terrível, como Adão e Eva demonstraram quando ela tomou a iniciativa e Adão falhou em protegê-la dessa escolha errada, como fora criado para fazê-lo. Em anos recentes, com muita discussão e protesto sobre direitos e igualdade, pessoas têm procurado rearranjar quase tudo; a palavra *tradicional* se tornou um pejorativo, e perdemos muito com isso.

Fomos testemunhas do amor e respeito que nossos pais tinham um pelo outro. Eles não eram abertamente demonstrativos, mas chamavam um ao outro de querido, e víamos frequentemente eles se abraçarem e se beijarem. Quando saíam, mamãe passava sua mão através do braço de papai. Nem uma vez (chequei isso com meus irmãos) nós os ouvimos levantar a voz um para o outro ou se engajarem numa discussão real. Eles apresentavam uma frente unida para seus filhos, mais especialmente em questões de disciplina (embora eu lembre que uma vez fui mandada para cama sem jantar, por alguma desobediência; mamãe achou que papai fora muito severo nisso e, depois, levou para mim uma tigela de mingau). Era óbvio para nós que eles gostavam um do outro e admiravam um ao outro. Papai dizia frequentemente a mamãe que ela era linda e nos perguntava se não pensávamos assim também. Bem, quando ele mencionava isso, nós concordávamos.

"Cabeça do lar" não significava que papai vociferava ordens, exercia autoridade de maneira agressiva e exigia submissão de sua esposa. Significava simplesmente que ele era o responsável final. Ele cuidava de nós. Era o provedor e protetor, que tornava possível a mamãe fazer seu trabalho de tempo integral. Falando em termos gerais, ela fazia o trabalho de dentro e ele, o de fora. Papai também colocava óleo nas dobradiças, trocava borrachinhas de torneiras, consertava coisas. Raramente ele enxugava louças ou banhava uma criança. Papai fechava as janelas, trancava as portas e apagava as luzes à noite. Ele nos fazia sentir seguros.

O andamento tranquilo de um lar significava pontualidade. Papai tinha mais relógios do que um homem precisava. Dava corda nos relógios fielmente, equilibrava o relógio de pêndulo com pedacinhos de papel ou papelão sob o canto e os sincronizava com seu relógio de bolso Longines, de ouro, que ele conferia semanalmente com os relógios da ferrovia. Se numa semana ele o achasse alguns segundos mais rápido ou mais lento, ajustava-o.

Embora alguns possam considerar pontualidade estrita como uma peculiaridade engraçada ou uma compulsão irritante, era uma questão de consciência cristã para papai e, portanto, para nós. Atraso é roubo, ele dizia. Você está roubando os outros de seu bem mais insubstituível, o tempo.

"O tempo de um homem pode ser dado voluntariamente, pode ser comprado e pode ser retirado dele contra a sua vontade", papai escreveu em um editorial.

> Alguns são habitualmente pontuais; outros, habitualmente atrasados; ninguém pode ser pontual o tempo todo, e ninguém precisa ser sempre atrasado. Se cinco pessoas concordaram em se reunir em determinado tempo e lugar, e uma chega quinze minutos depois, ela consumiu uma hora de força humana, porque tomou quinze minutos de cada um dos outros de forma contrária à vontade deles. Se forem sábios, eles

gastarão esse tempo em leitura ou em alguma outra atividade útil, mas o atrasado não deve depender da boa vontade deles, se pode impedir o atraso. Ele pode ter a ousadia de pensar — ou de dizer — que eles precisam aprender paciência, que não devem ser ansiosos em nada; tudo isso é verdadeiro, mas ele não é a pessoa certa para lhes dizer isso. O que ele precisa lembrar, muito antes do compromisso, é que deve ter "o propósito de não" ser tropeço aos seus irmãos (Rm 14.13); que ele não tem o direito de desperdiçar o tempo dos outros. Sem dúvida, ninguém pode impedir que o telefone ou a campainha toque exatamente antes de ele sair de casa, nem pode prever o que acontecerá no caminho; mas é sempre uma boa regra começar um pouco mais cedo do que você acha que precisa...

Todo obreiro cristão pode se disciplinar para ser habitualmente pontual, por meio de administração e previsão diligentes. Isso alivia muitos outros de ansiedade, ajuda-os a não desperdiçar tempo e, assim, torna a vida mais fácil para eles. É uma questão de honestidade comum e cortesia cristã e se harmoniza com a exortação "tudo, porém, seja feito com decência e ordem" (1Co 14.40).

Ser pontual era também uma necessidade prática em nossa casa, pelo menos nos dias úteis da semana, porque papai pegava um trem suburbano para Filadélfia. Isso exigia um horário invariável para levantar-nos, tomar café e ter o momento de "orações". Ambos os pais tinham de cooperar para realizar essa obra, e o hábito estava arraigado em todos nós, embora fosse mais doloroso para alguns do que para outros. (Tom se lembra de ser mandado ao andar superior para apressar Jim, o mais novo, e achá-lo sentado no meio do assoalho "contemplando um sapato" ou engajado em algum empreendimento igualmente infrutífero.)

Pense nas alternativas. Se todos fazem o que é certo aos seus próprios olhos, não há ajuntamento para um café civilizado e muito menos para o tempo de devoções na sala de estar posteriormente. A pressa frenética para achar a maleta de papai, fazer os lanches da escola, vestir as calças e galochas de neve (aquelas coisas horríveis que usávamos com os fechos de metal que eram tão duros que mãos pequenas não podiam apertar) e ter todos fora de casa com os respectivos livros escolares e lancheiras, em tempo de estarem onde precisam estar, destrói a paz pelo resto do dia. Fazíamos primeiro a nossa agitação e tínhamos tempo para fazer as coisas mais importantes "com decência e ordem".

A regularidade de nosso horário era uma das coisas de que dependíamos, e, embora não soubéssemos na época, nos dava grande segurança. Mamãe estabeleceu como regra ter as refeições na mesa quando esperávamos que estivessem lá. O nosso pequeno mundo — podíamos contar com isso — ficaria como era, seguro, "estruturado" e seria grandemente o mesmo cada dia.

> Logo o meu pequeno trio estava peregrinando quase pouco mais de três quilômetros até à Henry School. A longa caminhada, em todos os tipos de clima, seria considerada uma grande dificuldade nestes dias de serem levados por mães complacentes, mas não pareceu prejudicar meus filhos. Além disso, não tínhamos carro. De vez em quando, eles tinham a emoção de serem levados pela tia Sue McCutcheon em seu velho Hupmobile.

Enquanto moramos na Filadélfia, caminhávamos realmente todo o percurso para almoçar em casa todos os dias. Gostávamos disso. Quando chegávamos à porta, lá estava mamãe, e havia a sopa quente. Era ótimo sentir o cheiro da sopa e era ótimo que mamãe sempre estivesse lá, por nós. Quando pediram a papai que liderasse um grupo de turismo à Palestina por dois meses inteiros, mamãe teria amado acompanhá-lo. Ela não o acompanhou. Ficou em casa conosco. Quando ele liderou outro grupo de turismo ao Alasca e quando viajou a negócios para a Europa, mamãe ficou em casa. Nunca nos ocorreu que poderia ser de qualquer outra maneira. Certamente, hoje alguém ressaltaria que ela "devia a si mesmo" uma viagem de cruzeiro ou que "não tinha vida própria". Bobagem, ela teria respondido — como você chama *isto*? *Isto* é a minha vida. Quem pediria mais? Ela nunca pediu, e éramos muito mais ricos por isso.

೧೧♥♡

Uma casa ordeira significa não somente uma aceitação do arranjo de autoridade estabelecido por Deus e uma consideração consciente do tempo, mas também assegurar-se de que há um lugar para tudo. Se não há, isso provavelmente significa que há coisas demais. É necessário livrar-se de algumas. Isso exige levantamento frequente, seleção, descarte ou doação. Em nossa casa, havia um lugar para tudo, e entendíamos que tudo devia ser colocado em seu lugar. (Para obter ajuda quanto a isso, ver Sandra Felton, *The Messies Manual* [O Manual das Bagunças], Fleming H. Revell, 1981). Isso requer repetição incessante. Não há outra maneira de treinar os filhos.

É muito mais fácil os pais pegarem, eles mesmos, as coisas do que chamarem o filho, mostrarem o que ele deixou jogado ali, dizerem onde deve colocá-lo e cuidar para que ele o coloque no devido lugar — e lembrar--lhe isso na próxima vez. "Muito mais fácil", quer dizer, apenas no momento. "Mas eu odeio importunar!", dizemos; porém importunar é o menor dos males. É um tipo de "misericórdia severa", porque os pais estão se poupando de dores intermináveis quando se dão ao trabalho de ensinar e, acima de tudo, estão poupando os filhos da frustração e confusão da desordem pelo resto de sua vida. A Escritura tem uma expressão muito mais cordial para essa horrível palavra *importunar* — "preceito sobre preceito, preceito e mais preceito; regra sobre regra, regra e mais regra; um pouco aqui, um pouco ali" (Is 28.10).

Eu uso a palavra *importunar* como ela é usada comumente em nossos dias — repetir o que a criança sabe, mas esqueceu ou não prestou atenção. Não estou falando de repreensão constante ou de ralhar persistente. O timbre de voz e a entonação fazem a diferença. Uma mãe que usa um tom severo está buscando discussão ou rebeldia. Ela aparece como o adversário do filho e não como uma ajudadora dele. Se ela ouvisse uma gravação de seu tom costumeiro em falar com os filhos, talvez descobriria a principal razão para a recalcitração deles ou para as "quebras de comunicação".

Quando mamãe trabalhava na cozinha, ela limpava à medida que trabalhava. A escrivaninha de papai ficava quase completamente vazia quando ele não trabalhava nela. Havia um mata-borrão, um porta-lápis (com todos os lápis apontados e voltados para a mesma direção), alguns poucos livros sustentados firmemente por suportes e, talvez, um bloco de papel — todos colocados em paralelo e ajustados com os cantos da escrivaninha. Eu costumava deixar as coisas um pouco tortas depois de haver tirado a poeira, apenas pela diversão de vê-lo arrumá-las, talvez inconscientemente, logo que chegava à mesa. Embora caçoássemos dele sobre isso quando crescemos, tenho certeza de que todos nós seis aprendemos com o exemplo dele, ainda o seguimos de perto e, como resultado, achamos nossa vida enormemente simplificada. Foi principalmente o ambiente ou foi a hereditariedade que nos influenciou grandemente neste respeito? Eu deixo para os mais qualificados do que eu definirem isso. Mas fiquei admirada em descobrir um relato de papai sobre um homem que havia sido empregado tanto de meu bisavô quanto de meu tio-avô. Meu bisavô tinha ordenado ao empregado que removesse a poeira dos livros na biblioteca a cada dois ou três meses, a 25 centavos por hora extra. Meu tio-avô ordenou que o empregado comprasse um relógio Ingersoll de um dólar e o ajustasse todas as manhãs na Bailey Banks & Biddle, joalheria famosa da Filadélfia. Tio Charlie estava decidido a eliminar pelo menos uma desculpa para o rapaz chegar atrasado um minuto ou dois. Ele também tinha todos os lápis apontados cada manhã e *esfregados com uma flanela* para remover a poeira de grafite.

Papai guardava suas ferramentas penduradas em ganchos no porão ou na garagem; e cada ferramenta tinha uma etiqueta sobre o seu lugar. Sapatos, botas, galochas e borrachas eram alinhados na parte inferior dos armários. Gavetas não deviam ser uma confusão. Podíamos *achar* o abridor de latas, a fita de emendas (a fita Scotch ainda não havia sido inventada), os clipes para papel, os selos ou as tesouras porque estavam nas gavetas apropriadas para eles. Se não estivessem, era culpa de um de nós, e ouvíamos sobre isso. Era um negócio árduo e longo aprender a manter as nossas gavetas tão em ordem quanto as dele, mas quão gratos somos pelo hábito de eficiência organizada que isso estabeleceu em todos nós, eu acho, para a vida toda. Recentemente, meu irmão mais velho, Phil, nos visitou, e vi como ele arrumou a sua pequena van para a longa jornada de Massachusetts até Alberta, no Canadá. Ele havia feito uma prateleira elegante, no interior, na porta de trás, sobre a qual ele colocou malas, enquanto os itens pequenos necessários durante a viagem foram arrumados na parte de baixo. No topo da van, havia um bagageiro no qual arrumou as caixas de papelão dos arquivos da família que ele estava transportando por mim para outros membros da família que residiam no percurso, cada caixa havia sido cuidadosamente envolvida em plástico e lacrada firmemente. Gracejei com ele sobre ser o filho de seu pai na maneira metódica como realizou o trabalho, mas, certamente, para ambos de nós há uma inevitabilidade nisso. "Qualquer pessoa não o faria daquela maneira?", perguntamos. Entretanto, uma olhada em alguns dos veículos loucamente carregados que vemos nas estradas nos diz que não.

15

MAIS BEBÊS

A uma quadra de nossa casa havia um tipo de hospital maternidade ou, talvez, um lar para crianças abandonadas. Eu estivera orando por uma irmã e sugeri a mamãe que poderíamos conseguir uma lá. Ela explicou que não fora dessa maneira que tivera seus filhos. Deus podia fazer bebês desenvolverem-se no interior *dela*. Isso pareceu uma ideia maravilhosa, e não me preocupei com os detalhes. Pedia a Deus que, por favor, fizesse uma irmã para mim.

Em fevereiro de 1934, quando Phil tinha dez anos de idade, eu, sete, e Dave, seis, um bando de pequenos controladamente maleável que estava aprendendo a fazer as coisas à maneira de nossos pais, a nossa vida ordeira tomou um novo rumo. Num dos dias mais frios já registrados, acordamos e descobrimos que mamãe e papai haviam saído, e tia Alice estava fazendo o café da manhã. Mais tarde, um telefonema nos informou do nascimento de nossa irmã, Virginia Anne, que logo passou a ser chamada Ginny. Esse foi o dia que Dave escolheu para tentar abrir uma janela que havia sido apoiada com uma vara. O caixilho caiu com um estrondo, o vidro estilhaçou-se, o vento frio de inverno soprou para dentro. Passamos um dia solitário, frio e miserável, reunidos sob uma coberta ao lado da saída de ar quente no hall do andar térreo, desejando que mamãe chegasse com o bebê e que o homem viesse consertar a janela.

Quando voltei para casa, tive problema com amamentação e precisei de ajuda. Bertha Kratz, amiga de uma amiga, veio para ajudar. Ela acabara de sair do hospital e queria um "caso leve". Ha! Passado pouco tempo, Papai adoeceu, Betty teve amidalite, Phil teve sarampo; e a pobre Bertha ficava subindo e descendo aqueles extensos lances de escada muitas vezes por dia. Mais tarde naquele mesmo ano, Phil, Bets e Dave tiveram caxumba, inchando-os ao máximo. No final, eu também peguei. Então, vieram três cirurgias de amígdalas, as mesmas três crianças. Naqueles dias, precisávamos fixar na porta da frente sinais de quarentena de doenças transmissíveis (isso significava que somente o ganha-pão podia entrar e sair). O sinal amarelo esteve em nossa porta da frente desde abril até agosto.

Tivemos uma trégua por alguns meses, e então Dave teve uma operação de mastoide. Pobre rapaz! De algum modo, ele obteve a ideia de que sua orelha seria *decepada*! Foi somente quando ficou sentado na cama, enquanto o médico trocava os curativos, que Dave se olhou no espelho e disse: "Ei! Ainda tenho a minha orelha!" Somos eternamente gratos à Sra. Haines [mãe de sua velha amiga Meg], que veio nos socorrer naquele tempo. Ela pagou para que Dave tivesse uma enfermeira por algumas noites e também ajudou nas despesas com o hospital e o médico. No passar dos anos, tem sido muito emocionante ver como Deus supriu de maneiras diferentes as nossas necessidades. Um dia eu estava limpando a sala de visitas e aconteceu que abri a Bíblia que guardávamos na mesa daquela sala. Da Bíblia, caiu uma nota de cinquenta dólares! Até hoje não faço ideia de onde veio aquela nota.

O dia 22 de julho de 1935 foi um dia de calor intenso, mas nos trouxe muita alegria devido à chegada segura de um lindo bebê, Thomas Trumbull Howard. Durante seu primeiro ano, o médico ordenou a Papai que trabalhasse no escritório somente de manhã, voltasse para casa e ficasse na cama, para tentar evitar possível tuberculose. O pequeno Thomas era seu grande deleite naquele tempo, quando eu o levava e o colocava sentado num tipo de plataforma que Papai fizera para colocar sobre as pernas e, assim, pudesse fazer seu trabalho na cama. Thomas era um bebê muito alegre e sorridente, com grandes olhos azuis, bochechas rosadas e covinhas. Ele deu a nós dois, papai e mamãe, muitas razões pelas quais somos agradecidos! Esse mesmo menino agora se parece muito com seu pai! E seu dom de escrever excede em muito a qualquer dos seus antepassados!

O ano seguinte foi marcado por duas grandes mudanças. Meus pais compraram seu primeiro carro (tenho me perguntado frequentemente o que aconteceu com aquele Buick que mamãe teve quando era moça). O nosso carro era um Plymouth 1932, azul escuro, com rodas de raios amarelados. Lembro-me de estarem sentados juntos à mesa da biblioteca na sala de estar, assinando um papel e, depois, mamãe, brandindo a caneta e exultando: "O negócio está *feito*!". Eles acharam uma garagem próxima para alugar a cinco dólares por mês. Era um grande luxo não ter de caminhar para todo lugar, ou depender de tia Sue, ou do vovô, ou dos bondes em relação a transporte.

A outra mudança foi uma casa nova.

> Por vários anos, estivemos orando para sermos capazes de vender nossa casa. O bairro estava ficando cada vez mais agitado, e a família estava crescendo. O pequeno quintal da casa na Rua W. Washington, 103, não era tanto um lugar de brincar. Os meninos tinham carretas-trenós e subiam e desciam correndo a rua; e às vezes desciam sem freios a parte elevada da Rua McCallum, colocando em risco não somente sua própria vida, mas também a de velhas senhoras inocentes e crianças pequenas. Por isso, foi um alívio maravilhoso mudar para a Avenida East Oak, 29, em Moorestown (New Jersey), em 1936.
>
> Papai havia falado ao Sr. Bill Richie, da Scripture Gift Mission [Missão para Doação da Escritura], o qual tinha dois escritórios no mesmo andar do *Sunday School Times*, que estávamos muito desejosos

de sair de Germantown para um bairro mais tranquilo. Aconteceu que a casa vizinha à do Sr. Richie se tornou disponível para alugar.

Essa grande casa velha foi uma alegria genuína. Era muito espaçosa — dezessete cômodos no total! E um grande jardim com duas garagens (as várias bicicletas, carretas, carretas-trenós, triciclos, trenós, etc. ocuparam uma das garagens). Logo houve uma caixa de areia no quintal. Havia árvores lindas — corniso e tulipeiro, e uma grande faia no jardim da frente, um lugar maravilhoso para brincar com carros de brinquedo, fazer estradas e fazendas, pontes e casas. Horas maravilhosas foram passadas debaixo de sua sombra, e imaginações se tornavam mais férteis à medida que os anos se passavam. Parece-me que a maioria das crianças de nossos dias não sabe como BRINCAR realmente. Mas as nossas tiveram essa oportunidade e aproveitaram-na ao máximo.

A única dificuldade nessa casa é que havia somente um banheiro, mas administramos bem as coisas, e foi bom ter abundância de quartos. Um cômodo estreito na frente continha o berço do bebê e não mais do que isso. Ao lado dele, havia um quarto enorme apenas para as duas meninas da família. O nosso quarto ficava atrás desse. Um ótimo quarto de visitas ficava no outro lado do hall. Este servia como quarto de hospital quando alguém estava doente. Atrás daquele, ficava o menor quarto, que foi primeiramente de Dave e, depois, de Tommy. Uma varanda fechada no andar de cima foi a escolha do jovem Phil. Ele era o aventureiro! Fui ao seu quarto no inverno, e lá estava ele, com todas as janelas completamente abertas e sua cama embaixo de uma delas, e a neve, caindo sobre a cama. Eu ia fazer objeção, apenas para ouvi-lo dizer que estava se aclimatando ao frio, porque ele planejava ir para o Ártico quando se tornasse um homem! Ele lia tudo que podia ter em mãos sobre o Norte — tudo sobre os livros de James Oliver Curwood, por exemplo. Bem, valeu a pena, não valeu?

Havia quatro cômodos grandes e sombrios no terceiro andar que foram usados como depósitos até que tivemos outro acréscimo à família alguns anos depois.

No andar térreo, havia uma sala de estar, um escritório, uma sala de jantar, uma cozinha e uma lavanderia. Atrás do escritório, havia um cômodo envidraçado abaixo do quarto envidraçado de Phil. Era um tipo de guarda-tudo ou sala de brincar. Tuck, o nosso bem-comportado e pequeno fox-terrier, dormia lá.

Havia uma grande varanda na frente que também acompanhava a lateral da casa, um lugar perfeito para nossos bebês brincarem e sentarem em seu "pato de embalo" no sol! Quando o pequeno Jim tinha idade suficiente para isso, eu o colocava lá, empacotado num macacão de lã para o tempo de neve. Ouvia o pato balançar furiosamente por um longo tempo. Depois, parava de repente, e, novamente, a toda velocidade; depois, mais devagar, mais devagar, outro acesso de velocidade, outra desaceleração e, por fim, silêncio! Ele estava dormindo. Isso era uma rotina normal cada dia. Mas eu ainda nem o tinha dado à luz! Estou adiante de minha história.

16

A TERNURA DE UM PAI

O profeta Oseias nos oferece uma linda descrição do cuidado paternal do Senhor:

> Todavia, eu ensinei a andar a Efraim; tomei-os nos meus braços, mas não atinaram que eu os curava. Atraí-os com cordas humanas, com laços de amor; fui para eles como quem alivia o jugo de sobre as suas queixadas e me inclinei para dar-lhes de comer.
>
> Oseias 11.3-4

Amor, proteção, paciência, bondade, ternura, provisão — não é difícil incluir papai nesse quadro. Seus bebês se encaixavam em suas mãos enormes quando ele os erguia e encostava em sua face. As "cordas humanas" e os "laços de amor" evocam uma memória. Mamãe mandara fazer um pequeno arreio de couro para Phil, na Bélgica — "cordas humanas" para impedi-lo de cair no mar na viagem para casa.

Amo esta estrofe do hino de Henry F. Lyte, "Louva, Minha Alma, o Rei do Céu":

> Como um pai, Ele nos poupa e cuida de nós,
> Conhece muito bem a nossa frágil estrutura;
> Em suas mãos, Ele nos carrega gentilmente
> E nos resgata de todos os nossos inimigos.

Assim como a submissão de Cristo a seu Pai significou também sua submissão às necessidades de seus discípulos, a submissão de um pai a um Pai celestial significa submissão às necessidades de seus filhos; em outras palavras, significa sacrifício e serviço humildes, que são, sempre, as condições de autoridade piedosa. Jesus disse: "No meio de vós, eu sou como quem serve" (Lc 22.27).

Martinho Lutero escreveu:

> A nossa mente natural olha para um casamento, levanta o nariz e confessa: "O quê? Tenho de embalar o bebê? Lavar suas fraldas? Fazer sua cama? Cheirar seu fedor? Ficar com ele às noites? Curar suas feridas e machucados? E, além desse cuidado por minha esposa, acrescentar mais labor às minhas atividades, cuidar disso e daquilo? Fazer isso e aquilo? E suportar isso e aquilo? Por que deveria me tornar esse prisioneiro de mim mesmo?
>
> O que, então, a fé cristã responde? Abre seus olhos, olha para todos esses deveres insignificantes, desagradáveis e detestados no espírito e se conscientiza de que todos eles são adornados com aprovação divina, como se adornados de ouro e joias mais preciosos. A fé cristã diz: "Ó Deus, confesso que não sou digno de embalar esse pequeno bebê, ou lavar suas fraldas, ou ser encarregado de cuidar de um filho e sua mãe. Como é que eu, sem qualquer mérito, cheguei a desfrutar dessa distinção de ter certeza de que estou servindo à tua criatura e fazendo a tua mais preciosa vontade? Oh! Quão alegremente farei isso! Embora o dever seja ainda mais insignificante e detestado, nem frio nem calor,

nem enfado nem labor me entristecerão, porque tenho certeza de que isso é agradável aos teus olhos."

Deveres insignificantes, desagradáveis e detestados — todos eles são adornados com aprovação divina, como se adornados de ouro e joias mais preciosos. Acho que papai e mamãe viam as joias *através dos* deveres, viam sua obra como o inestimável privilégio de cooperação com Deus; viam os filhos como *dele*, emprestados por um tempo (um tempo *curto*) e viam o lar como um pequeno cosmos que representa a cidade de Deus, em lugar de verem toda a cena como uma tirinha que uma revista cristã publicou recentemente — a mãe desgrenhada e preocupada; os filhos totalmente fora de controle; o cachorro e o gato arrancando as orelhas um do outro; e o pai, um espectador incapaz.

Em acentuado contraste com essa tirinha, está o padrão que papai estabeleceu, muito semelhante àquele referido nas instruções de Paulo a Tito:

> Quanto aos homens idosos, que sejam temperantes, respeitáveis, sensatos, sadios na fé, no amor e na constância[...]. Quanto aos moços, de igual modo, exorta-os para que, em todas as coisas, sejam criteriosos. Torna-te, pessoalmente, padrão de boas obras. No ensino, mostra integridade, reverência, linguagem sadia e irrepreensível, para que o adversário seja envergonhado, não tendo indignidade nenhuma que dizer a nosso respeito.
>
> Tito 2.2, 6-8

Homens cristãos que querem sinceramente ser pais fiéis acharão, talvez, a tirinha da revista desanimadora, como algumas das cenas em seu próprio lar, e reconhecerão que estão muito aquém do padrão elevado descrito na carta a Tito. Mas Deus nunca emitiu instruções que ele mesmo não esteja preparado a nos capacitar para cumpri-las. O contraste entre o real e o ideal, entre a realidade e o padrão santo, é conciliado pela graça de Deus e por nossas orações em favor da aplicação dessa graça. Ele é o nosso Salvador e o nosso Ajudador. Como Pai dos pais, Deus quer nos mostrar seu caminho, levantar-nos quando caímos, perdoar-nos quando pecamos, dar-nos o poder sobrenatural para fazer o que não podemos fazer naturalmente.

É desagradável ler que em nossos dias o pai comum passa em média três minutos por semana com cada filho. Francamente, o lar "não é o seu palco". Ele prefere estar em outros lugares. O que ele faz com o resto de seu tempo? É uma correria incessante e frenética para ganhar dinheiro nos cinco ou seis dias da semana, com uma correria frenética nos fins de semana para "relaxar" e *divertir-se*, muitas vezes em maneiras onerosas e, às vezes, perigosas? Isso pode ser realmente o que Deus quer para famílias cristãs? Se houvesse a disposição de contentar-se com menos dinheiro, menos atividades que corroem o orçamento e afastam a família do lar, menos possessões; se houvesse a disposição de "contentai-vos com as coisas que tendes", não conheceríamos logo a verdade da Palavra de Deus: "A vida de um homem não consiste na abundância dos bens que ele possui" (Lc 12.15)? A disposição de ser e ter apenas o que Deus quer que sejamos e tenhamos, nada mais, nada menos, colocaria o nosso coração em descanso, e descobriríamos que, quanto mais simples a vida, tanto maior a paz.

Na autobiografia de Thomas Merton, *A Montanha dos Sete Patamares*, ele descreve sua estadia com as pessoas mais extraordinárias dentre as que ele conheceu, uma família francesa de camponeses com os quais ele e seu pai se alojaram por um tempo. M. Privat era um homem pequeno, gordo e de grande força. Ele usava um chapéu preto de aba larga que "dava à sua face uma solenidade adicional quando seus olhos discretos e judiciosos olhavam para você pacificamente... Sua esposa, pequena, era mais como um pássaro, esbelta, séria, honesta, dinâmica, mas também cheia daquela quietude e tranquilidade que, como sei agora, vieram de viver perto de Deus". Merton era apenas um menino e esqueceu a maioria dos detalhes sobre este casal. Mas lembrou:

sua bondade e gentileza para comigo, bem como sua tranquilidade e sua total simplicidade... Eram santos naquela maneira mais prática e convincente: santificados por levarem vidas comuns de uma maneira totalmente sobrenatural, santificados por obscuridade, por habilidades comuns, por tarefas comuns, pela rotina, mas habilidades, tarefas e rotina que assumiram uma forma sobrenatural a partir da graça interior e da união habitual de suas almas com Deus, em fé e caridade profundas.

A propriedade, a família e a igreja deles eram tudo o que ocupavam essas boas almas; e suas vidas eram plenas.

Papai falou certa vez na capela da Stony Brooke School sobre estas palavras de Paulo: "Esforcem-se para ter uma vida tranquila, cuidar dos seus próprios negócios e trabalhar com as próprias mãos [...]" (1Ts 4.11; NVI). Imagine escolher este conselho para um grupo de alunos! Mas era a regra pela qual ele vivia e julgava ser o segredo da paz. Ele queria que os rapazes a tivessem.

Uma vida tranquila significava que papai estava mais em casa do que fora à noite. Ele ia ao culto de domingo à noite e ao culto de oração na quarta-feira à noite. Papai tinha alguns compromissos de palestra, reuniões de diretoria e um evento social vespertino ocasional (mas esses eram raros). Na maioria das noites, ele estava em casa, sentado em sua poltrona, no canto da sala de estar, com os tornozelos descansando sobre um escabelo, manuscrito ou livro na mão e, de vez em quando, uma criança em seu colo.

O diário que ele manteve por um breve período de agosto de 1939 a fevereiro de 1940 é, pelos padrões normais, muito comum:

> Sexta-feira, 29 de setembro. No escritório o dia todo. Fui ao barbeiro ao meio-dia. Em casa para jantar. Tempo feliz com K. e os filhos. Tivemos sorvete por volta das nove horas. Sentamo-nos na sala de estar e lemos livros e revistas diferentes.

> Domingo, 1º de outubro. Todos fomos à Escola Dominical e à igreja nesta manhã. Na classe de homens, falei-lhes que devo parar de ensinar por um tempo, de acordo com as ordens do Dr. Erdman. Muitos expressaram tristeza. John McNiney quase não pôde falar, mas disse que não sabia o que fazer. Tivemos culto de comunhão na igreja. Depois do jantar, sentamo-nos na sala de estar, lemos e cantamos enquanto K. tocava o piano.

Comum ao máximo. Muito extraordinário para mim quando o leio cinquenta anos depois, descobrindo em suas páginas escritas a lápis o que parece uma raridade na América hoje: o retrato de uma vida tranquila, honesta e ordeira e a combinação de piedade e contentamento, o que a Bíblia chama "grande ganho".

Excertos do diário de papai mostram seu terno deleite em seus filhos. Depois de semanas sem a família (por causa da epidemia de pólio, tivemos de ficar em nossa casa de verão em New Hampshire, enquanto ele teve de retornar para trabalhar):

> Tive uma ótima reunião de família na hora do jantar. K. me encontrou na estação com Tommy e Ginny [que tinham, na época, quatro e cinco anos]. Ginny correu ao trem para me abraçar; K. diz que Tommy pulava de um lado para o outro no carro, falando: "Meu querido papai, meu querido papai!".

Num domingo de outubro, o diário menciona o sermão pregado na igreja; depois, "um tempo feliz no jantar", uma visita a uma senhora doente, uma caminhada com o filho mais velho, Phil, e com o amigo dele, Albert, à procura de um lago onde se dizia haver patos.

> Não achamos nenhum lago e, consequentemente, nenhum pato. Vimos um falcão, pombos, corvos, verdilhões; ouvimos toutinegras-de-murta,

pardais-de-garganta-branca e faisões... Fomos para cima depois do jantar, e aconteceu um daqueles belos quadros familiares que deleitam meu coração. Tommy se sentou na cadeira de balanço no quarto de Betty, usando o novo pequeno chapéu redondo e vermelho de Ginny e olhando para Betty, enquanto ela penteava o cabelo. Eles cantavam juntos "Rude cruz se erigiu".

A recreação de papai quase sempre incluía seus filhos. Podíamos contar com ele para fazer alguma coisa conosco nos sábados à tarde — caminhadas à Walnut Lane Bridge ou ao Thomas's Place, no Fairmount Park, onde ele "achava" miraculosamente biscoitos salgados no buraco de uma árvore. Um biscoito salgado era uma iguaria para nós naqueles dias, especialmente quando retirados de uma árvore ou talvez do bolso de um menino inocente. Papai nos levava ao zoológico, ao planetário, ao Instituto Franklin, a longos passeios até ao New Jersey Pines ou ao litoral, onde ele nos ensinou a amar o silêncio e o cheiro dos pinheirais e dos pântanos salgados.

Aonde quer que fôssemos, ele procurava pássaros. Queria intensamente dar a cada um de nós o amor que tinha por essas criaturas lindas desde a sua adolescência. Perdi muito por reagir indiferentemente às suas ofertas de prêmios pelo número de espécies identificadas — um guia de Peterson, um binóculo. Fui mais como um amigo que disse ser capaz de identificar 40 pássaros, mas 39 deles eram tordos. Meus irmãos fizeram melhor, ganhando prêmios e vários deles aprendendo a imitar muito bem o chamado de pássaros, mas nenhum o fazia com a perfeição de papai. Ele dava para cada um de nós um chamado de pássaro especial que usava em lugar de nosso nome, se estivéssemos a certa distância dele, em outro cômodo, no outro lado da rua ou no quintal. O de mamãe era o do chapim; o meu era o do piuí-verdadeiro. Enquanto escrevo estas linhas, é primavera na costa de Massachusetts, e os piuís-verdadeiros voltaram para o verão. De vez em quando, o pequeno chamado de três notas retine puro e claro do carvalho perto de nossa casa, e quero correr e dizer: "Sim, papai?".

Aprendemos a andar quietamente nos bosques e a ficar com as mãos nas costas para não assustar os pássaros com movimentos repentinos. Aprendemos a reconhecer os ninhos e voos padrões de pelo menos alguns pássaros e a ouvir os seus chamados e canções. (Pessoas têm de ser *ensinadas* a ouvir coisas — aprendi isso de novo quando vivi na floresta do Rio Amazonas e teria perdido muitos sons da floresta se meus amigos índios não tivessem chamado a minha atenção para eles.)

Pássaros apareciam frequentemente nos editoriais de papai.

> Peregrinos emplumados do céu percorrem milhares de quilômetros sobre a terra e o mar toda primavera e outono, sem compasso, mapa ou radar, mas, apesar disso, voam infalivelmente de e para sua região de inverno e terras de seus ninhos. Os ornitologistas têm procurado diligentemente as razões para as migrações em massa e os princípios que guiam os pássaros e têm proposto algumas explicações que não são inteiramente convincentes. A solução mais simples do problema é que as aves viajam por instintos e poderes de observação dados por Deus que são muito superiores aos do homem.

O ensaio prossegue e descreve um voo de gansos que ele viu migrando para o litoral sul de New Jersey, numa manhã de março, grasnando e latindo como cães.

> Voando a uma altitude de talvez 120 metros, eles eram visíveis por pouco tempo entre os flocos de neve. E foi emocionante vê-los seguindo firmemente seu caminho através da tempestade... O observador se perguntou se a estranha tagarelice deles significava alguma coisa: se alguns estavam se queixando da dureza do caminho, se outros estavam dizendo que tinham de continuar seguindo em frente para aquele estreito ou baía pantanosa a apenas 90 quilômetros adiante. (Eles poderiam cobrir facilmente essa distância em uma hora e meia.) O observador ficou

pensando novamente, como em outras vezes, no maravilhoso cuidado de Deus pelas aves e em sua capacidade de guiá-las pelo céu.

Todo filho de Deus é mais valioso do que um bando de chilreantes e briguentos pardais ingleses ou do que um voo de gansos que se movem com asas poderosas. Todo filho de Deus pode esperar que seu Pai celestial o alimentará, o vestirá e o guiará, tão certo quanto ele o faz com as aves. E muitas lições podem ser aprendidas da obediência — consciente ou inconsciente — das aves às leis de Deus.

Observar as aves é um hobby prazeroso e barato, que pode ser desfrutado a qualquer tempo, em qualquer lugar. Contudo, é mais do que isso, porque as aves são usadas na Escritura para ilustrar verdade espiritual. O Senhor Jesus disse: "Observai as aves do céu: não semeiam, não colhem, nem ajuntam em celeiros; contudo, vosso Pai celeste as sustenta. Porventura, não valeis vós muito mais do que as aves?" (Mt 6.26).

Um dia, papai nos levou ao hangar naval dos Estados Unidos em Lakehurst (New Jersey), para vermos o dirigível *Los Angeles*, e tivemos permissão de entrar na cabine. Lembro-me dos largos assentos de pelúcia vermelha, um luxo muito superior aos assentos de pelúcia verde dos trens, tão familiares para nós (sem mencionar os estreitos e apertados assentos dos aviões modernos).

Papai sabia como brincar com crianças pequenas. Permitia que dois de nós subissem em seus pés de tamanho 44, agarrados em sua panturrilha, ou ficava de quatro e nos carregava em suas costas ao redor da mesa da sala de estar. Ele escreveu "A Marcha do Condado de Burlington", uma pequena melodia cativante que as crianças entre um e três anos amavam marchar enquanto ele tocava o piano. Fazia mágicas de prestidigitação (engolir um canivete, achar moedas em nossas orelhas) e truques com lenços. Ele podia produzir um ritmo vivaz com os dedos de uma das mãos nos cotos da outra. Lorraine Winston, missionária na França, escreveu para mamãe depois que papai faleceu:

As crianças falam frequentemente sobre o tio Phil. Johnny, que tinha apenas quatro anos quando o viu pela última vez, ainda fala sobe seus truques de mágica e me disse um dia que não se importava de morrer e ir morar com Jesus, "porque o tio Phil já está lá". Parece ter feito do céu um lugar acolhedor para ele. De todas as pessoas que vêm e passam por esta casa, o tio Phil deixou a mais feliz das recordações no coração das crianças; e isso fala muito. Foi esse tipo de atração que as crianças sentiram pelo Senhor, tenho certeza. E o tio Phil tinha esse aspecto da amabilidade do Senhor em grande medida.

17

UMA MÃE
É UM CÁLICE

Antes do nascimento da irmã pela qual muito oramos, mamãe sentava-se na cadeira de balanço na janela saliente do quarto da frente e começava a tricotar. As agulhas eram muito pequenas, e a lã era muito fina. Eu a tinha visto tricotar frequentemente, mas não com agulhas e lã como essas. Perguntei-lhe o que estava fazendo. Era um sapatinho, mas no estilo "Mary Jane". Ela fez uma pequena tira por sobre o dorso do pé, presa com um pequeno botão de pérola. Para quem? Eu queria saber e ouvi, com admiração, enquanto ela explicava que um dia, em breve, eu teria um novo irmão ou irmã que estava crescendo dentro dela. Os sapatos eram para o bebê.

  Durante as semanas seguintes, aprendi sobre os mistérios de cuidar de um novo bebê. Papai montou o berço, que já não servia mais para Dave, e trouxe para casa uma "banheira portátil", uma mesa dobrável com um topo removível, para trocar as fraldas do bebê, sob o qual havia uma cavidade de borracha com um cano de drenagem — a banheira do bebê. Havia bolsos anexos a um tipo de painel que mamãe começou a encher com cotonetes de algodão, óleo de bebê, talco, alfinetes, uma linda toalha de rosto de bebê e sabonete. Fiquei encantada. Depois, um dia, ela me chamou para ajudá-la a cortar pijaminhas velhos em quadrados de vinte centímetros. Esses eram também para o bebê — forros descartáveis para colocar no centro das fraldas para momentos em que mamãe esperava defecação. Que felicidade eu senti em ter a permissão de ajudar nessas coisas tão emocionantes!

A Escritura nos ensina que as mulheres mais velhas têm a responsabilidade de ensinar as mais novas a amarem seus filhos. O amor envolve certamente atenção às necessidades básicas do corpo; e, por me permitir compartilhar de seus preparativos, mamãe estava me ensinando coisas que eu recordaria perfeitamente quando meu próprio filho chegasse. Sendo a mais nova em sua família, mamãe não participara do cuidado de um bebê. E sua própria mãe, sem dúvida, já era morta quando seus filhos nasceram. Filhos não vêm com um manual de instruções; por isso, as mães precisam de ajuda. É triste que poucas mulheres mais velhas pensem em oferecer ajuda a mães jovens desnorteadas que mal sabem por onde começar. É triste, também, que as mulheres jovens raramente pensem em pedir ajuda.

Não sei as coisas que mamãe guardava e ponderava no coração — coisas de muito maior consequência do que o cuidado físico do filho que estava por vir. O temor de Deus estava no coração de mamãe, a reverência profunda de receber um dom, o senso de sua própria insuficiência de ser para aquele filho tudo que ela deveria ser.

As parteiras hebreias também temeram a Deus quando o rei do Egito ordenou que elas matassem todos os meninos recém-nascidos; elas desobedeceram. Deixaram os meninos viver. Em preparação para a vinda de um forte libertador para seu povo escravizado, Deus começou com essas mulheres piedosas. A ordem seguinte de Faraó foi que os meninos hebreus fossem lançados no Nilo. Deus escolheu uma mulher levita que teve coragem para desafiar o edito de Faraó e escondeu seu filho tanto quanto possível — três meses. Depois, entregando-o totalmente a Deus, ela (por assim dizer) o "lançou" no Nilo, mas em uma ótima cesta que ela mesma fizera e à prova de água.

Um escritor anônimo disse:

Não há carreira mais nobre do que a de maternidade. Não há possibilidades maiores, e em nenhuma outra esfera o fracasso traz penalidades mais sérias. Com que diligência, então, deve a mãe se preparar para esse dever. Se o mecânico que trabalha com "coisas" tem de estudar em escola técnica, se o médico a cujas mãos habilidosas serão confiadas vidas humanas tem de cursar a escola de medicina... quanto mais deve a mãe, que está moldando almas dos homens e das mulheres de amanhã, aprender na mais elevada de todas as escolas e do próprio Escultor-Mestre, Deus mesmo. Tentar fazer esta tarefa despreparada e sem treinamento é trágico, e seus resultados afetam as gerações por vir. Por outro lado, não há ápice mais elevado que a raça humana possa atingir do que aquele ocupado por uma mãe convertida, inspirada no céu e de oração.

Um dia, quando eu tinha 13 anos de idade, voltei da aula para casa, como usual, guardei os livros e fui procurar mamãe. Ela estava na cozinha fazendo algo para o jantar. Fiquei ao lado dela, no canto da mesa, observando-a. Ela estava incomumente quieta. Por fim, ela olhou e sorriu.

"O que você gostaria de ter: outro irmão ou outra irmã?"

Algo dentro de mim pareceu despencar. Eu havia "ajudado a criar" Tommy e Ginny; e eles já estavam com quatro e cinco anos de idade. Cinco filhos eram o bastante. Mamãe estaria com 41 anos quando o próximo filho nascesse. Eu não sabia o que dizer. Acho que disse que preferiria uma irmã, para que o número de meninas e meninos fosse o mesmo.

Aos 13 anos, eu não podia ter imaginado as lutas intensas que mamãe deve ter tido com o Senhor durante os meses seguintes. Naqueles dias, não havia coisas como amniocentese, e aborto era algo não mencionado entre cristãos. Sem dúvida, ela não teria pensado de maneira alguma em um ou outro. Tudo era muito simples. Mamãe estava grávida. Ela teria um bebê. Nada era negociável. Mas simples não quer dizer fácil.

Filhos, a Bíblia diz, são um presente, uma bênção, uma herança do Senhor, "o fruto do ventre, seu galardão. Como flechas na mão do guerreiro, assim os filhos da mocidade. Feliz o homem que enche deles a sua aljava" (Sl 127.3-5). Mamãe e papai acreditavam nessa verdade e acreditavam, também, que Deus lhes daria apenas o que desejava que eles tivessem, o que é sempre o melhor. Embora Jim não fosse, eu acho, o único bebê "não planejado" deles, mamãe me disse, anos depois, que foi realmente um choque ela achar-se grávida pela sexta vez.

E mamãe retoma o fio da história.

> Aquela noite de 20 de julho de 1940 foi uma noite abafada e tempestuosa. Papai e eu estávamos sentados no quintal da casa na Avenida Oak, para pegar uma brisa de ar fresco, quando comecei a perceber que nosso sexto filho estava prestes a chegar. Dezenove laboriosas e longas horas depois, com a nossa querida amiga Bertha Kratz pairando sobre mim, o pequenino Jim entrou neste "cenário". Os dez dias seguintes devem ter sido os mais quentes na história. Tempestades assolavam todos os dias. Bertha chegou ao hospital num dia em que eu tinha o bebê comigo (ela estava tentando cuidar de coisas em casa, onde outra ajudante, Beatrice, fazia o seu melhor). Ele estava com febre ardente, e creio que ela realmente salvou a vida dele quando lhe deu líquidos, dizendo que ele estava totalmente desidratado. A enfermeira do berçário havia me assegurado de que não havia problema nenhum com ele, quando lhe falei quão febril ele estava. Como fiquei grata pela presença de Bertha!

> Todo dia, eu descia a Avenida Oak e subia a Rua Mill, para o ponto de ônibus, e seguia até Mount Holly. Depois, eu caminhava um pouco mais, no sol quente, até ao hospital para visitar mamãe. Ela sempre se alegrava em me ver e tinha prazer em mostrar-me o bebê, mas lembro como ela sofria com o

calor, deitada ali sobre os lençóis brancos, sugando gelo triturado e abanando-se com um leque de papel chinês.

> Naqueles dias, as mães ficavam no hospital pelo menos dez dias, e, quando voltavam para casa, eram mimadas por uma semana ou mais, o que eu sempre apreciei. Não lhes era permitido subir escadas por um tempo. Quando voltei do hospital para casa, meu filho mais velho, Phil, que tinha 17 anos, estava à espera e levou sua mãe para cima!

Uma mãe é um cálice, o vaso sem o qual nenhum ser humano jamais teria nascido. Ela foi criada para ser uma portadora de vida, cooperando com seu marido e com Deus na obra de criar um filho. Que responsabilidade solene! Que privilégio indescritível — um vaso divinamente preparado para o uso do Senhor.

Sigrid Undset, em seu grande romance norueguês *Kristin Lavransdatter*, descreve uma mãe, sentada, ao pôr do sol, em uma colina que tem vista para sua mansão senhorial, refletindo em suas responsabilidades como esposa e mãe:

> Ela havia trabalhado e se dedicado. Até esta noite, ela nunca considerara o quanto se esforçara para tornar aquela mansão organizada e funcionando e mantê-la segura; que não tinha encontrado forças para fazer tudo e quanto havia deixado de fazer.
>
> Ela tomara como seu quinhão, para levar paciente e resolutamente, que tudo aquilo descansasse em seus ombros. Ainda assim, ela se esforçara para ser paciente e manter a cabeça erguida sob o fardo que sua vida colocou sobre ela, toda vez que sabia que tinha novamente um filho para levar sob o seu coração. A cada filho acrescentado ao rebanho, ela sentira mais fortemente o dever de manter o bem-estar e a segurança da casa. Ela viu também nesta noite que o poder para vencer tudo isso, sua vigilância, se desenvolvera com a chegada de cada novo filho ao qual ela tinha

de prestar vigilância e dedicar cuidado. Nunca ela vira tão claramente, como nesta noite, o que o destino havia exigido dela e o que lhe havia proporcionado em lhe dar aqueles sete filhos. Repetidas vezes, sua alegria neles vivificara o bater de seu coração, e seu temor por eles o ferira. Eram seus filhos, aqueles grandes rapazes de corpo esguio e frágil, como quando eram tão pequenos e gordinhos que não podiam se ferir quando tropeçavam em seu percurso entre o banco e os joelhos dela. Eram dela, como haviam sido quando, ao tirar um deles do berço e levá-lo ao peito para amamentar, tinha de segurar firme sua cabeça, porque balançava no pescoço esbelto como uma campainha em sua haste. Por onde andavam no mundo, em que lugar tinham suas refeições, esquecidos de sua mãe? Ela sentia como se, para ela, a vida deles tivesse de ser, ainda, um efeito de sua vida. Eles ainda tinham de ser como se fossem um com ela, como o eram quando somente ela, em todo o mundo, sabia da nova vida que estava oculta no seu ventre, se alimentava do seu sangue e tornava pálidas as suas bochechas. Repetidas vezes, ela provara o terror sudorífero e fatigante quando sentia: sua hora havia chegado novamente, devia ser levada de novo para ficar sob os cuidados dos finalizadores da labuta — até que se levantasse novamente com uma nova criança em seus braços. Ela se sentia muito mais rica, mais forte e mais corajosa a cada novo filho. Até esta noite, ele nunca havia entendido isso.

Quando os pais recebem um filho das mãos de Deus, eles recebem uma vida para ser formada e modelada — e a maior parte desse formar e modelar acontece, dizem os psicólogos, durante os primeiros sete anos de vida (e alguns dizem que os anos mais impressionáveis são os três primeiros). O trabalho dos pais, nas palavras de Janet Erskine Stuart, é "dar um santo a Deus". Quem é suficiente para essas coisas? Aquele pequeno pacote de carne viva, com seu sangue correndo por suas veias minúsculas, suas feições alarmantemente reconhecíveis na face enrugada. Dedos reais e ágeis, dez deles, capazes de um agarro forte, quente e úmido; pulmões capazes de produzir os arrulhos mais comoventemente suaves e os choros mais insuportáveis e rudes; pele tão lisa, tão macia, tão delicada que você quer chorar quando a apalpa. E os pais são responsáveis por isso? Os pais são os únicos responsáveis — dar um *santo* de volta a Deus!

Não houve nenhuma preparação que parecesse quase adequada a essa mudança cataclísmica na vida deles. Um menino ou uma menina se tornaram um marido ou uma mulher, e repentinamente são um pai e uma mãe, da noite para o dia, por assim dizer, sem qualquer coisa a prepará-los para a incrível tarefa de moldar o destino de uma alma. A consciência de falta de capacidade amedronta a vida de muitos. Um homem disse a uma audiência de TV que ficou em pânico. Queria fugir. "Bem, sim", ele disse. "Ele é lindo, mas, se você me quer, estarei ali no bar". Prostrar-se em seus joelhos seria um lugar melhor para ele ir. Aquele que formou a criança e a deu a esses pais está pronto para dar a sabedoria que eles necessitam, se tão somente pedirem.

O processo de moldar um filho, como Kristin viu, molda também a própria mãe. Reverência por seu encargo sagrado chama-a a tudo que é puro e bom, que ela precisa ensinar principalmente por meio de seu exemplo humilde, todos os dias.

Eu me pergunto se mamãe ainda tinha fraldas e mamadeiras que o restante de nós tínhamos usado ou se ela teve de comprar novas para a pequena surpresa mais recente. Não lembro. Mas novamente havia fórmulas a serem preparadas. (Mamãe tentara muito amamentar seus bebês, sem sucesso.) De novo, havia a panela de esterilização e o jogo de mamadeiras brilhantes, o funil e as latas de leite evaporado sobre a mesa de esmalte branco da cozinha. Uma vez mais, lavamos fraldas na máquina velha, passamos à mão no espremedor, prendemos no varal fora de casa, trouxemos para dentro e dobramos, dobramos, dobramos. Portanto, à semelhança de Maria, a mãe de Jesus, e de Kristin Lavransdatter e de todas as outras mães do mundo, mamãe era de novo (ou melhor, ainda) uma "serva silenciosa da necessidade", fazendo a obra que ninguém notava ou pela qual lhe agradecia — ninguém, exceto Aquele a quem essa obra podia ser oferecida como um sacrifício de amor.

O apóstolo Paulo usou uma expressão curiosa em sua primeira carta a Timóteo. Uma mulher "será preservada através de sua missão de mãe", se ela permanecer na fé, amor, santificação, com bom senso. Há muitas interpretações para essas palavras. Creio que significam pelo menos isto: a mulher será preservada no caminho de segurança não por assumir ofícios de homens, mas por cumprir as funções que lhe foram designadas pelo Senhor, se ela continuar na fé e na santificação, com bom senso (há alguma coisa que pode dar mais eficientemente bom senso à mente de uma mulher do que sua missão de mãe?). Algumas mulheres nunca recebem o dom de maternidade. Algumas se recusam a isso. Para aquelas que o recebem, obediência humilde às suas exigências é a própria "salvação" delas, o caminho para alegria e paz.

Uma mãe não pode salvar a si mesma. Como Jesus, que se recusou a descer da cruz, ela não pode salvar a si mesma porque está "salvando" outros, dando sua força vital por eles. À semelhança de Jesus, ela pode salvar a si mesma apenas por perder a si mesma. "Quem... perde a vida por minha causa achá-la-á" (ver Mt 10.39). Aquelas que não recebem o privilégio de gerar filhos são salvas por aceitar a vontade de Deus nisso, como em tudo mais, e por realizarem a obra que ele lhes designou.

Uma mulher talentosa foi questionada por uma amiga: "Por que você nunca escreveu um livro?"

"Estou escrevendo dois", foi a resposta tranquila. "Estou engajada num deles há dez anos; e no outro, há cinco anos."

"Você me surpreende!", disse a amiga. "Já devem ser obras muito profundas!"

"Ainda não se manifestou o que eles serão", disse a mulher, "mas, quando Ele formar suas joias, minha grande ambição é achá-los lá".

"Seus filhos?"

"Sim, meus dois filhos. Eles são a obra de minha vida."

E isso também se aplica a mamãe. Nós seis éramos a obra de sua vida. Ela não buscou nenhuma outra.

AUTORIDADE SACRIFICIAL

"Por esta causa, me ponho de joelhos diante do Pai, de quem toma o nome toda família, tanto no céu como sobre a terra" (Ef 3.14-15).

É o apóstolo Paulo quem está falando. Devido à tremenda responsabilidade do cuidado de todas as igrejas, ele, um verdadeiro pai no sentido mais profundo, se põe de joelhos diante daquele que dá nome a toda paternidade, para interceder por seus filhos espirituais. Papai, envolto frequentemente numa coberta de navio a vapor (uma manta de lã que os tripulantes de navios velhos costumavam colocar em volta dos passageiros que se expunham ao sol nas cadeiras do convés) para se proteger do frio de antemanhã, se prostrava de joelhos todos os dias ao lado de uma poltrona velha e desgastada, em seu pequeno escritório, para orar por seus filhos. Esse era seu primeiro dever, seu ofício sacerdotal, e ele lhe dava o primeiro lugar em seu dia.

> Quando dedicamos a primeira parte do dia à leitura da Bíblia e à oração, colocamos o nosso próprio coração em harmonia com Deus e podemos, então, trabalhar de maneira mais tranquila e eficiente. É como a afinação de um instrumento antes da sinfonia, para que não haja desarmonia. Quando esperamos diante de Deus, ele pode nos

> mostrar pecados que precisam ser confessados e perdoados, fraquezas que precisam ser vencidas, erros que precisam ser corrigidos. E, quando acertamos essas coisas, estamos prontos para ser usados por ele. Quando lançamos conscientemente sobre ele os nossos cuidados, nossa mente é aliviada do fardo de nossos próprios problemas e liberta para lidar com os problemas de nosso próprio trabalho ou com os problemas de outros que nos procuram em busca de ajuda.
>
> *Novas Cada Manhã*, p. 127

Para muitas pessoas, *autoridade* é uma palavra "repugnante". E não é de admirar, porque, em seu estado natural e não regenerado, ela é frequentemente coerciva e dominadora. Não penso que qualquer um de nós achava que a autoridade de papai fosse desse tipo. Ele era manso, porque entendia seu lugar na economia de Deus. Ele se submetia a Deus primeiro — de fato, sua aceitação de suas responsabilidades paternas era evidência dessa submissão. Papai entendia o princípio cristão de relacionamentos humanos, radicalmente diferente do princípio do mundo, o princípio do Cristo crucificado: "Minha vida pela vida de vocês". Incompreensão e mau uso da autoridade dada por Deus a maridos e pais têm levado a todo tipo de caos e sofrimento, à rebelião das mulheres contra os homens e, consequentemente, contra sua própria natureza de feminilidade criada por Deus. (Quanto a uma discussão adicional sobre isso, ver minhas obras *Deixe-me ser mulher* e *The Mark of a Man* [A marca de um homem]).

A responsabilidade de homens de cuidar e proteger mulheres é um entendimento antigo e estabelecido, ilustrado lindamente numa história que William Oddie conta em sua obra *What Will Happen to God?* [O que acontecerá com Deus?], sobre feminismo e a reconstrução da crença cristã. Charles Lightoller era um dos marinheiros encarregados dos botes salva-vidas cheios de mulheres e crianças quando o *Titanic* afundou. Ele falou sobre sua experiência:

Ao chegar ao lado do barco de emergência, alguém falou na escuridão e disse: "Há homens nesse barco". Eu pulei para dentro do barco e lamento dizer que havia realmente... Eles saíram bem rápido, e os encorajei verbalmente, também por empunhar com vigor meu revólver.

O comentário de Oddie:

O naufrágio do *Titanic* permanece como um tipo de ícone moderno da afirmação de autoridade masculina sacrificial, semelhante à de Cristo, sobre as mulheres dentro da dispensação cristã: talvez alguns dos mais bem-sucedidos e poderosos "supremacistas", que morreram para que suas esposas e filhas pudessem viver, lembraram, enquanto esperavam calmamente pela morte, a oração (baseada em Efésios 5) que o pároco havia lido nas cerimônias de casamento de muitos deles: "Olha misericordiosamente sobre estes teus servos, para que tanto este homem ame sua mulher, de acordo com a tua Palavra (como Cristo amou a sua esposa, a Igreja, e se entregou por ela...), quanto esta mulher seja amorosa e afável, fiel e obediente ao seu marido..." Para Charles Lightoller [a prioridade de mulheres e crianças] sobre os homens numa situação como aquela, parecia, muito simplesmente, "a lei da natureza humana".

E, por isso, parecia-nos algo muito natural, sem necessidade de explicação ou justificativa, que papai exercesse sua responsabilidade quando estava em casa. Para nós, isso era o que a masculinidade significava. É claro. Nunca pensamos no "ofício" de um pai, um ofício outorgado pelo próprio Senhor, nem notamos que exercer esse ofício sempre significava sacrifício. Nunca, até que nós mesmos recebemos o privilégio da paternidade ou maternidade e aprendemos que a autoridade de um pai e de uma mãe é uma autoridade *sacrificial*, que exige o entregar de sua própria vida.

O *Te Deum*, um hino de louvor antigo, diz: "Quando tu tomaste sobre ti o libertar o homem, tu te humilhaste para ser nascido de uma Virgem.

Quando venceste a aflição da morte, abriste o Reino do Céus para todos os crentes". Nossa salvação e libertação exigiram a humilhação do Salvador e Libertador. A fim de abrir para nós o seu lar na glória, Ele teve de morrer. Semelhantemente, aqueles que possuem autoridade conferida pelo Senhor devem também humilhar-se a si mesmos e "morrer" —"Maridos, amai vossa mulher, como também Cristo amou a igreja e *a si mesmo se entregou* por ela, para que a santificasse" (Ef 5.25-26, ênfase minha).

O preço da salvação de um lar e de uma família é *sacrifício*.

☙◊❧

A liderança de um homem sobre sua mulher é caracterizada não por tirania, crueldade ou dominação, mas por amor sacrificial — ou seja, autorrenúncia e abnegação — amor, amor do Calvário, o amor que levou Jesus à cruz. "Sede, pois, imitadores de Deus, como filhos amados; e andai em amor, como também Cristo nos amou e *se entregou a si mesmo* por nós, como oferta e sacrifício a Deus, em aroma suave" (Ef 5.1-2).

Nosso bom amigo Frank Murray estava quase aos oitenta anos de idade quando sua esposa, de muitos anos, faleceu. Ele estava casado pela segunda vez havia apenas um ano quando, certa manhã, sentou à nossa mesa de café e eu lhe perguntei como ele entendia a "liderança" de um marido. Ali estava um cristão experiente, um estudante sincero da Bíblia, um homem que exemplificava piedade. Esperei ansiosamente por sua resposta. Ele ficou contemplando o oceano por um momento, como se a pergunta não lhe tivesse ocorrido antes. Por fim, com um sorriso brando, ele disse: "Ora, acho que não tenho pensado muito sobre isso".

"Não tem pensado muito sobre isso?", eu disse, surpresa.

"Ora, não. Não tenho. A Palavra é muito clara, não é? Não há nada para argumentar sobre isso".

"As pessoas estão sempre argumentando comigo sobre isso. O que eu posso dizer-lhes?"

Ele pensou um pouco mais.

"Proteção. Liderança significa proteção."

Em seguida, ele recordou um incidente ocorrido quando era recém-casado com a primeira esposa. Uma decisão difícil surgiu. Enquanto lutava com a questão, sua esposa, Lois, disse: "Você *tem de* tomar a decisão certa!".

Frank sabia que Lois se submeteria à sua decisão, não importando qual fosse; portanto, "tomar a decisão certa" era um assunto sério, muito mais difícil do que mera arbitração, porque, como o cabeça designado por Deus, ele devia protegê-la de uma decisão errada. Provavelmente significaria sacrifício da parte dele — abrir mão de sua própria preferência, porque não seria o melhor para ela.

"Eu nunca esqueci isso", ele disse.

Acrescentei essa pequena história porque ela parecia muito com o que teria sido a resposta de papai, ou em relação à mamãe, ou em relação a qualquer outra área em que ele tinha uma posição de responsabilidade: eu *tenho de* tomar a decisão certa.

Gerald Vann, em *The Son's Course* [O caminho do filho], escreveu:

> Todo poder implica uma responsabilidade correspondente. E, quanto maior o poder, maior a responsabilidade, porque maior é o perigo... Uma das coisas temerosas a respeito do poder é que não somos capazes de medir o efeito de abusar dele. Se ferimos arbitrariamente outros seres humanos, sabemos que o mal resultará disso, mas não podemos prever a extensão do mal... Porque Ele nos diz claramente que pecar contra as suas criaturas é pecar contra Ele mesmo, temos de ver todo abuso de poder nesta luz...
>
> Mas recebemos poder; não podemos nos livrar dele. Autoridade tem de ser exercida. Dons pessoais têm de ser usados. Como, então, garantimos que nosso uso de poder não será, de fato, um abuso de poder? Somente por nos tornarmos sem poder diante de Deus, como o corpo morto de Cristo era sem poder; somente por nos tornamos

"miseráveis, pobres e nus" em nossa alma, para que o Espírito nos revista com seu poder divino e transforme os nossos impulsos e cure o nosso orgulho.

Aqueles que Deus escolheu para ter autoridade sobre o seu povo Israel, Abraão, o pai da nação, e Moisés, o poderoso libertador, foram chamados a grande sacrifício. Abraão colocou seu próprio filho em um altar, e ambos renunciaram aos planos de sua vida e se ofereceram em obediência a Deus por causa do povo de Deus. Moisés achou, às vezes, a tarefa quase muito difícil de carregar e clamou a Deus para livrá-lo. Não leva muito tempo para os pais de famílias comuns compreenderem que filhos, mesmo sendo muito agradáveis e muito amados, se interpõem no caminho. Para muitos novos pais, o futuro se apresenta em uma nova luz, incluindo, às vezes, a apavorante compreensão de que criar filhos pode muito bem anular a realização de ambições acalentadas. Como ele subirá a escada de carreira profissional, tendo agora tantas outras exigências de seu tempo e de sua força? Pior ainda, ele terá o suficiente para sobreviver, conseguirá trazer o suficiente para abrigar, vestir e alimentar aqueles pequenos que têm necessidades tão grandes? E se...? E se...?

Um homem verdadeiro será levado, certamente, a se ajoelhar em contrição e desamparo ao olhar para a face de seu filho recém-nascido, uma alma humana pela qual ele tem agora de prestar contas a Deus. Quem é suficiente para estas coisas? Um homem honesto sabe que não é capaz. Tudo depende da atitude com a qual ele recebe seu fardo de Deus — com ressentimento e um desejo de evitá-lo tanto quanto possível, ou com gratidão, acompanhada por uma confissão sincera de temor, relutância ou sentimentos negativos que possam surgir e, depois, oração por ajuda para fazer o trabalho corretamente, por graça para fazer o que ele não pode sem a graça. Deus prometeu: "No temor do Senhor, tem o homem forte amparo, e isso é refúgio para os seus filhos" (Pv 14.26).

Uma família é um microcosmo da família de Deus, e a mesma lei de amor governa ambas. As particularidades de cada uma delas são mostradas na Epístola de Paulo aos Colossenses:

> Esposas, sede submissas ao próprio marido, como convém no Senhor. Maridos, amai vossa esposa e não a trateis com amargura. Filhos, em tudo obedecei a vossos pais; pois fazê-lo é grato diante do Senhor. Pais, não irriteis os vossos filhos, para que não fiquem desanimados.
>
> Colossenses 3. 18-21

Também, na sua carta para os cristãos de Éfeso, Paulo oferece uma lista semelhante, incluindo uma advertência repetida aos pais:

> As mulheres sejam submissas ao seu próprio marido, como ao Senhor [...].
> Maridos, amai vossa mulher, como também Cristo amou a igreja [...].
> Assim também os maridos devem amar a sua mulher como ao próprio corpo [...].
> Filhos, obedecei a vossos pais no Senhor, pois isto é justo [...].
> E vós, pais, não provoqueis vossos filhos à ira, mas criai-os na disciplina e na admoestação do Senhor.
>
> Efésios 5.22, 25, 28; 6.1,4

O apóstolo Pedro, inspirado pelo mesmo Espírito, escreveu também sobre a necessidade de as esposas submeterem-se aos maridos. Ele é mais enfático e específico quando se dirige a estes: "Maridos, vós, igualmente, vivei a vida comum do lar, com discernimento; e, tendo consideração para com a vossa mulher como parte mais frágil, tratai-a com dignidade, porque sois, juntamente, herdeiros da mesma graça de vida, para que não se interrompam as vossas orações" (1Pe 3.7). Um homem que começa a sentir que suas orações não chegam a Deus e não estão sendo respondidas poderia muito bem considerar a causa que Pedro afirma aqui.

Amor significa sacrifício. Cada membro da família, de uma maneira ou de outra, tem de aprender a ceder, renunciar, entregar, por amor aos demais. Quando a família está planejando como gastar um sábado à tarde, é improvável que a votação sempre seja unânime. Vários terão de ceder, e é ótimo se o fizerem graciosamente. O amor é sempre gracioso. Quando alguém precisa de ajuda em algo, outra pessoa deve renunciar ao que pretendia fazer, para ajudá-lo. Quando alguém está tendo uma experiência especialmente difícil, outros devem aprender como se colocar no lugar dele, devem confortá-lo e mostrar empatia. Fazer pequenas coisas que ninguém acha que são *interessantes*, mas que têm de ser feitas por alguém — oportunidades de autorrenúncia e sacrifícios, todas elas.

Um pai que cria seus filhos de acordo com a lei de Deus "coloca o feno onde as ovelhas podem alcançá-lo" — ensina, por exemplo, que não basta afirmar que não bateu em ninguém hoje, ou pegou e saiu correndo com os brinquedos ou biscoitos de algum irmão, ou discutiu com mamãe. Ele tem de ensinar atos positivos de ponderação, como fazer coisas óbvias sem que lhe seja pedido: dar ao bebê a papinha de maçã, coletar o lixo que os cachorros esparramaram, ajudar um filho mais novo a limpar seu quarto, substituir o papel e a caneta retirados do telefone por alguém. O amor vê o que deve ser feito e o faz.

A consideração de um pai ou a sua falta de consideração será reproduzida nos filhos. A gentileza de papai e o seu respeito por mamãe definiram o tom para nós. Nenhuma quantidade de discurso penetra tão profundamente quanto o exemplo.

Uma das principais queixas de esposas é que os maridos prometem arrumar as coisas e nunca o fazem. Começam um projeto e o deixam na metade. Esposas falam de viver sem portas ou luminárias em sua casa, por anos, porque os maridos começam o que chamam de reforma, destroem coisas e ficam entediados no meio do caminho. Então, chega o tempo de assistir ao Super Bowl, e, depois disso, o projeto do lar não parece importante.

Aos sábados, víamos geralmente papai saindo pela casa com uma lata de óleo lubrificante ou com uma chave de fenda, para colocar óleo nas dobradiças rangentes ou apertar coisas. Ele consertava as borrachinhas nas torneiras e limpava os ralos lentos. Se mamãe precisasse de algum serviço feito, pequeno ou grande, ele era conscientemente disposto a fazê-lo. *Acho* que minhas quatro cunhadas testemunhariam que seus maridos seguem o exemplo de papai.

Um homem pode ter uma reputação de bondade na loja ou no escritório, mas ser desatencioso e egoísta para com sua esposa e filhos. Caridade tem de começar no lar. O chamado de chapim de papai para mamãe era o primeiro sinal de sua chegada ao lar. Depois de abraçá-la e beijá-la, ele sempre nos saudava com afeição e alegria. Ele não era alguém que corria para a cozinha e começava a entrar em ação ali. Mamãe não precisava disso. Ele podia pegar o jornal vespertino, mas raramente era desatento a nós ou às nossas necessidades. Se houvesse um filho doente no piso superior, ele subia rapidamente para vê-lo. Nos primeiros nove anos de minha vida, eu era propensa a dores de ouvido, amidalite, resfriados e febre. Eu amava os passos de papai nas escadas, ver sua grande estrutura encher o portal e sentir sua mão sobre a minha testa quando me perguntava como estava me sentindo. Ele se entristecia por mim, e isso me confortava.

A respeito de Eliaquim, que Deus designou como um pai para o povo de Judá, está escrito:

> Porei sobre o seu ombro a chave da casa de Davi; ele abrirá, e ninguém fechará, fechará, e ninguém abrirá. Fincá-lo-ei como estaca em lugar firme, e ele será como um trono de honra para a casa de seu pai. Nele, pendurarão toda a responsabilidade da casa de seu pai, a prole e os descendentes, todos os utensílios menores, desde as taças até as garrafas.
>
> Isaías 22.22-24

Há analogias vívidas aqui: um homem com as chaves, o encarregado, mordomo, protetor, guarda. Também a estaca suportando todo o peso da família. Se ele não estiver firmemente estabelecido em seu lugar, reconhecendo seu pleno significado, aceitando todo o seu fardo, em honra diante de Deus, a família sofrerá. E estacas não são notadas pelo trabalho que fazem e usualmente não lhes agradecemos por isso!

O senso de responsabilidade de papai por sua família não poderia ter sido mais solene. Às vezes, parecia um fardo desanimador, e ele sofria sob o seu peso. Houve lições de confiança em Deus, de lançar todo o seu cuidado sobre Ele, de receber a força todo-suficiente que Deus promete, que levaram muitos anos para ele aprender, embora soubesse, de coração, as passagens relevantes da Escritura. Muito frequentemente, eu o ouvia repetir as palavras que lhe haviam sido dadas quando estava na faculdade, lutando com as decisões mais importantes de sua vida: *A minha graça te basta, porque o meu poder se aperfeiçoa na fraqueza.*

Papai conhecia sua própria fraqueza. Ele precisava de grande medida desse poder divino para ser obediente à ordem especial dada aos pais: "Criai-os na disciplina e na admoestação do Senhor".

Criai-os significa muito mais do que meramente "permitir que cresçam". Criar filhos é uma tarefa. É uma ação positiva. As "chaves" falam de segurança e proteção. A "estaca" fala de firmeza, força, estabilidade e de algo incomum para o gosto do homem moderno: ficar quieto.

O pai é o sacerdote do lar. Isso significa estar na presença de Deus em favor de outros. Significa fazer sacrifícios em benefício deles. Em um sentido espiritual profundo, o pai está no lugar de Deus no lar — é seu representante, o sinal visível da sua presença, seu amor, seu cuidado. Um filhinho quer "alguém coberto de pele"; quer que o pai esteja lá na escuridão, sentir seu peso sentado na cama, sua mão sobre a mão dele, sua voz audível. Os braços de seu próprio pai são tudo que o filhinho conhece dos Braços Eternos. À medida que o filho cresce, torna-se consciente de mais do que a presença física. Ele observa tudo que o pai faz e tenta o seu melhor para imitá-lo com exatidão. Fica ao lado do espelho e o vê fazer a barba, coloca os sapatos de papai, pula para colocar na areia seu pezinho sobre a marca do pé dele, tenta usar o martelo ou o computador dele, quer sentar-se no colo de papai e guiar o carro.

> [...] torna-te padrão [...] na palavra, no procedimento, no amor, na fé, na pureza. [...] Medita estas coisas e nelas sê diligente, para que o teu progresso a todos seja manifesto. Tem cuidado de ti mesmo e da doutrina. Continua nestes deveres; porque, fazendo assim, salvarás tanto a ti mesmo como aos teus ouvintes.
>
> 1 Timóteo 4.12, 15-16

Essas palavras são de uma carta dirigida a um pastor jovem, mas quão perfeitamente se aplicam também a um pai.

CONFIANÇA

Uma nuvem permanece, que por teu nascimento
Tu entras em uma terra arruinada,
Minha pequenina.

Mas descobrirás com agradável surpresa
Que a terra é um caminho para os céus,
Minha pequenina.

Tal é a nossa confiança, Senhor, que damos
Teu dom a Ti! Oh! Recebe, então,
Nossa pequenina.

Recebe-a, Senhor, e permite que ela seja
Tua própria por toda a eternidade —
Tua pequenina.

Essa é a oração de um cristão que foi bem conhecido no século XIX, H. Grattan Guinness, pai de Geraldine Guiness Taylor (Sra. Howard Taylor), autora de muitas biografias. Essa oração expressa sua confiança e entrega sua filha às mãos do Senhor. Meus pais dedicaram cada um de nós ao Senhor, reconhecendo seus filhos pincipalmente não como descendência deles mesmos e muito menos como sua possessão, mas como almas que lhes foram confiadas para serem devolvidas a Deus, confiantes no poder dele para guardar e preservar o que entregaram aos seus cuidados. Deus escolheu Abraão para ser o pai de muitas nações, "para que ordene a seus filhos e a sua casa depois dele, a fim de que guardem o caminho do Senhor e pratiquem a justiça e o juízo; para que o Senhor faça vir sobre Abraão o que tem falado a seu respeito" (Gn 18.19).

Um dos hinos favoritos de papai era "Que Firme Alicerce", que muito cedo se tornou também um dos hinos favoritos de meu irmão Dave. Eu me lembro dele como um menino pequeno vestido de calças curtas, talvez com três ou quatro anos, cantando vigorosamente estas grandes linhas:

> Que firme alicerce, vós, santos do Senhor,
> Lançado para vossa fé em sua Palavra excelente,
> O que mais ele pode dizer-lhes que não tenha dito,
> Para vós que fugistes para Jesus para achar refúgio?

A palavra que Deus falou a Abraão foi seguida ao pé da letra, embora tenha parecido ao pai fiel do amado Isaque qualquer coisa, menos "excelente". A história nos diz que isto foi uma prova:

> [...] Deus [...] lhe disse: Abraão! Este lhe respondeu: Eis-me aqui! Acrescentou Deus: Toma teu filho, teu único filho, Isaque, a quem amas, e vai-te à terra de Moriá; oferece-o ali em holocausto, sobre um dos montes, que eu te mostrarei. Levantou-se, pois, Abraão de madrugada e, tendo preparado o seu jumento [...] foi para o lugar que Deus lhe havia indicado.
>
> Gênesis 22.1-3

Imagine: nenhuma discussão. Nem mesmo uma pergunta. O homem se levantou e se dispôs a fazer exatamente o que Deus havia dito. Quando ele pegou o cutelo para imolar o rapaz, uma voz do céu chamou o seu nome: "Não estendas a mão sobre o rapaz e nada lhe faças; pois agora sei que temes a Deus, porquanto não me negaste o filho, o teu único filho" (v. 12).

A voz ocorreu pela segunda vez, dizendo: "Jurei, por mim mesmo, diz o Senhor, porquanto fizeste isso e não me negaste o teu único filho, que deveras te abençoarei' (Gn 22.16-17).

Isso é fé. Abraão tomou a sério a palavra de Deus, por mais incrível que parecesse, e confiou totalmente no que ele disse. Agiu em obediência, crendo totalmente em Deus, até ao ponto de levantar o cutelo.

O estabelecimento da confiança de um filho em Deus começa com a sua confiança na palavra de seus pais. Papai considerava a mentira, em qualquer forma, como uma das "armas carnais" que cristãos nunca devem usar. Ele fez uma lista de algumas formas de mentira aceitas comumente:

- anúncio exagerado;
- afirmações exageradas que visam causar impressão;
- ocultar certos aspectos importantes da verdade em transações de negócio, para não perder o interesse do comprador;
- enganar as ferrovias nas passagens ou os oficiais de alfândega nas importações;
- famosas "mentiras brancas" contadas com a falsa ideia de que o bem pode resultar delas;
- dizer coisas diferentes sobre o mesmo assunto a pessoas diferentes, para evitar problemas ou obter vantagem;
- pequenas desonestidades tão comuns nos negócios e que são desculpadas por afirmações como "todos fazem isso" — como se a multiplicação do mal o tornasse correto.

Papai nos contou a história de um menino que aprendeu bem cedo a confiar implicitamente na palavra de seu pai e a obedecer-lhe de pronto. Ele estava brincando um dia na linha da ferrovia. Seu pai viu que o trem estava chegando e não teve tempo para correr e resgatar o menino. Ele gritou para o menino se deitar imediatamente entre os trilhos. Sem questionar ou hesitar, o menino fez isso. O trem rugiu sobre a sua cabeça, deixando-o intacto. Isso foi uma lição solene para nós a respeito de confiar na palavra de nosso pai e fazer o que ele nos ordenara. Gostaria de poder dizer que sempre fomos prontamente obedientes — não fomos — mas posso dizer que, com certeza, nenhum de nós teve motivo para duvidar da veracidade de papai. Ele era extremamente verdadeiro e consciente. Como mamãe observou, a respeito da recusa deles em brincar o jogo Santa Claus conosco, o agudo senso de honestidade de papai fora captado parcialmente do livro de seu avô Henry Clay Trumbull, *A Lie Never Justifiable* [Uma Mentira Nunca Justificável].

Ironicamente, a família Trumbull (de minha avó paterna) era notada por exagero vívido e descontrolado. Quando vovô quebrou acidentalmente uma xícara de chá, vovó declarou: "Ele simplesmente a JOGOU no chão!". Quando ela, uma pequena, frágil e velha senhora, caiu contra uma grande estante de livros, ela nos assegurou que a tinha empurrado "pelo menos 30 centímetros". Apreciávamos essa característica, como papai também, eu acho, mas ele nos advertiu que tivéssemos uma consideração mais séria pela verdade.

Quando me deparava com uma coisa errada que tinha feito, não podia olhar para a face de papai ou de mamãe e mentir. Esperavam que falássemos a verdade, toda a verdade e nada mais do que a verdade. E os filhos vivem geralmente de acordo com as expectativas dos pais. Espere que eles mintam, e eles mentirão.

Quando eu tinha sete ou oito anos, decidi tentar a aventura de fazer algo muito, *muito* mau. Queria sentir como era pecar ousada e deliberadamente. Fiz uma decisão consciente de roubar algo e comecei a buscar uma oportunidade. Quando eu estava quase saindo da casa de minha amiga Essie, vi um relógio de Mickey Mouse num pilar da escada. Ninguém estava olhando, por isso eu o peguei e coloquei em meu bolso e comecei a ir para casa. Quando virei a esquina, talvez a uns cem metros da casa de Essie, não pude suportar o que minha consciência me dizia. Corri ao redor da casa, para os fundos, e coloquei o relógio nos degraus de trás, aterrorizada por ter de encarar a tia Sue ou mesmo Essie, caso já estivessem dando falta do relógio, e ter de contar-lhes a verdade. Pelo que sei até agora, ninguém nunca soube como aquele relógio viajou do pilar da escada para os degraus de trás, mas espero que o tenham achado sem pisar nele.

Nosso Deus é o Deus da verdade. Satanás é o pai das mentiras. Muito comumente vemos pais não somente evadirem-se da verdade, mas também falarem mentiras a seus filhos, abertamente. O que pode ser mais destrutivo à estrutura moral de um filho? Recentemente, vimos uma mãe jovem correndo apressadamente pelo aeroporto, com um bebê nos braços, uma bolsa e uma bagagem de mão em seu ombro, e puxando um menino de dois anos que gritava. Quando passou por nós, ela disse: "Você está vendo aquela lixeira ali? Ou você para de gritar, ou eu jogo você naquela lixeira!". A terrível ameaça não teve efeito algum. O menino aprendera que sua mãe não lhe falava a verdade. Ele continuou gritando.

Não fazer algo proibido pode não ser chamado de mentir, mas, quando um filho sabe que pode pressionar os pais até que cedam, ele está sendo ensinado — "programado" — a não confiar na palavra dos pais. Se um filho indaga sobre o porquê de algo que não lhe compete saber, e os pais inventam uma razão, em vez de dizer-lhe francamente que ele não precisa de uma resposta, eles estão ensinando-o a inventar.

A verdade é o fundamento da fé. Papai e mamãe lançaram um fundamento seguro para nós na confiabilidade de sua palavra. Se era a *palavra* deles, devíamos confiar. Se *eles* o falaram, sabíamos que era verdade. Eles não eram, porém, tão bobos que achavam que deveriam explicar tudo. Muitas vezes, quando perguntávamos o porquê, recebíamos como resposta "Não se preocupe com isso" ou "Pensaremos nisso", o que geralmente significava que, após "pensarem", um "não" seria o resultado. Eles não achavam que era bom explicar para nós todas as suas razões e ações, quando éramos pequenos. Por um lado, é um desperdício de tempo, porque a argumentação raramente satisfaz a criança e, principalmente, torna difícil mais tarde a criança aceitar o que Deus diz sem explicação. O filho tem de aprender a confiar na *pessoa*, a crer na *palavra* e a deixar o assunto descansar *ali*, mesmo quando as razões são omitidas, o que é uma lição árdua, mas vital, para o resto de sua vida.

Porque todos nós somos nascidos em pecado, somos rebeldes, alguns mais do que outros. Parece que alguns filhos nascem afáveis e submissos; outros são chamados de filhos com "vontade forte" quando o que são de fato é meramente voluntariosos — governados pela vontade, sem se submeterem à razão, obstinados, perversos, teimosos, como meu irmão Phil o foi quando estava em sua cadeira de bebê e se recusou a beber seu leite. A firme insistência de mamãe em obediência não foi um instrumento para sua vitória pessoal sobre uma "vontade" forte; em vez disso, foi um meio de fortalecer a vontade de seu filhinho para capacitá-lo a querer contra si mesmo, ou seja, fazer o que devia fazer antes de fazer o que desejava fazer. Quantos adultos permanecem voluntariosos, egoístas e imaturos por não haverem recebido essa lição essencial na infância!

Os pais têm de exercer misericórdia ao lado de julgamento. A vontade dos pais para os filhos pequenos é a lei da consciência e de Deus. Um pai sábio sugere que pais deem suas ordens de uma maneira que os filhos não sejam forçados a serem transgressores da vontade deles; e, se já se tornaram isso, devem ser "predispostos, tanto quanto possível, ao arrependimento". Isso demanda mais sabedoria do que a maioria dos pais têm, mas sabedoria de Deus é prometida àqueles que a pedirem. Meus pais pediam-na todos os dias, eu acho.

Há maneiras diferentes de emitir ordens. Uma atitude calma, realista e amorosa é muito mais propensa do que uma atitude severa e imperiosa a inspirar disposição para obedecer. Mas há ocasiões em que o amor é recusado. Mamãe se mostrou, certamente, calma e amorosa em dizer a Phil que ele precisava apenas beber seu leite antes de descer. O Salmo 107 é uma história da misericórdia do Senhor, que dura para sempre, e da obstinação e desobediência de seu povo. Ele os libertou da mão do inimigo, mas eles andaram errantes pelo deserto, tiveram fome e sede e clamaram ao Senhor em sua aflição. Ele os libertou de sua aflição e os guiou por um caminho reto, os encheu de coisas boas, mas se rebelaram contra ele e acabaram em prisão e trabalho forçado. De novo, o Senhor os tirou "das trevas e sombras da morte e lhes despedaçou as cadeias", mas alguns se tornaram "estultos" e "por causa do seu caminho de transgressão e por causa das suas iniquidades" foram afligidos. Perderam o apetite, chegaram às portas da morte, clamaram ao Senhor novamente, e ele os salvou, e enviou-lhes sua palavra, e os sarou, e os livrou do que lhes era mortal.

A história prossegue — a longanimidade de Deus, sua paciência, seu imenso amor. Por fim, eles foram humilhados por opressão, adversidade e sofrimento. O salmo termina com estas palavras: "Quem é sábio atente para essas coisas e considere as misericórdias do Senhor" (Sl 107.43). Que exemplo para os pais!

O AMOR É PACIENTE E BENIGNO

Se pudéssemos colocar em palavras os nossos ideais mais elevados de tudo que é mais encantador e amável, belo, terno, gracioso, liberal, forte, constante, paciente, incansável; acrescentar o que pudéssemos, multiplicar milhões de vezes, esgotar a nossa imaginação e, depois, dizer que isso é nada em relação ao que Ele é, que é a mais fraca expressão de sua bondade e beleza, daremos uma pobre ideia de Deus, realmente, mas, pelo menos, será verdadeira e levará à confiança e à amizade, a uma atitude mental correta, como de filho para com o pai e de criatura para com o Criador.

Janet Erskine Stuart, *The Education of Catholic Girls*
[A educação de moças católicas], p. 5

Se apenas pudéssemos compreender o que Ele é. Se apenas lembrássemos que é aquele Amor longânime, poderoso e eterno que nos disciplina, não por vingança, mas por uma razão gloriosa (para que compartilhemos de sua santidade), talvez não reagíssemos com tanta petulância. O amor de nosso Pai celestial é *paciente* e *benigno*. Ele nos ama demais para querer que sigamos o nosso próprio caminho.

> Filho meu, não menosprezes a correção que vem do Senhor, nem desmaies quando por ele és reprovado; porque o Senhor corrige a quem ama e açoita a todo filho a quem recebe. É para disciplina que perseverais (Deus vos trata como filhos) (Hb 12.5-7).

Existem muitas ideias erradas sobre Deus. Pensar errado sobre ele leva a pensar errado sobre as suas ações. Se, no profundo de nosso coração, levamos qualquer sombra de ressentimento contra Deus pela maneira como ele nos trata, esse ressentimento pode ser descarregado facilmente em nossos pobres filhinhos. Não ver a disciplina de Deus como evidência do seu amor pode levar a uma ideia errada e consequentemente muito destrutiva sobre discipliná-los. Deus não vive buscando oportunidades para nos castigar ou se vingar de nós. Ele nos ama com amor eterno. É o nosso refúgio quando estamos com medo; nossa força quando somos fracos; nosso ajudador quando não podemos lidar com a situação. Pais estão no lugar de Deus para seus filhos. Devem ser para os filhos refúgio, força e ajudadores, não adversários.

Quando me tornei adulta, mamãe me disse que não tinha sido fácil para ela aprender a expressar fisicamente seu amor por nós. Não sei se ela havia recebido muita demonstração de amor de ambos os pais (penso no pai dela como o Vovô Que Nunca Sorria — para nós, crianças, em qualquer caso). Se houve pouco da parte de seus pais, houve menos ainda da parte de sua madrasta. Por isso *não* foi *fácil* para mamãe, mas ela tentou e, com a ajuda de Deus, aprendeu a fazer muito mais do que podia naturalmente. Ela embalava e cantava para todos os bebês de nossa família, como mencionei, e houve beijos de boa noite para todos os que eram pequenos e tinham de ser colocados na cama à noite. Quando saíamos para a escola e para a faculdade, havia abraços fortes e muito esforço para suster as lágrimas e sorrir enquanto o trem se afastava. Sabíamos que éramos amados e sentíamos muita saudade. As cartas, sobre as quais falarei depois, eram cheias de amor. Quando algum de nós devia se apresentar de maneira pública, nossos pais estavam lá. Por tudo isso, sou grata e feliz.

Pais, ao expressarem amor aos seus filhos por contato físico ou ternura, contribuem grandemente para a compreensão dos filhos sobre refúgio, força e ajudador como atributos de Deus. A fé dos pais no amor perfeito e na soberania perfeita de Deus lança o fundamento do lar em que o filho está crescendo. O alvo deles para o filho é felicidade e realização, exatamente o que Deus quer para nós, de acordo com a sua sabedoria "em mistério, outrora oculta, a qual Deus preordenou desde a eternidade *para a nossa glória*"; coisas que "[...] Nem olhos viram, nem ouvidos ouviram, nem jamais penetrou em coração humano o que Deus tem preparado para aqueles que o amam" (1Co 2.7-9, ênfase minha).

Um dia, quando a nossa bebê Valerie tinha apenas algumas semanas, Jim sentou-se numa poltrona e a deitou em seu peito, sussurrando em sua pequena orelha e afagando-a. Depois de algum tempo, pensando que ela estava dormindo, Jim ficou em silêncio e deixou os braços cair para os lados, deleitando-se com o peso suave da frágil criança em seu corpo. Ela ficou quieta por um tempo; depois, soltou repentinamente um lamento forte. Sorrindo, imediatamente Jim a envolveu de novo em seus braços e a assegurou de sua presença. Não sentindo as mãos dele sobre o seu corpo, Valerie perdeu, assim supomos, o senso de "pertencimento" e se imaginou abandonada, quando, de fato, estava deitada tão segura como sempre no peito de seu pai.

E assim é conosco. Não podemos sentir sempre a presença de nosso Pai, Deus, mas podemos confiar em que sua promessa permanece verdadeira: "De maneira alguma te deixarei, nunca jamais te abandonarei. Assim, afirmemos confiantemente: O Senhor é o meu auxílio, não temerei" (Hb 13.5-6).

Quando Jesus estava aqui na terra, no que George MacDonald chama "o clima selvagem de suas províncias remotas", ele ainda estava no "seio do Pai". Nunca houve um momento de comunhão interrompida. Por contraste, Israel, sofrendo as disciplinas do deserto — a longa e árdua peregrinação, as serpentes e escorpiões, fome e sede, experiências em Mara e no Mar Vermelho — se sentiu abandonado pelo Deus de seus pais. Não puderam entender que tudo isso era a preparação necessária ao cumprimento da promessa de

Deus de conduzi-los à linda terra de Canaã. Não creram na Palavra de Deus, duvidaram de seu amor, desobedeceram aos seus mandamentos.

Ouvimos essas histórias inúmeras vezes em casa, nos momentos de oração em família, na mesa de jantar, em nossa cama, quando éramos colocados para dormir, na Escola Dominical e na igreja, nos livros que líamos, nas reuniões missionárias e nas conferências bíblicas a que comparecíamos. Ouvimos como o Senhor levou com fidelidade essas pessoas rebeldes, suportando a obstinação delas, tolerando e perdoando, guiando-as firmemente na direção que ele tencionava. Seu amor é paciente. Seu amor é bondoso. Também ouvimos sobre os grandes heróis da fé que lutaram, sofreram e obedeceram (e, às vezes, desobedeceram) ao seu Deus.

Pais e mães precisam conhecer seus filhos tão bem quanto for humanamente possível. Deus conhece perfeitamente seus filhos, conhece os pensamentos deles antes que os pensem. Deus os conhece profunda e amplamente. "Como um pai se compadece de seus filhos, assim o Senhor se compadece dos que o temem. Pois ele conhece a nossa estrutura e sabe que somos pó" (Sl 103.13-14). Por outro lado, pais e mães humanos não são oniscientes. Deparam-se com mistério. Não sabem em que criança, jovem ou adulto o bebê deles se tornará, mas sabem que aquela pessoa comovente, doce e pequena que está no berço, tão perfeita quando acordada, possui uma natureza humana e, como tal, é pecadora. Os filhos precisam de ajuda. Deus dá pais falíveis a meninos e meninas, pais que, certamente, não serão perfeitos, para amá-los, treiná-los, ensiná-los e *criá*-los "na disciplina e na admoestação" do Senhor. É um compromisso sério. Não há vocação mais elevada.

Nada treina e ensina tão poderosamente quanto o amor. O amor atrai; não força. Se o alvo dos pais é ensinar os filhos a amarem a Deus, devem mostrar seu amor por Ele ao amarem um ao outro e amarem os filhos. "Deus é amor, e aquele que permanece no amor permanece em Deus, e Deus, nele" (1Jo 4.16).

Meus parentes da família Elliot eram pessoas altamente expressivas. Saíam pela sala beijando e dando boa-noite a todos. Saudavam cada pessoa com um estimulante e caloroso bom-dia; e, provavelmente, como nos velhos tempos, dariam até um abraço em um parente sem qualquer motivo. Isso foi um novo rumo para mim. Costumávamos ver nossos pais abraçarem e beijarem um ao outro e aos pequenos da família, mas não me lembro de qualquer coisa daquele tipo acontecendo entre irmãos e irmãs; e não senti nenhuma privação por causa disso.

O amor não somente aceita, ele também pune. E sofre mais do que a pessoa punida, embora nenhum filho acredite na afirmação "Isso fere mais a mim do que a você" — até que se torne um pai ou uma mãe e aprenda a verdade.

A Bíblia diz a respeito de Adonias, o qual tentou usurpar o trono de seu meio-irmão Salomão, e seu pai jamais o contrariou, dizendo: "Por que procedes assim?" (1Rs 1.6). Temos aqui, eu creio, uma dica para a traição de Adonias — nenhuma confrontação feita por seu pai. Papai interferiu realmente em meu comportamento muitas vezes; e uma delas foi muito depois de eu me tornar adulta. Ele me fez essa pergunta quase literalmente quando me viu seguindo numa direção perigosa. Acho que eu estava com 37 anos de idade; e fiquei bastante ressentida com sua pergunta. Agora eu olho para isso com a compreensão de que ele tinha boa razão para me questionar; e o fez tão somente porque me amava. O fato de que eu não vivia mais sob os cuidados dele não mudou seu amor, orações ou desejo por meu bem-estar espiritual. Ele apenas obedeceu à exortação bíblica (Gl 6.1) para restaurar-me gentilmente. Papai morreu não muito tempo depois disso; e desejei, de todo o coração, que tivesse reagido com graça e não com ira.

Ouvi, certa vez, que Henry Brandt falou sobre como um de seus filhos adultos lhe perguntou: "Quando é que você vai parar de me importunar, papai?". Sua resposta foi algo assim: "Talvez não antes de eu morrer, filho. Eu viajo por aí tentando influenciar pessoas para o bem. Por que não deveria tentar continuar influenciando meus próprios filhos?".

O exemplo de disciplina fiel de papai nos ajudou muito a entender a disciplina de Deus como uma expressão de seu grande amor.

Além disso, tínhamos os nossos pais segundo a carne, que nos corrigiam, e os respeitávamos; não havemos de estar em muito maior submissão ao Pai espiritual e, então, viveremos? Pois eles nos corrigiam por pouco tempo, segundo melhor lhes parecia; Deus, porém, nos disciplina para aproveitamento, a fim de sermos participantes da sua santidade. Toda disciplina, com efeito, no momento não parece ser motivo de alegria, mas de tristeza; ao depois, entretanto, produz fruto pacífico aos que têm sido por ela exercitados, fruto de justiça.

Hebreus 12.9-11

J. C. Ryle escreveu:

Vivemos numa época em que há um poderoso zelo pela educação em todos os lugares. Ouvimos falar de novas escolas surgindo em todos os lados. Falam-nos de novos sistemas e novos livros para os jovens, de todo tipo e descrição. E, apesar de tudo isso, a vasta maioria das crianças são manifestamente *não* treinadas no caminho que deveriam seguir, pois, quando chegam ao estado de adulto, não andam com Deus. (*Os deveres dos pais*)

O lamento de Ryle, escrito há mais de 100 anos, descreve exatamente o que vemos em nossos dias.

Se as crianças aprendessem bem cedo a respeitar, até a temer, seus pais, elas se envolveriam menos provavelmente em problemas por desafiarem outras autoridades que Deus coloca sobre elas. Há um adesivo de carro que sempre me abala: QUESTIONE A AUTORIDADE. Há um lugar para isso às vezes, se o questionamento não procede de um ódio natural por autoridade, e sim de uma inquirição honesta e sincera. Lembremos que, como cristãos, estamos "recebendo [...] um reino inabalável"; portanto, "retenhamos a graça, pela qual sirvamos a Deus de modo agradável, com reverência e santo temor; porque o nosso Deus é fogo consumidor" (Hb 12.28-29).

21

REGRAS

As pedras fundamentais que constituem o alicerce da disciplina de um lar cristão são os três assuntos que consideramos nos três últimos capítulos: autoridade sacrificial, confiança e amor. Visto que os pais são portadores dessa autoridade sacrificial, levam a responsabilidade da confiança de seus filhos e amam a Deus e a seus próprios filhos por amor a Deus, eles devem estabelecer regras ou, como o linguajar moderno prefere, "diretrizes".

Em muitos pequenos quintais da Inglaterra, podem ser vistas espaldeiras — árvores ou arbustos que foram treinados a subir rente a uma parede, dando um efeito bidimensional. Embora isso seja drasticamente contrário à direção em que deveriam ter crescido sozinhas, elas ocupam pouco espaço e produzem flores ou frutos lindos.

Assim como o jardineiro que cultiva árvores em espaldeira coopera com Deus, assim também os pais cooperam com Ele em treinar os filhos no caminho em que *devem andar*, não no caminho em que eles andariam naturalmente. Jesus usou a metáfora da videira para ensinar sobre a nossa união com ele, uma união destinada a produzir frutos que glorificarão a Deus.

> Eu sou a videira verdadeira, e meu Pai é o agricultor. Todo ramo que, estando em mim, não der fruto, ele o corta; e todo o que dá fruto limpa, para que produza mais fruto ainda.
>
> João 15.1-2

É difícil resistir às pressões de nossa sociedade "faça do seu jeito". E até pais cristãos sinceros sentem-se, às vezes, incertos quanto à sabedoria de incluir itens demais em sua mais concisa lista de regras. Não levará os filhos a se rebelarem? Não é legalista? E se não pudermos fazê-los cumprir a lista?

Em nosso temor de formar os filhos em nosso próprio molde, estamos em perigo de permitir que o mundo os forme em seu próprio molde — algo do que Paulo advertiu solenemente os cristãos romanos a se acautelarem. Deus dá aos pais uma custódia muito importante. Eles são encarregados da "videira", que é a família. Devemos pensar nas regras que definimos para os filhos como as estacas e laços que impedem a videira de crescimento excessivo e ordinário e capacitam-na a produzir o melhor fruto, enquanto a podadura pode representar o castigo da parte dos pais. Jesus diz: "Quem permanece em mim, e eu, nele, esse dá muito fruto; porque sem mim nada podeis fazer" (Jo 15.5). Esse "permanecer" não é um sentimento vago de religiosidade. União com Cristo é impossível sem harmonia com a sua vontade. "Por que me chamais Senhor", Jesus perguntou, "e não fazeis o que vos mando?".

O jardineiro ama seu jardim, conhece cada flor, arbusto e árvore, entende suas qualidades e necessidades especiais e lhes dá o cuidado amoroso. Os pais recebem a delicada tarefa de treinar um filho imperfeito e altamente impressionável que não é "propriedade" deles, mas lhes foi confiado por um tempo, para que refreiem as tendências naturais que são inúteis ou destrutivas e guiem-no em direção a Deus. A oração de Grattan Guinness em favor de sua filha, citada no capítulo 19, reconhece o direito de Deus sobre ela.

Nenhum de nós pode fazer um trabalho perfeito, mas podemos obter ajuda por olharmos para aqueles que Deus nos deu como modelos. Eis uma descrição de como alguém que ministrou cuidado espiritual a muitas mulheres jovens serviu de mãe para elas:

> Sendo, quanto à sua influência, para os que estavam sob o seu cuidado, o que nosso Senhor foi para seus discípulos, reproduzindo sua humildade, sua caridade, sua bondade, sua doçura e sua paciência... nunca se surpreendendo com defeitos e imperfeições... formando pelo exemplo e não por preceito... guiando-os a Deus... por amor e confiança e não por medo... ajustando seu ensino e provas ao caráter, força e medida de graça de cada um, fazendo-os entender que somente por renúncia e morte do ego poderiam alcançar o alvo e ajudando-os sempre por todos os meios que a caridade incansável podia sugerir.
>
> Maud Monahan
> *The Life and Letters of Janet Erskine Stuart*
> [A vida e cartas de Janet Erskine Stuart], p. 74

Em sua misericórdia, Deus falou ao seu povo o que fazer e o que não fazer. Meus pais estabeleceram regras para nós, "estacas" e "laços", para nos ajudarem a viver uma vida pacífica e frutífera. Cumprir essas regras foi nosso primeiro treinamento nessa renúncia e morte do ego, o que nunca será fácil para qualquer um de nós enquanto vivermos neste corpo mortal. Mas, apesar disso, essa própria renúncia é o caminho para liberdade e satisfação. O filho obediente é o filho mais feliz.

Regras e as consequências de transgredi-las instilaram em nós um temor saudável, não somente de nossos pais, mas também de autoridade em geral. Certa vez, minha amiga Essie e eu, a caminho da escola, entramos sem permissão na propriedade de uma escola católica. Nunca esqueci como tremi de medo quando uma freira nos repreendeu. Acho que foi a primeira vez que outra pessoa, além de meus pais, me corrigiu. Nunca mais coloquei os pés naquela propriedade. Embora a Bíblia tenha muito a dizer sobre o *temor* do Senhor, o ensino cristão sobre isso é raro em nossos dias. Objeções são levantadas assim que o mencionamos. O temor não é um motivo aviltante? Por que devemos temer a Deus, que nos ama tanto? Se o Senhor é o nosso Pastor, Salvador e Amigo, como podemos ter medo dele? "Ele não é um leão domesticado", como disse C. S. Lewis. Quando Moisés recebeu os Dez Mandamentos, houve trovões, relâmpagos e o clangor de uma trombeta, e o monte ficou coberto de fumaça. O povo de Israel tremeu de medo, ficou de longe e rogou a Moisés que falasse com Deus, em vez de Deus falar com eles, para que não morressem. Note a linguagem da resposta de Moisés.

"*Não temais*; Deus veio para vos provar e para que o seu temor esteja diante de vós, a fim de que não pequeis" (Êx 20.20, ênfase minha). Não temais — *para que o seu temor esteja diante de vós!* Essas palavras parecem um tanto contraditórias. Mas acredito que há dois tipos de temor aqui — o temor de dano físico, que Moisés garante não lhes sobrevirá, e o temor sem o qual eles chegariam certamente ao desastre espiritual. O temor de um filho por castigo físico leva-o à obediência, como o faz também o seu desejo de agradar as pessoas que ele ama. É o começo do respeito. Até que amemos perfeitamente, o que não acontecerá neste mundo caído, devemos temer. Até que o perfeito amor lance fora o temor, este é uma coisa saudável. O temor nos salva.

De acordo com Provérbios, o temor do Senhor é odiar o mal. É o "galardão da humildade", o "princípio da sabedoria", a "fonte de vida". "Prolonga os dias" de um homem e o torna "refúgio para seus filhos" (Pv 8.13; 9.10; 10.27; 14.26; 14.27; 22.4).

O Novo Testamento ensina a necessidade desse temor se queremos viver uma vida santa.

> Importa que todos nós compareçamos perante o tribunal de Cristo, para que cada um receba segundo o bem ou o mal que tiver feito por meio do corpo. E assim, conhecendo o temor do Senhor, persuadimos os homens e somos cabalmente conhecidos por Deus.
>
> 2 Coríntios 5.10-11

Ora, se invocais como Pai aquele que, sem acepção de pessoas, julga segundo as obras de cada um, portai-vos com temor durante o tempo da vossa peregrinação.

1 Pedro 1.17

Por isso, recebendo nós um reino inabalável, retenhamos a graça, pela qual sirvamos a Deus de modo agradável, com reverência e santo temor; porque o nosso Deus é fogo consumidor.

Hebreus 12.28-29

Escritores antigos viam o temor do Senhor como conducente à saúde espiritual. É uma lâmpada em um lugar cheio de trevas; ilumina e ensina, destrói a malícia, aniquila pensamentos errados.

George MacDonald escreveu: "O temor do Senhor fará um homem correr não do Senhor, mas de si mesmo; não do Senhor, mas para o Senhor, o seu Pai, em terror, para que não peque contra Ele ou contra o seu próximo" (*Unspoken Sermons* [*Sermões não pregados*], p. 30).

༺༻

Assisti a um filme que mostrava como uma mãe urso polar treinava seus filhotes. Eles saíram cambaleantes de sua caverna no gelo. Todos os três estavam um pouco sonolentos devido à longa hibernação. Os filhotes, ainda ofuscados pela luz solar, bebiam da liberdade do mundo imenso que se abria diante deles. A mãe tinha de cuidar de coisas sérias, para ensinar a seus filhos como sobreviver em um mundo congelado. Não havia tempo para bobagens. Ela os empurrou, colocando-os em fila, mostrando-lhes aonde ir, descendo por um monte de neve (eles seguiram sem medo), evitando as pedras no gelo (os filhotes pulavam sobre elas), levando-os aonde poderia ensiná-los a achar comida. Exemplo é tudo — ou devo dizer quase tudo. Preceitos verbais não foram necessários, mas algumas pancadas suaves em seus pequenos traseiros peludos certamente ajudaram. Assim também, o nosso Pastor nos *guia* em veredas de justiça, usando seu bordão, de vez em quando, para correção e seu cajado para proteção; e o salmista achou que ambos o *consolavam*.

Em todas as rotinas diárias do lar, aprendíamos: *Isso é o que fazemos, Isso é como o fazemos, Essa é a direção em que as coisas vão*. A maioria delas eram rotinas e hábitos estabelecidos simplesmente pela maneira como nossos pais haviam ordenado suas próprias vidas. Aprendíamos ao ver. Mas o que teria acontecido se nossos pais não estivessem lá? O que teria acontecido se tivéssemos visto mais de outro "cuidador" do que vimos de papai e mamãe? O poder da influência teria sido diluído. "Tempo de qualidade" nunca pode substituir dias normais gastos em fazer coisas comuns juntos.

No que diz respeito ao que *devíamos* fazer, rotinas matinais eram fixas nos dias de semana:

Acordar.

Vestir-se.

Tomar café.

Unir-se em oração familiar.

Escovar os dentes.

Arrumar a cama.

Aprontar-se para a escola.

Como fizemos essas coisas exigiu muitos lembretes e preceitos repetidos. Por exemplo:

Levante-se *imediatamente* quando eu chamar.

Vista-se *rapidamente* (nenhum exercício de meditação no meio do assoalho), *apropriadamente* (tínhamos roupas para a escola, para brincar e para ir à igreja, e muito poucas para cada ocasião; por isso, tínhamos de vestir as roupas certas).

Venha *pontualmente* para o café da manhã (às 7h10 e não às 7h11).

Venha *alegremente*. Se alguém de nossa casa aparecesse com uma carranca, poderia ser mandado a subir de volta e "achar um rosto alegre". Que morte do ego isso exigia! Que renúncia de sentimentos desagradáveis! Lembro muito bem. Não era uma exigência caprichosa. O livro de Provérbios apoia isso: "O coração alegre aformoseia o rosto, mas com a tristeza do coração o espírito se abate" (Pv 15.13). E isso visa mais ao bem de outros do que ao nosso próprio bem.

Coma *educadamente*. Bons modos à mesa não podem ser ignorados, pois, se há uma área em que o clima espiritual e emocional de um lar é manifestado, é à mesa. Para meus pais, polidez significava, entre outras coisas:

Se você não pode dizer algo excelente sobre a comida, não diga nada.

Guardanapo no colo, todos.

Filhinho, cotovelos fora da mesa.

Sente de maneira correta, Bets. Você está de postura curvada. Isso é melhor!

Coma o que está diante de você.

Passe o leite para outra pessoa, antes de servir a si mesmo.

Não estenda o braço, Davy, peça. Bom menino.

Não interrompa.

Ginny, segure a colher corretamente — *desse jeito* e não daquele.

Não faça uma prancha com seu garfo, Tommy.

Jim, não comemos com nossas facas. Você tem um garfo; vejamos se consegue segurá-lo apropriadamente. Bom para você!

Não mastigue com a boca aberta.

Não fale com a boca cheia.

A repetição incessante desses lembretes pode cansar os pais e as mães mais resolutos e fazê-los perguntar se é realmente importante *como* ingerimos nosso alimento necessário de cada dia. Bem, falarei mais sobre isso no capítulo sobre cortesia. *Havia* conversa em nossas refeições. Nem tudo eram regras e correções; não, de maneira alguma. Mas a conversa se torna mais agradável quando pessoas se comportam em um padrão civilizado.

Dizer aos filhos o que fazer e como fazer não é tudo que eles precisam. Os filhos precisam de *ajuda* na realização. Deus não nos deixa entregues a nós mesmos. Havendo nos dito o que fazer e como fazer, Deus ajuda seus filhos em todas as maneiras. Moisés deu a seu filho o nome de Eliézer, que significa "Meu Deus é meu ajudador". Deus é uma ajuda sempre presente em tempos de aflição. "O Senhor está comigo; não temerei. Que me poderá fazer o homem? O Senhor está comigo entre os que me ajudam" (Sl 118.6-7), escreveu o salmista. E nos escritos proféticos, o próprio Cristo fala: "O Senhor Deus me ajudou, pelo que não me senti envergonhado" (Is 50.7).

"Também o Espírito, semelhantemente, nos assiste em nossa fraqueza; porque não sabemos orar como convém, mas o mesmo Espírito intercede por nós sobremaneira, com gemidos inexprimíveis" (Rm 8.26). "Acheguemo-nos, portanto, confiadamente, junto ao trono da graça, a fim de recebermos misericórdia e acharmos graça para socorro em ocasião oportuna" (Hb 4.16). Em sua carta aos cristãos de Éfeso, Paulo descreve o nosso desamparo quando vivíamos segundo:

> [...] o espírito que agora atua nos filhos da desobediência [...] segundo as inclinações da nossa carne, fazendo a vontade da carne e dos pensamentos [...]. Mas Deus, sendo rico em misericórdia, por causa do grande amor com que nos amou, e estando nós mortos em nossos delitos, nos deu vida juntamente com Cristo, — pela graça sois salvos [...].
>
> Efésios 2.2-5

A graça fez por nós o que não podíamos fazer por nós mesmos. E, assim também, os pais, diz a minha cunhada Lovelace Howard, fazem pelos filhos o que eles não podem fazer sozinhos, a fim de que aprendam a fazer o que *têm de* fazer sozinhos.

Aprendemos o *como* de escovar os dentes por nossos pais fazerem-no por nós, quando surgiram os primeiros dentes, e por nos ajudarem a aprender a fazê-lo sozinhos. O ensino era *exaustivo*. *Diariamente*. *Fielmente*. E quanto a arrumar a cama? *Sem dificuldades*.

Já descrevi quão cuidadosamente fomos treinados em colocar as coisas onde elas deveriam ficar: um lugar para cada coisa, cada coisa em seu lugar. Havia uma segurança nessa rotina e consistência. A vida é simplificada quando você sabe o que, como e onde. O gancho para as chaves do carro e as chaves do carro no gancho eliminam a frenética correria por toda a casa, em que todos gritam uns para os outros a fim de saber quem as pegou por último.

A ordenação de um lar pacífico não é possível sem a aplicação de princípios eternos. Afinal de contas, são principalmente as *pequenas coisas comuns* que constituem a nossa vida. *Isso* é a matéria-prima para a vida espiritual. Se desprezamos as pequenas coisas, consideramos como fardos os deveres do lar; as rotinas, como enfadonhas; as regras, como muito limitadoras; nunca aprenderemos, nem poderemos ensinar os nossos filhos a viver uma vida de harmonia santa. Isso exige, primeiramente, fidelidade nos detalhes inquietantes, aprendendo a fazê-los bem, para que os tornemos uma oferta ao Senhor, porque isso é, afinal de contas, sua obra dada a nós. É nosso pão diário pelo qual devemos aprender a ser gratos. Essa fidelidade é o fundamento para tudo o que Deus possa pedir que façamos.

> Preocupação pessoal, absorção pessoal, interesse pessoal, amor pessoal — essas são as razões por que colidimos uns com os outros. Tire os seus olhos de si mesmo, olhe para cima e para fora! Há seus irmãos e suas irmãs. Eles têm necessidades em que você pode ajudar. Fique atento para ouvir as confidências deles; mantenha seu coração aberto aos chamados deles, e suas mãos alertas para servi-los. Aprenda a dar e não a receber; a submergir suas necessidades

insaciáveis na felicidade de servir à satisfação dos que lhe são mais próximos e mais queridos. Olhe para cima e para fora desse seu restrito e enclausurado ego... Você descobrirá para sua alegre surpresa o segredo da mansidão e da gentileza de Jesus; e os frutos do Espírito brotarão e florescerão de sua vida.

Joy and Strengh [Alegria e força], p. 160

DISCIPLINA: UMA MISSÃO EM BENEFÍCIO DA REDENÇÃO

Procurei mostrar que as regras e diretrizes do lar que meus pais estabeleceram, a ordem que caracterizava o lar e a nossa resposta como filhos estavam baseados no amor a Deus. O amor humano está sujeito a muitas flutuações. Ao moldar o nosso comportamento, meus pais procuraram seguir sabiamente a maneira como Deus lida com os filhos que ele ama.

"Se os seus filhos desprezarem a minha lei e não andarem nos meus juízos, se violarem os meus preceitos e não guardarem os meus mandamentos, então, punirei com vara as suas transgressões e com açoites, a sua iniquidade. Mas jamais retirarei dele a minha bondade, nem desmentirei a minha fidelidade" (Sl 89.30-33).

Nestas palavras do Senhor, achamos uma austera exigência de obediência, lado a lado com a segurança do seu imutável amor. Punição e amor não são incompatíveis. Não é difícil entender por que as duas andam necessariamente juntas. O pai que ama seu filho deseja seu crescimento em sabedoria e graça; por isso, está disposto a corrigi-lo, ainda que seja necessário usar uma vara. Há ocasiões em que não podemos ou não entenderemos por que Deus deve punir, embora não tenhamos dificuldade para entender a necessidade da execução de regras na família e da lei civil para o bem de todos. Singapura é uma das cidades mais limpas, mais bem administradas e mais livres de drogas em todo o mundo. Estampadas em grandes letras vermelhas no visto de entrada, acham-se estas palavras: PENA DE MORTE PARA TRÁFICO DE DROGAS. Funciona. Não somente protege a cidade para os cidadãos, mas também protege todo aquele que seria tentado pelo dinheiro a traficar drogas. Sua vida vale mais do que dinheiro. A lei, portanto, afirmada com clareza e executada consistentemente é a salvação dele. A própria cidade é, também, salva de muitos crimes.

"Visto como se não executa logo a sentença sobre a má obra, o coração dos filhos dos homens está inteiramente disposto a praticar o mal. Ainda que o pecador faça o mal cem vezes, e os dias se lhe prolonguem, eu sei com certeza que bem sucede aos que temem a Deus" (Ec 8.11-12).

Deus é amor. Sua vontade é amor. Sua lei é amor. Seu amor é sua lei. É somente uma visão rudemente distorcida de Deus e de seu amor que acha insuportável a ideia de sua disciplina. Podemos esquecer que Ele tomou sobre si a nossa punição antes mesmo da fundação do mundo? Ele era o Cordeiro que foi morto. E nos amou naquele tempo. Ele nos amou o suficiente para pagar a penalidade de morte. Amaremos menos? Os que se achegam a Deus se achegam a um fogo consumidor. Esquecemo-nos disso facilmente, olhando para um vovô indulgente cujo amor, um mero sentimento, se rende a nossos caprichos e ignora a nossa pecaminosidade. Deus não fará isso, porque fazer isso seria nos condenar. Ele não quer que nenhum seja condenado.

O Fogo Consumidor tem de fazer sua obra — queimar, purificar, refinar — porque seu objetivo é a nossa perfeição. Como o seu amor poderia querer menos do que isso? Isso é muito diferente da ideia de mera retribuição ou de "acertar as contas".

Um livro sobre o moldar de nossa família tem de incluir o controverso assunto de castigo físico. O artigo de mamãe, "Ensinando Seu Filhinho", apresentado na introdução, deixa claro que obediência tem de ser ensinada. Phil, o menininho teimoso na cadeira alta, entendia perfeitamente que tinha de beber seu leite. Mamãe estava determinada a que ele fizesse isso. Sua determinação resultava de amor. Ela queria o melhor para Phil. Nisso, havia duas coisas boas: era bom para ele beber seu leite e, ainda melhor, obedecer à sua mãe. O som da pequena carroça puxada por cachorro venceu seu desejo de ganhar o conflito, e ele obedeceu, tornando a disciplina física desnecessária naquela ocasião.

"A disciplina física", papai escreveu:

> não aplicada com ira, purificará uma atitude embirrada da parte do filho, como uma tempestade renova o ar em um dia abafado. Dá resultado mais rápido do que uma argumentação; é uma advertência para os outros filhos que estão observando; e até a criança que recebeu o castigo físico compreende, no fundo do coração, que teve o que merecia e fica, portanto, mais quieta, mais tratável e, realmente, mais feliz depois.
>
> Quão insensato e perigoso é descartar a sabedoria dos séculos que Deus nos dá na Bíblia! Salomão disse: "A vara e a disciplina dão sabedoria, mas a criança entregue a si mesma vem a envergonhar a sua mãe [...]. Corrige o teu filho, e te dará descanso, dará delícias à tua alma" (Pv 29.15, 17); "Castiga a teu filho, enquanto há esperança, mas não te excedas a ponto de matá-lo" (Pv 19.18); "Não retires da criança a disciplina, pois, se a fustigares com a vara, não morrerá. Tu a fustigarás com a vara e livrarás a sua alma do inferno" (Pv 23.13-14).
>
> É literalmente verdadeiro que um filho corrigido "te dará descanso". Logo depois da punição, ele parará de inquietar, reclamar e puxar a saia de sua mãe. E, quando a correção é mantida através dos anos, de acordo com as diretrizes bíblicas, ele certamente "dará delícias à tua alma".
>
> New Every Morning [Novas cada manhã], p. 92

Lembro-me de mamãe dizer a um ou dois de nós: "Acho que você está pedindo por disciplina". Isso foi provavelmente dito a Dave mais do que aos outros. Ele tinha uma tendência maliciosa e muitas ideias sobre como "irritar mamãe". Ela o corrigia verbalmente, a tensão se formava, Dave ficava cada vez mais insuportável, "pedindo para ser disciplinado fisicamente", por assim dizer. A correção física restaurava a harmonia.

Tanto papai quanto mamãe eram cuidadosos em garantir que tivessem a nossa atenção quando nos davam instruções. Tanto é inútil quanto injusto dar ordens a um filho quando você não tem a atenção dele. Quem ainda não viu um pai impaciente gritar com um filho que parece estar surdo para a voz dele? Muito provavelmente o filho está acostumado a que o pai grite para ele (nós não éramos) e sabe que muitas demoras são possíveis antes que a força seja usada.

Nossos pais nos chamavam por nome. Quando os ouvíamos chamar nossos nomes, atendíamos.

Nossos pais falavam olhando-nos diretamente nos olhos. O contato direto de olhos prendia a nossa atenção.

As ordens deles eram dadas em um tom de voz normal. Certa mãe me disse que seus filhos prestavam atenção singular quando lhes falava num tom de voz especialmente calmo. O que ela estava falando, eles sabiam, era algo sério.

Se ouvíssemos o nome, víssemos o olhar nos olhos, escutássemos a ordem e, *depois*, não agíssemos, mamãe recorria ao que ela chamava de "aplicação imediata de vara nas perninhas". Era uma vara fina de 45 centímetros, uma das quais ela mantinha sobre a porta de todo cômodo da casa. Sabíamos que a vara era alcançável, mas, visto que sabíamos também que nossos pais queriam dizer exatamente o que disseram pela primeira vez, quando falaram conosco, usualmente, para sermos incentivados a ação, não era necessário mais do que o erguer dos olhos de mamãe para a verga da porta. Os hábitos comuns e bastante grosseiros de repetir ordens e levantar a voz não somente esgotam a paciência de um pai, levando-o a castigar com ira, mas também ensinam ao filho que ele não precisa prestar atenção até que ouça as ordens muitas vezes e as ouça em gritos. Ao redor de todos nós, há exemplos de filhos que não prestam atenção de maneira alguma.

Nossos pais nos diziam, às vezes, que "obediência demorada é desobediência". Isso era uma regra geral, pois usualmente, quando nos pediam que fizéssemos algo, esperavam que o fizéssemos de imediato. Não era uma regra severa e inflexível. Mamãe foi sábia naquela lição anterior com Phil. Não havia urgência em que o leite fosse bebido imediatamente. O desejo do filho era sair da cadeira alta. Se ele se recusava a fazer o que devia fazer, tinha de fazer o que não desejava fazer: ficar onde estava. Quando apareceu algo que ele desejou fazer desesperadamente — ver a pequena carroça puxada por um cachorro — Phil teve de fazer uma escolha terrível: beber o leite ou deixar de ver a carroça.

O apanhar não é um abuso infantil. É uma medida de dor intencional, ministrada com calma, amor e autocontrole em um filho amado, a fim de livrá-lo da vontade própria e, em última instância, de autodestruição. É assim que Deus trata seus filhos. Foi dele que meus pais obtiveram suas diretrizes.

J. C. Ryle diz:

> Aplique punição raramente, mas de maneira real e em boa disposição — punição frequente e leviana é, de fato, um sistema perverso. No que diz respeito à melhor maneira de punir um filho, nenhuma regra geral pode ser estabelecida. Os filhos têm personalidades tão excessivamente diferentes, que uma punição que parece severa para um filho não é punição de maneira alguma para outro. Imploro que seja registrado o meu categórico protesto contra a noção moderna [1888!] de que nenhum filho deve receber castigo físico. Sem dúvida, alguns pais usam correção física excessivamente e muito violenta. Muitos outros, porém, eu receio, usam-na pouco demais.
>
> *The Duties os Parents* [Os deveres dos pais], p. 27

O alvo de nossos pais era quebrar a vontade do filho sem quebrar o seu espírito. A diferença aqui é importante. Minha amiga Karen O´Keefe, que trabalhou com cavalos durante toda a sua vida, me garante que um cavalo que foi quebrado em sua vontade pode ser um cavalo de espírito muito forte. O quebrar é colocá-lo sob o controle do freio e das rédeas, que estão à vontade do seu montador. Se o cavalo era enérgico, vigoroso e cheio de vida antes de ser subjugado, ele continuará a ser. Os cavalos mais altamente treinados no mundo, Karen diz, são os garanhões Lippizaner, de Viena, que são treinados a fazer, *sob ordens,* o que faziam naturalmente no campo. Os resultados desse treinamento rigoroso são lindos de se ver.

O filho cuja vontade é treinada em sujeição é um filho mais livre e mais feliz, uma companhia muito mais agradável do que o filho cuja vontade própria é a sua única lei. Aqueles que se opõem à ideia de "quebrar" podem preferir a escolha de palavras de meu bisavô. Ele falava sobre "treinar a vontade" e não sobre "quebrar a vontade": "Uma vontade quebrada vale, em sua esfera, tanto quanto um arco quebrado; apenas isso e não mais... Todo filho deve ser treinado a conformar a sua vontade às exigências do dever; mas isso é curvar a sua vontade, não quebrá-la" (Henry Clay Trumbull, *Hints on Child Training* [Dicas sobre educar filhos], p. 19).

Quando um menininho se recusa impassivelmente a terminar de beber seu leite, ele traz sobre si mesmo, bem como sobre sua mãe, infelicidade genuína. A batalha de duas vontades não pode trazer liberdade e felicidade para um ou outro. Um tem de vencer; um tem de ceder. Designados por Deus, os pais têm um conjunto de deveres — treinar; os filhos têm outro — obedecer. Ambos têm de curvar e conformar sua vontade às exigências de sua posição. A Palavra de Deus é: "Filhos, obedecei a vossos pais no Senhor, pois isto é justo. Honra a teu pai e a tua mãe [...] E vós, pais, não provoqueis vossos filhos à ira, mas criai-os na disciplina e na admoestação do Senhor" (Ef 6.1-2, 4). O filhinho na cadeira alta aprendeu uma importante verdade espiritual: a liberdade da obediência. Ele desceu rápido e correu para ver a carroça de leite. Estou certa de que, para nós, entender os caminhos de Deus tem sido muito mais fácil do que deve ser para aqueles cuja infância não foi governada por pais cristãos sábios.

ಸಂಬ

"E se Deus não quer que eu tenha aquilo que preciso neste momento?"

"Se Deus não quer que você tenha algo que *você* valoriza, é para lhe dar algo que *ele* valoriza."

"E se eu não quiser o que ele tem para me dar?"

"Se você não está disposto a que Deus faça a sua vontade com você, então, no nome de Deus, seja infeliz, até que sua infelicidade o leve aos braços do Pai."

"Ora, isso é apenas a respeito de uma coisa material. Eu confio *realmente* nele quanto às coisas espirituais."

"*Tudo* é uma coisa do espírito. Se Deus tem uma maneira de lidar com você em sua vida, essa é a única maneira. Toda coisa pequena em que você faria a sua *própria* vontade tem uma missão em benefício da sua redenção. E Deus o tratará como um filhinho voluntarioso até você aceitar a vontade de seu Pai como a sua própria vontade."

George MacDonald, *Sermões Não Pregados*

"Uma missão em benefício de sua redenção." É assim que pais cristãos veem a sua execução dos princípios sobre os quais o seu lar está edificado. O filho tem muitas vontades. Se ele vê a lua como um biscoito, ele quer a lua. O bebê que está aprendendo a engatinhar tem de tocar tudo, pois tudo é interessante para ele. Os brinquedos que ele ganha perdem interesse quando ele é capaz de alcançar o canto da toalha de mesa e os botões do fogão. O outro lado da rua parece mais atraente do que o jardim na frente de sua casa, e a máquina que seu irmão maior construiu com os blocos Lego parece melhor do que o brinquedo de puxar que vovó lhe deu. Por que sugar na mamadeira de suco de maçã se há uma garrafa de amônia que ele pode alcançar embaixo da pia? Ele não sabe o que o destruirá. Seus pais sabem. A recusa deles é a redenção do filho.

Em nossa casa, as primeiras ordens que tinham uma missão em benefício de nossa redenção eram *não* e *venha*. Não tivemos nenhum problema para entender essas duas palavras antes mesmo de chegarmos à idade de poder falá-las. Entender era uma coisa. Exigir seu cumprimento ajudou-nos a obedecer.

Mamãe tirava frequentemente um bebê da cadeira alta, quando ela terminava de comer e o colocava em seu colo à mesa, um lugar muito perigoso de estar, ao alcance de coisas que não lhe era permitido ter. Ele podia brincar com uma colher ou uma argola de prata para guardanapos. Ele não deveria tocar em um copo de água. Quando a argola de guardanapo perdia seu apelo, ele estendia a mão para pegar o copo. Mamãe dizia não e afastava a mãozinha. Se ele tentasse pegá-lo novamente, a palavra era repetida e a mão recebia um tapa. Se uma terceira lição fosse necessária, o tapa seria mais forte ou, talvez, papai viria e falaria severamente.

"Jimmy, *não*. Você não deve pegar isso."

Meus pais sempre mostram unanimidade em questões de disciplina. Sabíamos que não podíamos "jogá-los" um contra o outro.

Essa lição inicial foi ensinada antes de aprendermos a engatinhar. Por isso, muitas agonias foram eliminadas. A lição seguinte no livro de mamãe começava logo que começávamos a engatinhar; era o ensinar-nos a vir quando chamados. Ela era cuidadosa em ganhar a atenção do filho primeiramente por falar o seu nome. Olhava para o filho nos olhos. Mamãe dizia *venha*. Podia haver uma pausa de alguns segundos enquanto o filho avaliava a seriedade dela. Os grandes olhos azuis fitavam os dela. Ele ouviu. Entendeu. Poderia ele ficar sem obedecer? Vale a pena uma tentativa. A maioria dos filhos tenta. Era difícil desafiar mamãe. Ela era quieta. Era firme. Todos nós aprendemos muito rapidamente que ela estava falando realmente sério. Alguns de nós eram mais determinados do que outros a desarmá-la. Eu era um deles. Quando mamãe me batia, eu me recusava frequentemente a chorar. Não era tão esperta quanto Dave, que começava a berrar e chorar fortemente com a primeira varada e, por isso, recebia menos do que eu.

À medida que nossas personalidades se desenvolviam, nossos pais faziam o seu melhor para nos conhecer, entender e ajustar as punições ao indivíduo. Se mamãe estivesse aqui para falar, tenho certeza de que ela diria que não tinha nenhuma teoria, nenhuma psicologia nem entendimento suficiente dos diferentes temperamentos de seus filhos. Quando pessoas lhe perguntavam "os segredos de seu sucesso", ela sorria e dizia que nunca os teve. Ela amava seus filhos, orava e tentava ir pela Bíblia, como o fez Ruth Graham, que mantinha uma Bíblia aberta e uma vara de nogueira no balcão da cozinha.

Hoje há muitos materiais disponíveis para ajudar os pais a avaliar as diferenças entre seus filhos e ajustar o treinamento de acordo com as forças e as fraquezas deles. Há tanta ênfase em psicologia da criança, de fato, que é possível ficar grandemente intimidado e bastante confuso. Alguns casais jovens ficam tão profundamente receosos das complicadas responsabilidades da paternidade, que optam por não terem filhos, de maneira alguma. Creio que confiança em Deus, amor aos filhos e oração por sabedoria são uma receita para a parentalidade bem-sucedida, muito mais confiável do que todos os livros e seminários do mundo.

> Todo filho pode ser treinado no caminho que *ele* deve seguir, mas nem todo filho pode ser treinado a seguir da mesma maneira. Cada filho pode ser treinado para o mais elevado e pleno exercício de *seus* poderes, mas nenhum filho pode ser treinado para o exercício de poderes que não são seus.
>
> Henry Clay Trumbull, *Hints on Child Training*
> [Dicas sobre educar filhos], p.9

Alguns pais são tolerantes demais; alguns, rígidos demais. Muitos erram em ambos os lados. Já falei como papai foi severo demais com meu irmão mais velho e lhe pediu perdão anos mais tarde. A Bíblia diz: "Pais, não irriteis os vossos filhos, para que não fiquem desanimados" (Cl 3.21). Nenhum pai novo é um expert quando recebe seu primogênito. Deus sabe disso. Ele dá filhos a pessoas que são iniciantes no trabalho e têm de começar imediatamente a fazer coisas certas. Eles fazem muitas coisas erradas, mas em sua misericórdia Deus corrige muitos dos erros e ouve as orações dos humildes que lhe pedem perdão e buscam sua ajuda. Deus ouviu as orações de papai por ajuda para ser mais compreensivo, mais gentil e mais compassivo.

Aprendemos a falar a verdade — primeiramente, pelo exemplo de nossos pais. Honestidade não era mera política. Era um padrão claro de justiça, nunca quebrado por nossos pais. Podíamos confiar totalmente na palavra deles. O que eles diziam, eles o faziam. É uma coisa cruel os pais quebrarem promessas para filhos pequenos. Tivemos de cumprir nossas promessas também. Se aceitássemos um convite para uma festa, íamos para a festa, não importando quão emocionante poderia ser uma alternativa proposta depois. Somente a necessidade mais urgente justificava cancelar uma aula de música.

Se tivéssemos sido travessos, mamãe podia geralmente perceber isso em nossa face. Um de meus irmãos tinha o hábito de entrar no quarto e dizer muito docemente: "Olá, mamãe!", o que era o sinal de que suas atividades precisavam ser investigadas. Se ela nos confrontava sobre um malfeito, não ousávamos mentir sobre isso. A punição era ter a nossa boca lavada com sabão. Não me lembro de ter sofrido isso mais do que uma vez. A recordação é vívida — ser pega firmemente pela mão e conduzida até ao barracão de lavanderia, uma grande barra de sabão amarela esfregada numa toalha de rosto, e o lado interior de minha boca esfregado vigorosamente, e mamãe incutindo em mim, o tempo todo, que grande mal era mentir.

Integridade, confiabilidade, firmeza e exatidão eram preceitos sobre os quais eles não falavam, mas demonstravam pela vida que viviam diante de nós. Essas são as virtudes que podemos chamar de "mais difíceis", pois são desenvolvidas por meio de pequenas renúncias e sacrifícios, mas edificam os princípios de autodisciplina sem os quais a vida não vale a pena ser vivida.

Respeito pelos mais velhos era fortemente exigido. Lembro-me de uma disciplina física árdua, recebida nos joelhos de mamãe com uma escova de cabelo, porque falei de maneira desrespeitosa com a idosa Sra. Stevenson, nossa vizinha. A dor da disciplina não foi pior do que ouvir mamãe dizer: "Bety Howard, estou *envergonhada* de você!".

Respeito pela propriedade privada foi outra lição. Quando Tom tinha uns quatro anos de idade, entrou no viveiro de peixes recém-limpo de Richie, nosso vizinho, e deliberadamente agitou tudo. Por isso, ele foi excluído do privilégio, muito raro para qualquer de nós, em determinado verão, de ir ao Lago Virgínia, para nadar.

Certa vez, quando eu estava na terceira ou quarta série, a professora saiu da sala de aula, e toda a classe começou a bater rápido nas carteiras. É claro que ela nos ouviu lá no corredor. Quando retornou, ela perguntou quem estivera batendo. Tive de dizer a verdade. Tão humilhada que não ousava olhar ao redor, levantei a mão. Não sei se foi a única mão levantada, mas nunca esquecerei a vergonha que senti quando ela apontou para mim e disse: "*Você!* De todos as pessoas!". Aquilo foi punição suficiente para mim.

Aprendemos o hábito de ficar sentado e quieto — no carro, à mesa, nos momentos de oração, na igreja. Remexer-se podia resultar em sermos mandados para o nosso quarto e ordenados a sentar numa cadeira por um tempo específico e, algumas vezes, até mandados para a cama. Às vezes, o carro tinha de ser parado quando uma correção física era necessária.

Para alguns leitores, estou certa de que a vigilância de meus pais parecerá opressiva. Não parece assim para mim quando olho para trás. Pode ter havido nervosismo e ansiedade na disciplina, às vezes. Tenho certeza de que houve, por causa do temperamento de papai e de mamãe. Mas a vigilância é necessária e, com a ajuda de Deus, os pais podem evitar o diagnóstico que "eleva à categoria de mau comportamento o espírito esportivo dos filhos e incita os rebeldes à revolta", como Janet Erskine Stuart diz. Eles podem exercer:

> a vigilância que, aberta e segura, dá confiança, nutre a coragem e traz uma pressão constante para estarem em seu melhor. Vigilância sobre os filhos não é um insulto à honra deles; em vez disso, é o direito de sua realeza, porque eles são do sangue real do cristianismo e merecem a guarda de honra que, por causa de sua realeza, não os perde de vista.
>
> *The Education of Catholic Girls*
> [*A educação de moças católicas*], p. 42

23

ENCORAJAMENTO

Em todos nós, há uma forte resistência à obediência forçada. Mesmo em um infante vemos a dura cerviz, a expressão desafiadora. Mas, gentileza, paciência, ternura e encorajamento trazem para fora o melhor de nós.

J. C. Ryle escreve:

> Somos semelhantes a cavalos jovens nas mãos de um domador: trate-os gentilmente, valorize-os e, pouco a pouco, você poderá guiá-los com as rédeas. Use-os com grosseria e violência, e você precisará de muitos meses para conseguir dominá-los, se conseguir. Ora, a mente dos filhos tem, mais ou menos, o mesmo molde da nossa. Intolerância e severidade de conduta desanimam-nos e retardam seu progresso. Fecha o coração deles, e você se fatigará para achar a porta... Você tem de colocar diante de seus filhos o dever deles — ordenar, repreender, punir, argumentar — mas, se não houver afeição em seu tratamento, seu trabalho será em vão.
>
> The Duties of Parents [Os deveres dos pais], p. 4

Uma leitura cuidadosa das cartas do apóstolo Paulo às igrejas novas sob o seu cuidado revelará a afeição de um verdadeiro coração de pai. Ele pôde ser severo, como o foi para com os coríntios, corrigindo-os sobre divisões na igreja, sobre exaltar um homem acima de outro, imaturidade carnal ("Não vos pude falar como a espirituais, e sim como a carnais, como a crianças em Cristo"), vanglória, arrogância, imoralidade sexual, litígio entre crentes ("Por que não sofreis, antes, a injustiça? Por que não sofreis, antes, o dano?"), discussões sobre o que comer e o que não comer, até casos de glutonaria e bebedice na mesa de comunhão. Tem-se a impressão de que a igreja do século I era uma verdadeira bagunça, quase tão ruins quanto algumas de nosso século. Mas ainda era uma igreja com membros santificados. Paulo começa sua primeira carta aos cristãos de Corinto dizendo: "À igreja de Deus que está em Corinto, aos santificados em Cristo Jesus, chamados para ser santos, com todos os que em todo lugar invocam o nome de nosso Senhor Jesus Cristo, Senhor deles e nosso" (1Co 1.2). A horrível condição da igreja não a transformou em não igreja. Paulo estava decidido a fazer tudo que pudesse, pelo poder de Deus, para ajudá-los a cumprir seu chamado.

Chamados para ser santos. Se pais de família pudessem manter sempre diante de seus olhos este único e elevado propósito em direção ao qual buscam guiar seus filhos, que diferença isso poderia fazer nos lares de nossa nação! E como os guiarão, se não forem eles mesmos santos? Isto tem de ser a oração constante deles: *a favor deles eu me santifico a mim mesmo*. A maior necessidade de famílias são pais santos.

E como pais *abençoarão* seus filhos? Entre os muitos significados desta palavra *abençoar*, estão "desejar a felicidade de" e "tornar feliz, contente e alegre". Como devemos fazer isso? Inundar os filhos de coisas materiais é frequentemente a primeira coisa em que pais e avós modernos pensam para torná-los felizes. Quando eu penso no que me tornava mais feliz como criança, não eram os presentes concretos que eu recebia, embora significassem mais para mim do que talvez possam significar para os filhos de nossos dias, porque eles têm tantos. Penso no prazer que meus pais e avós mostravam em mim. Eles nunca nos encheram de elogios (acho que não teríamos sido prejudicados se nos tivessem dado de um pouco mais!), porém valorizávamos qualquer palavra de encorajamento. Trazer para casa um boletim escolar cheio de A era uma grande felicidade para mim, ainda que isso fosse mais ou menos esperado, e os filhos geralmente vivem à altura das expectativas. Quando fazíamos isso, sabíamos que nossos pais ficavam satisfeitos. Mamãe sorria, embora não fosse dada a falar de maneira eloquente. Papai sempre dizia: "Isso é ótimo!". Essas palavras eram prêmio suficiente para mim. Nosso desempenho não era o resultado de estimulação incessante, ou da expectativa de grandes recompensas, mas daquela "pressão constante para estarmos em nosso melhor", para fazer o que era *certo*. Compreendendo quão inacreditável isso talvez pareça aos leitores, cheguei minha recordação com meus irmãos. Eles concordaram que tudo foi assim mesmo. *Por que* foi assim? Exemplo é, sem dúvida, a melhor resposta. Era a maneira como nossos pais viviam. A consistência do que víamos, a confiabilidade da palavra deles e a clareza de suas exigências corroboraram o exemplo.

O apóstolo abençoa seus filhos espirituais com graça e paz da parte de Deus Pai e do Senhor Jesus Cristo. E prossegue agradecendo a Deus por eles e narrando as maneiras pelas quais a graça de Deus está se manifestando crescentemente neles. Eles têm todas as bênçãos espirituais de que necessitam, Paulo diz, e recorda-lhes que Cristo os manterá fortes até ao fim, porque Ele é fiel. Essa esperança do apóstolo deve lhes ter dado grande motivação para corrigirem seus caminhos.

É importante escolher o tempo certo, o lugar certo e o tom certo quando a correção é necessária. Suponha que filhos se comportem mal quando estão fora de casa. Esse é o lugar e o tempo certos para a correção? Filhos procuram os pontos fracos nas linhas de batalha. Se descobrirem que podem ficar sem punição no supermercado, no carro ou na casa da vovó, eles aproveitarão, certamente, as oportunidades. Ainda que, às vezes, seja necessário punir um filho diante de seus irmãos, por causa de conveniência e para evitar que os irmãos aprendam pelo exemplo, acho que não é justo nem sábio embaraçá-lo na presença de pessoas que não fazem parte de sua família imediata. Porque sabíamos que nossos pais não tolerariam em outros lugares comportamento que não toleravam em casa, frequentemente não os colocávamos à prova. E, quando ousávamos fazer isso, um olhar severo e uma repreensão branda eram, em geral, tudo de que precisávamos para a nossa submissão.

O tom de voz correto é supremamente importante. Conheci uma mãe jovem que gritava habitualmente com seus filhos, mesmo se tudo estivesse bem e ela quisesse apenas pedir a um deles que fechasse a porta. Parecia que ela não tinha qualquer outra forma de dirigir-se a eles, senão com um grito. Não surpreendentemente, todos os filhos também gritavam. O lugar era um pandemônio o tempo todo. Na única ocasião em que tentei dar prosseguimento a uma conversa com ela, ela gritou com os filhos para ficarem quietos. Quando não houve a menor redução de barulho, ela sorriu e disse para mim: "Veja isso! Eles nem sequer me OUVEM!". Pobres filhos! Como poderiam?

O tom de linguagem de Paulo em sua primeira carta aos cristãos de Tessalônica é um tom de grande apreciação, simpatia e compaixão. Paulo começa com graça e paz para eles e ação de graças a Deus por eles. Chama-os "irmãos amados de Deus". E os elogia por terem recebido a mensagem do Espírito Santo apesar de sofrimento severo e lhes diz que eram um modelo para outros crentes. O motivo de Paulo não era popularidade.

> Também jamais andamos buscando glória de homens, nem de vós, nem de outros. Embora pudéssemos, como enviados de Cristo, exigir de vós a nossa manutenção, todavia, nos tornamos carinhosos entre vós, qual ama que acaricia os próprios filhos [...]. E sabeis, ainda, de que maneira, como pai a seus filhos, a cada um de vós, exortamos, consolamos e admoestamos, para viverdes por modo digno de Deus, que vos chama para o seu reino e glória.
>
> 1 Tessalonicenses 2.6-7, 11-12

Qual é o filho que não se emociona em mostrar para seu pai algo que fez para agradar-lhe? Uma das coisas que mamãe me deu para fazer, quando estive doente e na cama, foi álbuns de recortes. Eu cortava partes da antiga revista *Saturday Evening Posts* (e amava especialmente os anúncios da Sopa Campbell para Crianças) e colava fotos, e mal podia esperar para mostrar aquilo a papai quando ele voltasse para casa. Se eu aprendesse uma nova partitura de piano, queria tocá-la para papai. Quando escrevi um livro muitos anos depois, esperei mais ansiosamente pela apreciação dele do que pela de qualquer outra pessoa. "Minha querida, Betsy, este livro é uma *realização*!", ele disse sobre um de meus livros. Não era estilo dele ser efusivo — jamais foi. Mas sabíamos quando ele ficava satisfeito e valorizávamos sua menor palavra de encorajamento. Ele era interessado. Era atento. Recentemente, ouvi falar de um pai que, quando sua filhinha se aconchegava ao seu lado no sofá, se levantava, saía e se sentava numa cadeira. Ao ouvir essa história, penso na profecia de Malaquias — Elias "converterá o coração dos pais aos filhos e o coração dos filhos a seus pais, para que eu não venha e fira a terra com maldição" (Ml 4.6).

O coração de papai era voltado para seus filhos. Ele era não somente um encorajador, mas também um consolador. Às vezes, eu tinha pesadelos e gritava, por medo. A luz do corredor era acessa. A porta de meu quarto se abria, e eu podia ver a enorme silhueta de papai agasalhado em seu velho roupão. "O que é, Betsy?" Ele se sentava na cama e segurava a minha mão. Cantava hinos — "Salvo por Jesus Cristo", "Em Jesus Amigo Temos" — e, frequentemente, me dava um versículo da Escritura para ser um "travesseirinho" sobre o qual eu continuaria a dormir, como "Ele cuida de ti" ou "Eis que estou convosco todos os dias". A presença de papai trazia a presença de Deus para o meu lado.

Além de encorajar e consolar, papai nos incentivava em toda maneira que podia a vivermos vidas dignas de Deus. Para meu irmão Jim, que estava vivenciando um teste difícil num assunto do coração, papai escreveu:

> Fico tão feliz pela maneira como você e _____ têm lidado com a questão, colocando o Senhor em primeiro lugar e confiando nele...

> Fico sempre agradecido quando ouço que um de meus filhos enfrenta a provação na força do Senhor e com a "consolação das Escrituras" (Rm 15.4). Se você ficar saturado com a Bíblia, sempre será capaz de achar consolo e força em toda situação. Eu a tenho lido sistematicamente por 44 anos e estou descobrindo hoje que o Senhor traz continuamente à minha mente as coisas da Bíblia que eu preciso para enfrentar as tentações e os problemas da vida. Neste ano, estou em minha vigésima oitava viagem pela Bíblia [ele tinha 63 anos], fazendo notas quando me sinto guiado... Oro por vocês geralmente quatro vezes ao dia.

Ele era distintamente ciente do exemplo que tinha de ser não somente para nós, mas também para aqueles que olhavam para ele como uma autoridade, porque era o editor-chefe de uma revista cristã que tinha muitos leitores. Sua exposição na revista lhe trazia muitas críticas, que ele procurava receber graciosamente. "Sempre procure achar o grão de verdade em cada crítica" era a sua regra. Papai tentava aprender o que Deus poderia estar querendo lhe ensinar, lembrando o conselho em Provérbios: "Filho meu, não rejeites a disciplina do Senhor, nem te enfades da sua repreensão" (3.11). Uma repreensão da parte de um leitor que provocava, naturalmente, ressentimento poderia ser uma repreensão da parte de Deus mesmo, que causa a dor quando necessário por causa do bem maior. Conversas à mesa de jantar sobre algumas dessas críticas o levaram a explicar que, se aprendêssemos em casa a aceitar as correções de nossos pais, que nos amavam, não teríamos tanta dificuldade em aceitar críticas de outras pessoas.

Deus conhece os sentimentos de desânimo, inadequação e fracasso que pais cuidadosos sentem. Mas foi *sua* ideia torná-los pais e dar-lhes aquele grupo de filhos. Deus sabia que os pais não fariam um trabalho perfeito. Ele é Pai para os pais e promete todo tipo de ajuda da qual eles precisam. Deus está ao lado deles em cada situação, pronto para dar sabedoria e graça para ajudá-los em tempo de necessidade, se apenas se voltarem para ele e pedirem. Deus lhes ensina (ver 1 Co 13) como amar os filhos.

O amor é paciente. O amor é bondoso. Não fica irado facilmente. Não guarda registros de erros. Sempre protege, sempre confia, sempre espera, sempre preserva. O amor nunca desiste.

É um amor sobrenatural. Está além de nossa capacidade amar dessa maneira, mas não está além da capacidade de Deus. A oração de Amy Carmichael se originou de sua experiência de servir como mãe para centenas de crianças indianas:

> Dá-me o amor que guia o caminho,
> A fé que nada pode desanimar,
> A esperança que decepções não fatigam,
> A paixão que arderá como fogo.
> Não me deixes cair para ser um tolo —
> Faze-me teu combustível, Chama de Deus.
> *Toward Jerusalem* [Em direção a Jerusalém], p. 94

FRANCONIA

O que um filho vivencia e as coisas que ele ama são o que formam o seu caráter e os seus gostos. Sou incapaz de superestimar a importância, para a nossa família, do bangalô Gale, em Franconia, New Hampshire. *Bangalô* não é uma palavra que alguém escolheria hoje, mas no século XIX qualquer casa onde as pessoas passavam o verão era um bangalô. Ao longo de todo o litoral da Nova Inglaterra, há casas enormes que foram construídas naquele tempo, todas com áreas de empregados e muitos quartos, mas, apesar disso, chamadas bangalôs. Nosso bangalô não era enorme, e seu estilo não era nada como os de Cape Cod. Era o que hoje chamaríamos um alojamento, construído totalmente de madeira, dentro e fora, sem revestimento em qualquer lugar. Não havia porão. A casa repousava sobre (não era presa em) rochas de granito. Havia dois cômodos grandes no térreo, que chamávamos a sala de estar e a "recepção"; dois cômodos grandes e dois pequenos no andar superior, e dois quartos de empregados no sótão.

Mamãe fala sobre a sua primeira visita ao bangalô no final do verão de 1921. Seu noivo, Phil Howard, viera de Camp Allagash, no lago Moosehead, no Maine, onde fora um conselheiro, para o bangalô da família Gillingham, no lago Cochnewagan, em Monmouth, no Maine, trazendo um presente incomum para sua amada — um lindo remo de canoa feito por um dos guias do acampamento e com a inscrição PH em um lado e KG no outro.

Mamãe retoma a história:

Tivemos algumas viagens maravilhosas de canoa no lago, e, quando chegou o tempo de partir, papai havia concordado em voltar de carro para Germantown, passando por Franconia. Do jardim, pegamos uma bolsa enorme de espigas de milho verde para os Howard, que foi muito apreciado no jantar daquela noite no bangalô Gale, tendo sido a mesa grande levada da varanda para a sala de estar e colocada em frente ao fogo, o que pensei ter sido uma boa ideia, embora um tanto original.

Quando papai decidiu ir para casa, não houve como fazê-lo mudar de ideia. Por isso, saímos bem cedo na manhã seguinte. Não foi uma despedida triste para Phil e eu, porque poderíamos esperar por muitas visitas felizes em todo o ano seguinte e pela lua de mel no bangalô em junho seguinte.

Em outra parte do livro, falei sobre o famoso PRESUNTO que comemos em todas as suas formas em nossa lua de mel, mas acho que não falei *como* foi cozinhado. Não havia cozinha naqueles dias. Uma pequena despensa de madeira continha um fogão de duas bocas a querosene. Não era o arranjo mais ideal, porém aqueles que estão em lua de mel não são muito exigentes nessas coisas, e tivemos duas semanas gloriosas no lugar que cheguei a amar até mais do que amava Monmouth.

E quanto aos verões que passamos lá posteriormente com nossos filhos? Betty falou [em *Tudo que Sempre Foi Nosso*] do que o bangalô significava para uma criança pequena e, depois, para uma pessoa madura. Talvez eu não consiga expressá-lo tão bem quanto ela. No entanto, eu posso fazer alguns poucos comentários do ponto de vista da mãe.

"Eu vou ficar no bom e velho bangalô" se tornou uma citação familiar porque usei essa frase muito frequentemente no decorrer dos anos. Planos eram feitos para subirmos a pé até ao lago Lonesome ou irmos até à trilha Falling Waters, em Lafayette; ou, talvez, os pescadores da família pensavam que poderiam achar "pastos mais verdes" para pescar (como misturar essas metáforas?) seguindo numa viagem de 120 quilômetros para o nordeste, até ao lago Umbagog, a fonte do lindo e cheio de trutas (eles esperavam!) rio Androscoggin! Algumas vezes consegui ir com eles, mas, nos primeiros anos, havia frequentemente um nenê que logo se cansava de tal viagem; por isso, eu me alegrava e me contentava em "ficar no bom e velho bangalô"; e dizia isso com bastante firmeza. Eu poderia acrescentar que em várias ocasiões os pescadores conseguiam subir de carro pela estrada depois de escurecer, e Papai fazia um círculo com seu dedão e seu dedo indicador para sinalizar o sucesso deles em seus esforços. Então, eu sugeria que fizessem algumas tentativas no rio Gale ou no laguinho Brook e, quase sempre, eles retornavam encabulados com várias trutas pequenas, mas excelentes!

Nos primeiros dias, quando Phil, Betty e Dave eram bem pequenos, instalações para lavar roupas eram um problema. Uma cozinha fora construída, mas naquele tempo só havia uma maneira de lavar roupas e fraldas. Ainda não se ouvia falar de lavanderias. Três grandes baldes azuis esmaltados serviam como tanques; duas grandes chaleiras aqueciam a água no fogão a querosene. Quanto à limpeza do lugar espaçoso — eu costumava dizer que, se tia Annie Slosson tivesse de limpá-lo, o lugar teria sido construído de maneira bem diferente — mas não somos contentes pelo fato de que ela não teve de limpá-lo? Não há lugar que se compare com ele na mente da maioria de nós, tenho certeza.

O que aquelas montanhas significaram na vida de cada um de nós não pode ser imaginado! Elas preparam Phil para muitas viagens à floresta que ele fez com seus índios. Betty não teve nenhuma dificuldade em andarilhar pela terra dos Auca, em solo áspero, e navegar através de rios. Dave subiu ao topo das montanhas da Colômbia mais do que uma vez. Ginny achou fácil passar por trilhas rudes para ver suas amigas missionárias no coração de Palawan [Filipinas]. Tom quebrou recordes subindo e descendo o monte Washington numa questão de horas; e Jim caminha com raquetes de neve sem qualquer esforço pelo interior do Norte de Minnesota.

Todos eles aprenderam, pelo menos, a "nadar como cães" no remanso perto da rocha grande no rio Gale; um bom começo para se tornarem os nadadores que todos são agora.

Para ter paciência e precisão, não há nada melhor do que aprender a pescar com isca artificial nas águas geladas dos riachos de montanhas, e essas lições foram ensinadas a Dave e Jim por seu habilidoso pai. Descer furtivamente até ao riacho Black, passando pelos densos amieiros, com varas pequenas e uma linha curta, resultava geralmente em um ótimo cesto cheio de belas trutas escuras nativas de riachos.

À noitinha, quando a névoa se formava lentamente nos campos, e o canto persistente das papa-amoras competia com os tons semelhantes a sinos do sabiazinho-norte-americano e com o tordo-eremita, e a luz púrpura desvanecia dos lados de Lafayette, havia no coração um anseio de *manter* as coisas dessa maneira sempre! Mas essa alegria não podia ficar conosco, pois havia outra alegria acrescentada quando voltávamos para a grande sala de estar do bangalô, e um fogo enorme era acesso na agradável lareira. Essas recordações não podem ser tiradas de nós, e como Amy Carmichael disse: "Tudo que sempre foi nosso é nosso para sempre!".

Em 1975, quando o bangalô se tornou um fardo grande demais para ser levado por tia Anne Howard, que era sua proprietária na época, ele foi colocado à venda. Todos ficamos tristes. Era quase insuportável o fato de que o cenário de tempos gloriosamente felizes em família passaria às mãos de pessoas que talvez nunca o amariam como o amamos. Nós o amávamos realmente — cada bloco e telha de madeira da própria casa, cada recinto, cada móvel, os jarros antigos, bacias, tigelas e relógio; as montanhas que se esparramam para o sul, os bosques de pinheiro, para o oeste; cada pedra brilhante do riacho gelado. O bangalô passaria às mãos de estranhos. Mas

Isak Dinesen afirmou que podemos suportar qualquer coisa se pudermos colocá-la em forma de história. Por isso, escrevi sobre o bangalô em *All That Was Ever Ours* [Tudo que sempre foi nosso]:

> Era para mim como o próprio vestíbulo do céu. Saíamos de Filadélfia no trem da noite, o "Bar Harbor Express", e lembro o delírio de alegria com que me acomodava na cabine, com minhas roupas acomodadas seguramente na pequena rede. E dormia para ser acordada em New Haven, pela troca dos vagões, quando o trem era dividido em seções diferentes. Eu levantava a persiana para ver o operador de travagem passar com sua lanterna, ver as carretas de bagagem que passavam e tentar ler, com luz fraca, os nomes emocionantemente irrealistas nos vagões de frete, nos pátios — "Seabord Airline", "Lackawanna", "Chicago and Northwestern", "Route of the Phoebe Snow", "Atchinson, Topeka, and Santa Fe". Lembro o solavanco do desengate e o rangido satisfatório do engate, o barulhento sibilar de fumaça e, depois, o suave sair da estação, e o motor gigante ganhar velocidade até que o *chique, chique* atingisse o ritmo que me colocava de novo a dormir.
>
> De manhã, eu acordava para ver o vale do rio Connecticut, e não muito depois chegávamos a Littleton; éramos recebidos pelo Buick de vovô e seguíamos de carro os 12 quilômetros até ao bangalô. Fiquei emocionada com a alegria daquele primeiro vislumbre das duas chaminés de tijolo, visíveis ao atravessarmos a ponte sobre o rio Gale e, depois, quando chegamos à entrada, eu pude ver a casa amada, a mesa de café colocada ao sol na parte da frente da varanda. (A varanda acompanhava toda a casa, que era retangular, construída em estilo paliçada, com blocos de abeto de quinze centímetros nas paredes na parte inferior, e telhas, em cima.)
>
> O som de passos apressados vindos da cozinha por sobre as velhas tábuas. O rangido das dobradiças nas portas pesadas que tinham uma chave de 20 centímetros de comprimento. (Dizia-se que o tio Will

tinha a grande fechadura e a chave de ferro antes de construir a casa e que teve de construir uma porta que se ajustava à medida delas.) Uma caminhada ao redor da varanda para ver se o carrinho com que brincávamos ainda estava em seu lugar, para ver o pequeno cômodo separado que era a cozinha na parte de trás da varanda, uma pausa para contemplar as montanhas — Lafayette, Artists' Bluff, Bald, Cannon, Kinsman — azuis contra o céu, sempre confiavelmente as mesmas, fortes, confortadoras ("Assim o Senhor está em redor daqueles que o temem"), esperando que as subíssemos uma vez mais. Na sala de estar, a lareira enorme com seus cães de lareira de três pés; o relógio verde de porcelana na cornija; os rifles em seus nichos; as varas de pescar penduradas em ganchos de madeiras suspensos do teto; os longos chifres do Texas, as galhadas de alce, a cabeça do cervo; o retrato do tio Will nas paredes; as cadeiras de balanço em que vovô e vovó Howard sempre se sentavam perto da pesada mesa de escrever que tio Will fizera com as próprias mãos; os lampiões a querosene; o pequeno harmônio que era usado para acompanhamento em nosso cantar de hinos nos sábados à noite (os "nativos" vinham para esses encontros, incluindo uma pequena e velha senhora que afirmava que não conseguia cantar muito bem); o sofá acolchoado, que tinha uma tampa que, levantada, revelava um urso peludo mecânico, um guarda-sol preto de renda, uma caixa de música e um pé de criança mumificado, trazido de alguma tumba antiga do Egito por tio Will, quando viajou pelo mundo implorando por coisas para colocar no então novo Museu Metropolitano em Nova York.

No salão de trás, estavam livros encadernados em couro que se deterioravam, um conjunto de sinos, um projetor de slides com fotos mágicas de cavernas geladas e cachoeiras congeladas, formidáveis na perfeição e profundeza de cada cristal brilhante, os estojos de vidro de mariposas e borboletas que tia Annie havia atraído por estender um lençol sob a luz de uma lanterna na varanda, à noite. E no piso superior havia livros e mais livros, pássaros empalhados brilhantemente coloridos de terras estrangeiras, a prensa de flores da tia Annie, um frasco de essência de rosas de um sepulcro esquecido e pinturas de tamanho real de improvavelmente grandes trutas de riacho que tio Will havia pescado, pintadas e coladas nos painéis da porta. Havia o pequeno cômodo com o móvel de madeira de bordo sarapintada, onde eu dormia, aconchegada sob um cobertor de pele e ouvindo o vento nos pinheiros brancos, o som do rio fluindo sobre as pedras; e havia um poema pregado na parede: "Dorme agradavelmente neste quarto tranquilo, ó tu, quem quer que sejas...".

E, oh! o cheiro do lugar! Ano após ano, era o mesmo. Ano após ano, invadíamos e respirávamos aquela doçura — madeira velha, livros velhos, couro velho, o perfume de pinheiros e bálsamos e de fumaça de madeira. Não há explicação para esse aroma, mas ainda está lá, sempre o mesmo, intoxicando-nos, ainda evocativo de todos os anos de felicidade, e agora outras pessoas o respirarão, pessoas que não conhecem o seu significado, de maneira alguma.

Bem, houve um alívio. O bangalô foi alugado por muitas pessoas durante alguns anos. E, depois, foi vendido não para estranhos, mas para membros da quarta geração que seguiu tio Will e tia Annie.

෫෬

Sermos removidos anualmente do macadame quente da rua Washington e da poluição de monóxido de carbono para o frescor agradável das Montanhas Brancas foi um presente de Deus para nossa família. Tio Will e tia Annie, que não tinham filhos, nem podiam ter sonhado que, ao construírem aquela casa singular em 1889, seriam instrumentos nas mãos de Deus para a bênção de uma grande família, por muitos anos.

Parece-me de suprema importância os pais tentarem arranjar, e eu quase diria a qualquer custo, algum tipo de lugar de escape para sua família. Retirar-se fisicamente do cenário de vida e rotina costumeiras é refrigério que não pode ser achado de qualquer outra maneira. A vida de nossa família nunca foi governada pelo rádio; por isso, não precisávamos de uma folga disso. As famílias contemporâneas talvez precisem, mais urgentemente do que possam imaginar, distanciar-se do telefone e da televisão, pelo menos por um tempo específico. Quietude, espaço aberto e tempo são essenciais para recreação.

A própria natureza forneceu a maioria dos entretenimentos que amávamos em Franconia. Noites perto da lareira, ler (*livros*, não jornais ou revistas, não no bangalô Gale), ou jogar "Go Bang", ou brincar de charadas forneceram o restante. Não havia formas de entretenimento que custassem dinheiro ou nos privassem de prazeres simples. Frequentemente, eu caminhava sozinha até ao campo para sentar-me à luz do sol, com meus pensamentos, escondida da vista de outros pela grama alta, quente e cheirosa; ou descia a vereda nos bosques até ao Encontro das Águas, como tia Annie o denominara a junção do lago Brook com o rio Gale.

Havia um sótão onde achamos um pequeno baú de diligência, de couro, com uma tampa curvada. Tia Anne (sobrinha de tia Annie) ou alguém havia colado um aviso no topo do baú, que dizia: "Ora, aqui eles estão, bem aqui neste pequeno baú!". E lá estavam eles — os brinquedos.

O bangalô Gale nos proporcionou a oportunidade de estudar arte — um tipo de arte. Havia antigos entalhes de madeira que retratavam Adão e Eva diante de Satanás, anjos e querubins, garanhões e mulheres obesas em posições impossíveis. Eles haviam sido relegados aos recessos escuros dos beirais, talvez por mamãe, porque, pendurados acima de nossa cama, causaram pesadelos a alguns de nós — assim ela dizia. Suspeitei que mamãe fizera isso porque a maioria deles retratava um ou mais seres, celestiais ou terrestres que, na opinião dela, não estavam vestidos adequadamente. Esses entalhes, meus irmãos e eu rastejávamos até à escuridão empoeirada para estudá-los de acordo com a nossa conveniência.

Tive tempo para estudar zoologia — pequenas criaturas que eu não teria chegado a conhecer sem muito tempo. Os ratinhos-do-campo marrons, com delicados pés cor de rosa, que corriam para cima e para baixo nos fios elétricos e espalhavam sementes entre os porta-retratos e os colchões no sótão, eram meus amigos. Eu me deitava de bruços, segurando a minha respiração, sem piscar, esperando que aparecessem em seus buracos nas tábuas do assoalho. Outro amigo era um pequeno esquilo que tinha um buraco perto da varanda de trás. Nós colocávamos bolachas para ele no degrau e o observávamos a distância, enquanto ele os rasgava para pegá-los e corria de volta para o buraco. Mas isso não era suficientemente bom para mim. Eu queria olhá-lo nos olhos. Esperei até estar segura de que ele estava no buraco, esparramei pedaços de bolacha e amendoins ao redor do buraco e me deitei com meu nariz a 60 centímetros de distância. Depois do que pareceu ser uma eternidade, surgiu o pequenino focinho, mas sumiu como um raio. De novo, de novo, de novo. Não me mexi em momento algum, não fiz nenhum som. Por fim, seu anseio por aqueles amendoins foi mais forte do que seu medo. Os olhos em formato de contas fitaram os meus. Um dia, fui bem-sucedida em seduzi-lo a comer de minha mão.

Estudamos botânica. Tia Anne me ensinou os nomes das flores que cresciam perto do bangalô, e juntas nós as prensamos em um caderno marrom baratinho — tormentilha, houstonia, flor gêmea dos pinhais, orquídea silvestre e orquídea terrestre do solo baixo e relvado no nível do rio, pincel-do-diabo, linária, arnica e cenoura-brava dos campos ensolarados. Anos depois, aprendi sobre as samambaias e os musgos e mostrei para as outras crianças pequenas as maravilhas do "musgo de boné peludo", como podemos retirar o seu boné peludo, levantar a tampa do pequeníssimo "saleiro" e derramar seu pó verde-pálido na palma de sua mão.

Tom descreve as lições de botânica que papai nos deu enquanto subíamos uma montanha:

Na primeira meia hora ou mais, quando ainda estávamos caminhando por debaixo das árvores de madeira de lei, ele mostrou os cornisos rastejantes, a clintonia borealis (parece não haver nome em inglês para essa planta que têm uma única haste longa e um fruto azul escuro brilhante) e o bordo espinhoso. Ele nos disse que as folhas enormes do bordo espinhoso sempre serviriam como um substituto útil se você se esquecesse de trazer lenços de papel em sua mochila.

Mais para cima, você começa a ver chá de Labrador e ameixa-da-neve rastejante perto da trilha, e as madeiras de lei davam lugar gradualmente a árvores de abeto. Alguns abetos retos e altos apareciam entre as bétulas e os bordos. Depois, as madeiras de lei desapareciam e, em cada lado da vereda, havia denso crescimento de abetos arbustivos e contorcidos, com suas raízes imemoriais agarrando-se às rochas cobertas de musgo, semelhantes a dedos velhos e resilientes que se firmavam contra os ventos e as nevascas desde o começo do mundo. Papai pegava o seu canivete e cortava pequenas porções de resina de abeto que haviam gotejado pela casca coberta de líquen e nos dava para que mastigássemos. Sentíamos que isso era uma confecção muito mais limpa e mais saudável do que Wrigley's ou Dentyne. Era certamente mais adstringente e menos açucarado.

À medida que a trilha subia, as árvores se tornavam mais e mais atarracadas, até que repentinamente você se achava na linha das árvores. Frequentemente, um simples passo levaria você da área de abetos arbustivos para o imenso planalto acima da linha das árvores, com todo o mundo se espalhando para longe de você.

...A canção dos pardais-de-garganta-branca vinha como um eco cristalino da floresta de abetos embaixo... Papai assobiava o chamado deles de volta e de ida e parava por alguns minutos apenas para inspirar o ar e contemplar, com suas mãos nos quadris. Na maioria das viagens, observávamos, pelo menos uma vez, que a cena ali era muito diferente da Thirteenth com a Wood, a esquina encardida na Filadélfia onde ficava o escritório dele (*Heroes*, p. 309).

E assim nós, filhos, fomos moldados. Diz-se que somos transformados no que amamos. Agradecemos a Deus por nos ter dado suas montanhas, florestas, riachos para amar. E tio Will não tinha nenhuma ideia de que estava construindo aquele belíssimo lugar para nós.

TRABALHO E BRINCADEIRA

"Exaltei eu a alegria", diz o Pregador em Eclesiastes, "porquanto para o homem nenhuma coisa há melhor debaixo do sol do que comer, beber e alegrar-se; pois isso o acompanhará no seu trabalho nos dias da vida que Deus lhe dá debaixo do sol" (Ec 8.15).

Trabalho deve sempre ser associado com alegria. Estar de férias não nos eximia de trabalho. Onde quer que estivéssemos, havia um equilíbrio entre trabalho e brincadeira. Mamãe e papai nunca nos isentaram de trabalho — por que deveriam? Todos nós éramos membros da família. Cada um, exceto o bebê, era um membro *trabalhador* da família. A preocupação de alguns pais de que, por exigirem trabalho, estariam privando seus filhos de sua infância nunca passou pela mente de meus pais. Teriam achado engraçado, eu suponho, se alguém lhes houvesse sugerido tal ideia. Todos não sabem que brincar é mais prazeroso se for intercalado com trabalho? E como aprenderemos a trabalhar se não começarmos na infância? Papai acreditava que, quando Deus ordenou trabalho árduo para o homem depois do pecado, Deus sabia que os pensamentos e imaginações divagantes do homem precisariam ser mantidos sob controle e que suas mãos maliciosas precisariam ser mantidas ocupadas. Se não houvesse nenhuma necessidade de ganhar dinheiro, cada homem seria uma lei para si mesmo, e logo teríamos caos em lugar da grande quantidade de ordem que temos.

A parte de mamãe no trabalho de casa, sempre a parte de leão, era muito mais difícil em Franconia do que no lar, mas não fiquei ciente disso até que tentei fazer o trabalho que ela fazia lá. As frigideiras eram muito estreitas, e a caçarola era curvada e não se firmava adequadamente no queimador. O fogão a querosene era muito pequeno e costumava soltar fumaça. O único forno era de latão e pesado, que tinha de ser colocado sobre os queimadores, tornando-os indisponíveis para qualquer outro uso. Não havia armários na cozinha, apenas prateleiras abertas. A pia tinha apenas uma torneira, o escorredor era feito de madeira, e espaço de balcão quase não existia. Havia uma caixa de gelo, não uma geladeira, e tinha de ficar na varanda porque não cabia na cozinha. Ela tinha uma bandeja de gotejamento embaixo que precisava ser esvaziada. O lixo ia para um balde suspenso num gancho para frustrar os guaxinins roubadores. Para nós, isso era só diversão. Para mamãe, era trabalho. Mas ela o fazia alegremente.

Conta-se a história de três mulheres que lavavam roupas. Um transeunte perguntou a cada uma o que ela estava fazendo:

"Lavando roupas", foi a primeira resposta.

"Um pouco de trabalho enfadonho de casa", foi a segunda.

"Estou sendo mãe de três filhos novos que algum dia ocuparão esferas úteis e importantes na vida; e o dia de lavagem é uma parte de minha importante tarefa de cuidar dessas três almas que viverão para sempre", foi a terceira.

Lembro-me da história de Amy Carmichael sobre um doador para a sua obra em Dohnavur, no sul da Índia. Ele escreveu que desejava que seu dinheiro fosse para "obra espiritual". Em sua experiência na Índia, ela disse que pensava que almas eram "mais ou menos firmemente ligadas ao corpo". Corpos exigem casas e, portanto, limpeza; comida e, portanto, cozinhar; roupas e, portanto, lavar roupas. Amy, que passara anos em evangelização itinerante, dispôs-se a abandonar isso em favor da "obra de ser mãe" e se tornou *Amma* (palavra tâmil que significa "mãe") para centenas de crianças indianas. "Eu me pergunto quantos milhares de pequeninas unhas das mãos e dos pés eu cortei!", ela disse.

Obra comum, o que a maioria de nós fazemos na maior parte do tempo, é ordenada por Deus tanto quanto a obra extraordinária. *Toda* obra feita para Deus é obra *espiritual* e, por isso, não meramente um dever, e sim um privilégio santo. Quando Moisés congregou o povo de Israel para lhes transmitir os mandamentos do Senhor a respeito do tabernáculo, ele disse:

> Tomai, do que tendes, uma oferta para o Senhor [...] ouro, prata, bronze, estofo azul, púrpura, carmesim, linho fino, pelos de cabra, peles de carneiro tintas de vermelho, peles finas, madeira de acácia, azeite para a iluminação, especiarias para o óleo da unção e para o incenso aromático [...]. Venham todos os homens hábeis entre vós e façam tudo o que o Senhor ordenou [...].
>
> Vieram homens e mulheres[...]. Os filhos de Israel trouxeram oferta voluntária ao Senhor [...] para toda a obra que o Senhor tinha ordenado se fizesse por intermédio de Moisés.
>
> Êxodo 35.5-10, 22, 29

Quando Salomão construiu seu templo, havia madeireiros, carpinteiros e pedreiros, ourives, prateiros e trabalhadores em bronze. Havia também aquele notável homem chamado Hirão-Abi, que podia fazer qualquer coisa — um homem experiente, que "sabe lavrar em ouro, em prata, em bronze, em ferro, em pedras e em madeira, em obras de púrpura, de pano azul, e de linho fino e em obras de carmesim; e é hábil para toda obra de entalhe e para elaborar qualquer plano que se lhe proponha" (2Cr 2.14). Salomão tinha setenta mil carregadores e oitenta mil talhadores de pedra, entre outros trabalhadores. Todos tinham uma parte no estupendo labor de edificar a casa do Senhor.

Que diferença poderia ter sido causada na maneira como fizemos nosso trabalho, se tivéssemos entendido claramente que a nossa casa era também a casa do Senhor. Embora o hábito de trabalhar tenha sido tão fortemente estabelecido, que dificilmente parávamos para pensar sobre arrumar nossas próprias camas, limpar nossos quartos, lavar e secar louças, preparar a mesa e ajudar na lavanderia, esvaziar os "cestos de papéis" (um costume da Nova Inglaterra ao qual papai se apegou) e queimar o lixo — isso era tudo rotina. Lamento dizer, mas eu me queixei de ter de varrer a grande sala de estar do bangalô com uma vassoura de cerdas. Isso significava levantar vários tapetes, levá-los para fora e sacudi-los, varrer a ampla escada de madeira e mover uma porção de móveis. Era uma *tarefa árdua e desagradável*.

No bangalô, apreciávamos a maioria dos trabalhos que não fazíamos em casa — carregar madeira do depósito para a lareira, descer até à pequena fonte gelada no bosque com uma jarra de alumínio que trazíamos de volta, gelada e pingando, para a mesa de jantar, caminhar até ao posto de correios para pegar a nossa correspondência nos dias anteriores à entrega domiciliar, atravessar o campo para ir até ao estábulo do Sr. Smith e observar enquanto ele e a esposa colocavam os baldes de leite espumosos no separador movido à mão. Trazíamos o leite para casa em garrafas de vidro com tampos de papelão. Sempre havia uma garrafa pequena de creme amarelo espesso e, ocasionalmente, um dos queijos cottage da Sra. Smith, que juntávamos numa deliciosa mixórdia com geleia de morango. Não me lembro de ouvir os meninos se queixarem de ter de escavar minhocas na pilha de esterco, ou de cortar arbustos da trilha nos bosques, ou de limpar as cinzas e acender o fogo da lareira. Eu amava limpar a nascente e polir coisas — lâmpadas a óleo e chaminés, castiçais de latão, o guarda-fogo na lareira do salão. Também amava inspecionar os armários e o closet embaixo da escada – "bisbilhotar", mamãe o chamava, mas o meu bisbilhotar foi recompensado um dia, quando achei um par de óculos novo, ainda no estojo de envio, que meu avô havia procurado por anos.

É óbvio que tínhamos de nos refrear das coisas que mais apreciávamos até que terminássemos as coisas que não apreciávamos. "Não terão sobremesa até que terminem o espinafre" era o princípio — varrer a sala de estar antes de ir nadar.

O entendimento de meus pais sobre o trabalho, eu suponho, seria chamado "ética protestante do trabalho", mas certamente é mais velho do que isso. A Bíblia se inicia com Deus trabalhando. A proporção era seis dias de trabalho e um dia de descanso, uma fórmula que nunca foi aprimorada. Filhos precisam, às vezes, ouvir o mandamento: "Seis dias trabalharás e farás toda a tua obra", com ênfase na palavra *toda*. Quando o trabalho é feito de modo fiel, completo e consciente de segunda a sábado, o domingo pode ser desfrutado. Durante o Ensino Médio e a faculdade, embora distante do lar, eu era considerada muito peculiar, porque guardava a regra familiar de não estudar aos domingos. Isso significava que eu tinha de fazer *todos* os meus deveres escolares nos seis dias anteriores. Como eu esperava ansiosamente por ouvir um concerto sinfônico em meu quarto de faculdade e deleitar-me num sono da tarde, enquanto todos os outros tentavam refazer-se de um fim de semana repleto de compromissos não acadêmicos. Estava aberta ao fardo do legalismo, é claro, mas via essa atitude como uma declaração de liberdade: neste único dia em sete, sou livre para descansar.

Deus deu a Adão e Eva trabalho para fazerem. Anjos trabalham e, também, certamente, os santos na glória. O quadro bíblico do céu não é um quadro de repousar nas nuvens — "Seus servos o servirão" é o que Jesus diz. Jesus trabalhou intensamente quando esteve aqui na terra. O pecado de Sodoma foi ociosidade — "soberba, fartura de pão e abundância de ociosidade", conforme a versão Almeida Revista e Corrigida.

"Ociosidade é o melhor amigo do diabo. É a maneira mais segura de lhe dar uma oportunidade para nos fazer mal. Uma mente ociosa é como uma porta aberta, e, se Satanás não entrar, ele mesmo, por ela, é certo que introduzirá algo para instilar maus pensamentos em nossa alma" (J. R. Ryle, *Os Deveres dos Pais*, p. 22).

Papai viveu segundo o versículo que havia dado a seus filhos na Stony Brook School: "A diligenciardes por viver tranquilamente, cuidar do que é vosso e trabalhar com as próprias mãos". Sabendo que tinha de prestar contas a Deus por seus filhos, ele se assegurou de que não houvesse tempo para vagabundarmos pela farmácia ou pelas esquinas das ruas onde ociosos se reuniam. Jovens de hoje não vagabundeiam, me dizem, mas fico admirada da quantidade de tempo que eles têm para *sociabilizar*.

Meu irmão Dave, o mais realmente empreendedor (talvez o único) de nós seis, saiu e conseguiu sozinho um emprego de entregar jornais, apenas para ouvir tristemente de seu chefe que ele era novo demais. Não querendo perder a boa vaga, mamãe insistiu com nosso irmão mais velho, Phil, que a assumisse por alguns anos. Phil não ficou muito satisfeito, porque preferia, em vez disso, observar pássaros ou trens. Entregar aqueles jornais, independentemente do clima ou dos pássaros e trens que ele tinha de perder, foi um bom remédio, que o fortaleceu contra si mesmo, por controlar impulsos e ensinar-lhe a prioridade do dever, lições sem as quais nenhum homem vai muito longe. Tom foi também um entregador de jornais, mas teve um tempo tão ruim em administrar as contas que dizia que pagava ao *Evening Bulletim* pelo privilégio de entregar os jornais.

Um dos autores favoritos de papai era Horatius Bonar. De vez em quando, ouvíamos uma citação desse homem admirável, como:

> Vamos "remir o tempo". Trabalho aleatório, planejamento esporádico, leitura irregular, horas mal distribuídas, execução de negócios impontual ou negligente, pressa e agitação, enrolação e inaptidão — essas e semelhantes são as coisas que roubam todo o cerne e poder da vida, que obstruem a santidade e corroem como um câncer o nosso ser moral.

Em 1943, mamãe foi acometida de um caso sério de brucelose. Nós, os três mais velhos, estávamos todos na escola; por isso, Ginny, que estava com nove anos de idade, teve a oportunidade de amadurecer um pouco mais rápido, uma oportunidade de *se dar*. Ela tomou sobre os ombros a responsabilidade de levantar bem cedo e preparar o café da manhã para papai, Tom e Jim. Levava bandejas ao piso superior para mamãe e vovó e, antes de sair para a escola, lavava a louça, e Tom as secava. Se alguém tivesse sugerido que isso era uma carga grande demais para uma menina levar, Ginny teria sido a primeira a negar. A alegria de servir, de sentir-se indispensável à família, foi a sua recompensa.

ಠಿಂಬ

E, então, havia brincadeira. Sabíamos como nos divertir. Toda tarde, quando chegávamos da escola, brincávamos fora de casa. Em Germantown, o jardim era muito pequeno, mas gastávamos horas "brincando de carros"; isso implicava construir estradas na terra, construir túneis e pontes e guiar carros de brinquedo sobre elas, completando com efeitos sonoros, é claro.

Tínhamos trenós que usávamos em nosso pequeno barranco em frente da casa ou na colina da rua McCallum, que ficava pertinho. Aos sábados, papai nos levava para deslizar na "Tommy's Hill", no parque Fairmount, um declive maravilhoso que se precipitava num tipo de tigela onde podíamos deslizar rapidamente ao redor e para baixo no congelado Wissahickon. Isso significava uma longa escalada de volta, subindo pelos bosques, mas valia a pena.

Algo chamado de trenó-vagão, um trenó sobre rodas, foi inventado nos anos 1930. Todos tinham um. Meus irmãos faziam trens desses trenós com os meninos da vizinhança, deitando-se de bruços e prendendo os pés no para-choque do trenó de trás. Era um negócio perigoso, descer em velocidade a rua McCallum. Uma vez, os meninos me colocaram na parte final desse trem, e, enquanto eles viravam às pressas a esquina na base da colina, eu fui atirada para fora do vagão e lançada no meio da rua, ferindo o queixo, os cotovelos e os joelhos. Acho que não embarquei de novo naquele trem.

Havia 42 meninos em nossa vizinhança, e duas meninas além de mim. Uma das meninas não tinha frequentemente permissão de brincar comigo porque íamos à igreja errada. A outra menina se mudou quando ainda estávamos ambas na segunda série. Minha amiga Essie morava a algumas quadras de distância; por isso, as chances de brincar com ela eram raras. Brincávamos de casa na varanda dela, virando as cadeiras de embalo e enfeitando-as com cobertas, fazendo camas para nossas bonecas e usando o muito sofredor gato de Essie como um casaco de pele ao redor de nosso pescoço ou como travesseiro para nós mesmas, quando era "hora de dormir". Gastávamos horas nisso, indo por todas as atividades de cozinhar, comer, limpar a casa, cuidar dos filhos. Para mim, nada era tão divertido quanto criar pequenos lugares "aconchegantes" onde meus instintos de acomodar e organizar chegavam à manifestação plena. Escavamos um maravilhoso esconderijo no terreno vazio ao lado da casa de Essie, removendo todo o mato, estaqueando-o verticalmente para formar os muros, socando a terra até que ficou tão macia quanto uma flor e varrendo-o totalmente. No canto de meu quarto, colocamos duas cômodas para formar duas paredes, acomodamos confortavelmente nossas bonecas em suas camas e preparamos as suas pequeninas mesas de chá.

E havia o Banco Imobiliário. Quando esse jogo chegou, tudo mais se foi — ou assim pareceu para mim, porque Davi e Phil desapareciam para a varanda de Buddy Stiles onde passavam os dias inteiros de verão. Como sempre, eu não era convidada para atividades de meninos.

Tanto em Germantown quanto em Moorestown, toda a vizinha parecia escolher o jardim de nossa casa como local de brincar, porque nossos pais encorajavam isso, sem dúvida. Alguns de nossos amigos não tinham permissão de levar amigos para casa. Nós podíamos levar qualquer pessoa em qualquer tempo — nossos pais preferiam ter-nos por perto e saber quem eram os nossos amigos e o que estávamos fazendo. "Chuta a Lata" era uma variação de "Esconde-Esconde", que brincávamos muitas vezes depois da escola, quando mudamos para Moorestown, correndo ao redor da casa, para os matos e pelas cercas até aos jardins dos Richie e dos Huntington.

No outro lado da rua, havia um negócio de florista com uma fileira de estufas. Eles descartavam caixas de madeira enormes, que podíamos pegar. Nós as usávamos para construir casas, que chamávamos "beliches", empilhando as caixas, fazendo um teto com tábuas e cobrindo a entrada com toalhas velhas. Ainda posso me lembrar de fazer um fogo e cozinhar algo, sentada à porta da casa. Eu me sentia maravilhosamente confortável e tranquila em nossa casinha. Por muito tempo, não tenho ouvido falar de crianças brincarem assim. Elas sempre têm de *ir* a algum lugar, participar de recreação organizada, que exige equipamentos sofisticados e supervisão de adultos. Certamente, elas não estão desfrutando de tanta diversão quanto nós tivemos, e sinto muito por elas. Recentemente, ouvi, por acaso, uma menina insistir em que tinha de ser levada de carro para algum lugar para jogar basquete, porque "não conseguia fazer exercícios" de outra maneira. A mãe, prevendo os problemas duradouros que isso traria ao carro, recusou. Quando a criança protestou em voz alta, a resposta tranquila da mãe foi: "Você é perfeitamente capaz de andar em sua bicicleta ou fazer uma caminhada".

Havia um limite para o nosso tempo de brincar, bem como para tudo mais. Tínhamos cerca de uma hora, à tarde, antes da prática de piano ou do tempo de entrega dos jornais. Teófano diz:

> Deve-se ter em vista que, em fortalecer os poderes do corpo, não se deve, por meio disso, inflar a vontade própria e destruir o espírito, por causa da carne. Para evitar isso, as principais coisas são moderação, um programa definido e supervisão. Deixe o filho brincar, mas isso deve ser feito no lugar e da maneira indicada a ele.
>
> *Raising Them Right* [*Criando-os corretamente*], p. 34

Comparados com a imensa quantidade de brinquedos que muitas crianças têm hoje, nossos brinquedos eram muito poucos. Houve várias razões: muito poucos eram fabricados, não tínhamos dinheiro para gastar em muitos brinquedos, nossos pais não acreditavam que a felicidade estava na posse de *coisas*, e pessoas não nos inundavam de presentes.

Mamãe notava frequentemente que filhos pequenos se cansavam logo de muitos brinquedos, mas podiam ocupar-se por tempo incessante com vasilhas e panelas, xícaras e colheres de medida ou um balde de água com sabão nos degraus dos fundos. Quando Tommy tinha dois ou três anos de idade, ele amava retirar sacolas de papel da gaveta em que mamãe as guardava e esparramá-las no assoalho da cozinha. Isso era permitido sob uma condição: que ele as pusesse de volta ao terminar de brincar. Um dia, mamãe achou as sacolas esparramadas por todo o piso, mas Tommy estava na sala de estar, onde papai tocava o piano. Ela foi lá e lhe disse que guardasse as sacolas. Com um sorriso de doçura angelical, ele olhou para mamãe e disse: "Mas, eu quero cantar 'Jesus Me Ama'!". Ali estava uma ocasião para ensinar o grande princípio de que obediência é melhor do que sacrifício. Não é bom louvar ao Senhor quando você está sendo desobediente à sua mãe.

Depois de uma palestra em que descrevi a disciplina de nossa família, um homem me disse: "Uau! Estou feliz por não ser seu irmão!". Perguntei o que ele estava querendo dizer. "Eu nunca poderia ter sobrevivido a essa disciplina rígida. Não gosto de ser controlado tão rigidamente. Gosto de me divertir".

A nossa família não era uma família que tinha histórias engraçadas, com cenas incomuns, gafes ou comédia. Vasculho em vão a minha memória para achar coisas desse tipo. Nós nos divertíamos *realmente*! Não conheço nenhuma família que saiba como sorrir mais forte do que os Howard. Não apenas dávamos risadinhas, risos sufocados ou risadas normais. Nós gargalhávamos. Dávamos gargalhadas barulhentas. Berrávamos e gritávamos, diminuindo para ofegos e arfagens. As descrições minuciosas e detalhadas de papai sobre acontecimentos e pessoas geralmente nos desintegravam na mesa de jantar. Quando ele lia *Real Diary of a Real Boy* (Diário Real de um Menino Real), de Henry A. Shute, começávamos a sorrir tão fortemente, que ele quase não podia prosseguir. Mamãe, Tom e eu ficávamos enxugando as lágrimas de risadas; os olhos de Ginny se fechavam, e ela jogava a cabeça para trás. Phil, Dave e Jim ficavam se contorcendo em suas cadeiras, agarrando seus joelhos e balançando para frente e para trás, como se estivessem com dor.

Tínhamos abundância de hilaridade, e ainda temos. Sempre que nos reunimos, não somente amamos cantar os velhos hinos, mas também incluímos várias rodadas de charadas. Qualquer dessas atividades pode continuar por horas; e a segunda pode levar-nos ao ponto de hemorragia de risadas, quando é a vez de Tom. Ele é irrepreensível como ator e imitador, e até agora nunca fomos bem-sucedidos em deixá-lo embaraçado com qualquer coisa, seja livro, título, canção, poema ou slogan.

Ao procurarem entender o que despertava o senso de humor da família Howard, Tom e Lovelace o definiram como *palavras*, sempre algo a ver com palavras — livros, jogos de palavras, o *dito engraçado*, sotaques étnicos ou geográficos diferentes, expressões ou pronúncia, mimetismo.

Phil é um imitador nato, capaz de imitar não somente qualquer sotaque estrangeiro, mas também os sons de um trem a vapor chegando e saindo da estação — sons tão acurados que sentíamos como se estivéssemos lá. Tom costumava fazer expressões faciais que se pareciam realmente com as grades frontais dos carros. Podíamos dizer (naqueles dias antes que todos os carros começassem a parecer semelhantes) se ele estava fazendo um Buick, um Ford ou um Cadillac. Ele adorava chapéus e toucas e podia enrolar uma toalha de banho em sua cabeça de seis maneiras diferentes.

Tínhamos muitos adágios familiares, os quais até hoje permeiam tanto nossa conversa que é quase impossível uma pessoa de fora entender sobre o que realmente estamos falando. Os parentes, em autodefesa, tiveram de aprender todos eles.

A classe de Escola Dominical de Tom nos proveu alguns bons. Tentando aquietar os meninos para a aula, o professor disse: "Vamos ter uma palavra de oração". Um menino que não se aquietara recebeu nas costelas uma cutucada forte de outro menino que disse: "Vamos ter uma palavra de *oração*, Winston!". Certa vez, quando pediram a um menino que lesse a história de Jesus acalmando o mar, ele leu: "O vento cessou, e houve uma calma mortal". Outro, em vez de ler "o Senhor reina", leu "o Senhor resigna". Quando "Fedido" (sim, era assim mesmo que todos o chamavam, pobre menino), ouvindo a história da unção de Saul como rei, ouviu a frase: "Encheram o chifre com óleo", imaginou um tipo diferente de chifre. Movimentando os dedos como se estivessem nas teclas de um instrumento de sopro, ele trombeteou compassos familiares da Abertura de William Tel: "Tuu-tuu-*tuut*, tuu-tuu-*tuut*, tuu-tuu-*tuut-tuut-tuut*, BLUUP, BLUUP, BLUU-UUP!

Gravações de fonógrafos eram outra fonte de citações. Em nossas conversas, introduzíamos linhas de "The Italian Lesson", de Ruth Draper, da gravação em inglês de "Beyond the Fringe", que inclui um mineiro galês que queria ser um juiz, e de "The Nursery School" ou "Shirl's Girlfriend", de Joyce Grenfell.

Ninguém poderia ter se divertido mais do que a família Howard. Nosso entretenimento ao vivo era melhor do que qualquer tela de cinema.

26

CORTESIA

O pequeno Jim coloca a sua colher no prato e começa a descida lenta e cuidadosa de sua cadeira alta:

"Obrigado, mamãe", ele diz em seu sotaque do Sul. "Ah! *Gostei* disso!"

Que coisa deleitável para esta vovó ouvir! Quão incomum, em nosso tempo — cortesia da parte de uma criança que não fora constrangida a expressá-la. Ele assimilou o que ouviu de seus irmãos e parentes mais velhos. O poder do exemplo novamente. Muito usualmente, o que se assimila é o oposto — a colher jogada ao longe, a pressa de sair da mesa, com nenhum pensamento na refeição ou na pessoa que a preparou.

A cortesia é a simples e antiquada consideração — o que tornará as outras pessoas mais confortáveis? Faça por ele ou por ela o que você gostaria que lhe fizessem. Ninguém nasce altruísta. Todos nós temos de aprender.

Oswald Chambers escreveu: "Entregue a infância ao egoísmo, e você descobrirá que ela é a tirania mais escravizante na terra"

(*My Utmost for His Highest*
[Meu Máximo em favor do Melhor Dele], p. 74).

Os pais recebem a tarefa santa de ensinar seus filhos a não se renderem ao egoísmo, mas, em vez disso, a aprenderem o mistério de caridade, o que significa amor sacrificial. Isso é um conceito profundo, cujo alicerce é a lição elementar de que o mundo não gira ao redor de *mim*. O primeiro dia do bebê em casa não é cedo demais para começar a ensinar essa lição. Isso talvez pareça ridículo para novos pais; todavia, muito caos e agonia podem ser evitados se a sabedoria da experiência for levada em conta. Meus pais não pensavam que era cedo demais, nem Gladys West Hendrick, que escreveu aquele pequeno livro maravilhoso *My First 300 Babies* (Meus Primeiros 300 Bebês). Ela era uma parteira que permanecia frequentemente com a nova mamãe por várias semanas depois do parto, ajudando-a e ao resto da família a aprenderem procedimentos práticos sobre cuidar do bebê e treiná-lo, "para que todos os pais possam experimentar a alegria real da paternidade e maternidade: segurança em cuidar de seus pequenos, liberdade da incerteza e liberdade da ansiedade que acompanha frequentemente a chegada de um novo membro pequeno ao lar. Isso é a base para a segurança e o desenvolvimento futuro de um filho". Assim escreveu a Sra. Hendrick em sua introdução.

Sua filosofia se resume assim: "Não é o que o bebê faz — porque muitas vezes ele parece imprevisível — é o que você faz a respeito disso".

Sua autoridade é inquestionável, tendo sido obtida não somente por ser ela mesma uma mãe e avó, mas também por ter ajudado (no tempo em que escreveu o livro) mais de 300 bebês em sua estreia no mundo e ter lidado em cada caso com a mesma rotina. Em cada caso com a *mesma* rotina? Não são todos eles "especiais"?, perguntamos. "Não houve *nenhuma* exceção", ela responde.

Mamãe acreditava em dar a um bebê uma rotina, que eu achava ser a maneira certa até que chegou meu próprio bebê. Então, decidi que o método de mamãe era ultrapassado e um tanto rígido. Eu era a favor de amamentar Valerie duas e, ocasionalmente, três vezes por noite, obtendo minhas sugestões das índias que eram minhas únicas vizinhas. Elas conheciam apenas a amamentação em livre demanda, que parecia perfeitamente lógica para mim, embora fosse mais difícil para eu realizar do que era para elas. Os bebês delas dormiam na cama ou na rede com elas. Não tinham horários programados para coisa alguma, nem prazos finais, nem trabalho que exigisse concentração intensa. Quando os bebês de minha filha chegaram, ela havia sido doutrinada na filosofia humanista da La Leche League de amamentação em livre demanda. Quando o seu sexto filho nasceu, ela ganhou um exemplar de *Meus Primeiros 300 Bebês*. Ela disse que o livro mudou sua vida. Funcionou — muito melhor do que o programa casual da La Leche.

Henry Clay Trumbull diz que a palavra hebraica traduzida por "treinar", na Bíblia, ocorre apenas duas vezes no Antigo Testamento e não tem equivalente no Novo Testamento. Diz-se sobre os que nasceram na casa de Abraão, "o pai de todos os que creem", que eles foram "treinados" (Gn 14.14 — NVI). Um provérbio enfatiza o dever de um pai de treinar seu filho com consideração sábia (Pv 22.6). Em nenhuma outra passagem do registro inspirado, a forma original desta palavra "treinar" aparece em qualquer de suas formas. Sua origem parece ter sido no hábito, que ainda prevalece entre povos primitivos, de abrir a garganta de um recém-nascido por ungi-la com sangue, ou com saliva, ou com algum outro líquido sagrado, como um meio de dar à criança um começo na vida pela ajuda da vida de outrem. Portanto, a ideia da palavra hebraica usada aqui parece ser a de que, como este abrir da garganta de uma criança em seu próprio nascimento é essencial para habituar a criança a respirar e engolir corretamente, também o treinamento correto de um filho em todos os hábitos apropriados da vida deve começar no próprio nascimento dele.

A Sra. Hendrick oferece um exemplo muito simples e regras específicas para esse primeiro dia em casa, após vir do hospital, começando com o bem-vindo ao lar — os parentes ansiosos e amigos bem-intencionados, o clicar das câmeras e a inspeção do pai. Tudo isso terminará provavelmente por volta das onze e trinta da manhã, quando é tempo para um cochilo. A essa altura, a mãe precisa de um descanso também. E a sábia Sra. Hendrick assegura que o bebê não precisa de nenhuma atenção até às duas e trinta da tarde. Após uma amamentação nesse tempo, há três padrões possíveis que parecem seguir-se: (1) acordar e permanecer relativamente quieto, olhando ao redor ou rebuliçar intermitentemente; (2) continuar a dormir de costas; (3) rebuliçar ou "uma manifestação mais veemente". Essa última é a única que perturba os pais jovens. O que fazer? De acordo com a sua filosofia ("Não é o que o bebê faz... é o que você faz a respeito disso"), a autora lhe diz exatamente o que fazer.

Estou convencida de que este tratamento calmo, firme e amoroso é tanto possível quanto maravilhosamente confortador. A criança aprende desde o primeiro dia que outra pessoa está no controle, e, por isso, ela pode descansar nessa segurança. Isso não é o que todos nós precisamos durante toda a vida? O conhecimento de que nossa vida não é aleatória e que, em vez disso, somos amados com um amor eterno e somos sustentados por braços eternos? Em outras palavras, tudo está sob controle. O ritmo regular de segurar, balançar, cantar (a Sra. Hendrick inclui tudo isso), dar banho, amamentar, trocar, dormir e brincar constrói segurança. A criança cuja vida é vivida aleatoriamente, governada por nada mais confiável do que seus próprios caprichos, é insegura e, portanto, incontrolável. Seu ego precisa ser refreado. Quando uma criança é incontrolável, os pais ficam em desespero. Quando os pais ficam em desespero, a lar é um caos.

E, enquanto pensamos sobre as restrições necessárias, tenho de acrescentar um pequeno comentário aqui, que visa incluir uma invenção muito útil de mamãe para manter um bebê bem coberto em seu berço. Ela fez longos roupões de algodão com um cordão na orla. Ela amarrava o cordão a uma ripa no estrado do berço (eu o amarrava ao colchão para a minha bebê — o berço dela não tinha ripas). O bebê podia se mexer para todos os lados, mas não para cima, em direção ao alto do berço, e para fora das cobertas. As cobertas eram enfiadas nos lados, é claro, e presas nas bordas de cima com prendedores de coberta ou alfinetes de segurança gigantes amarrados às ripas.

Mas, por que tudo isso para introduzir o assunto de cortesia? Bem, porque cortesia começa com o entendimento de que o mundo não gira em torno de nós mesmos. Temos de pensar nos outros. Um bebê pensa apenas em si mesmo e em seus desejos, mas pode aprender cedo que não está no controle. Seus pais estão. São eles que controlam o que o bebê recebe e quando. Isso é um bom começo para um filho aprender não somente a respeitar a autoridade, mas também a pensar nos outros.

Nem todos os filhos recebem um bom começo. Uma noite, visitei o lar de um casal jovem por volta das oito horas. Ambos estavam sentados no assoalho com a filhinha. Ao conversarmos, eles explicaram que a bebê não gostava de ir para a cama antes das nove, e colocá-la na cama exigia ambos. Parece que julgavam isso bom, mas eu me perguntei se eles não almejavam ter uma noite tranquila de vez em quando. E aquilo era bom para a filhinha? Acho que não. Quando o bebê determina o horário, toda a família está destinada a problemas.

Pais que amam seus filhos são dispostos a fazer sacrifícios em favor deles. Esses pais jovens estavam sacrificando sua liberdade à noite em favor de entreter um bebê que estaria muito melhor se estivesse dormindo. Mas a filhinha "não gostava de ir para a cama antes das nove". Mas, em vez disso, ela devia ter sido treinada a ir para a cama às seis. Pais amorosos fazem sacrifícios, mas pais amorosos também educam para que a família se mantenha unida em amor.

Como é o amor familiar? Paulo nos apresenta um quadro desse amor:

> [...] penseis a mesma coisa, tenhais o mesmo amor, sejais unidos de alma, tendo o mesmo sentimento. Nada façais por partidarismo ou vanglória, mas por humildade, considerando cada um os outros superiores a si mesmo. Não tenha cada um em vista o que é propriamente seu, senão também cada qual o que é dos outros.

> Tende em vós o mesmo sentimento que houve também em Cristo Jesus, pois ele, subsistindo em forma de Deus, não julgou como usurpação o ser igual a Deus; antes, a si mesmo se esvaziou, assumindo a forma de servo [...].
>
> Filipenses 2.2-7

Alguém disse que civilização é um exercício de restrição do ego. Minha filha e eu moramos com um povo de floresta que os de fora consideravam altamente não civilizado, mas, na primeira noite de nossa chegada, nos deram tudo que tinham para dar — uma casa, madeira para fogo e um jantar de peixe e mandioca. Em dois anos lá, aprendi muito do seu exemplo de restrição do ego. Sem qualquer ideia de "etiqueta", eles eram cordiais, pacíficos, generosos e pessoas de convívio fácil. Nunca os ouvi queixarem-se. Três esposas de um homem moravam ao lado de nossa casa. Eram as melhores amigas. Nunca ouvi uma palavra de oposição entre elas.

Não havia nos idiomas da selva palavras que expressavam *por favor*, *muito obrigado* e *de nada*. Isso sempre deixava um tipo de vácuo na conversa comigo, sendo *por favor* uma das primeiras expressões que eu havia aprendido como bebê e as outras expressões, logo depois. Eu estava acostumada a reconhecer a bondade dos outros.

A palavra *maneiras* vem do latim *manus*, que significa "mão". É *tomar na mão* e fazer coisas de certa maneira. Mamãe e papai nos tomaram nas mãos, individual e coletivamente, à medida que instilavam em nós as obrigações de viver sob o teto deles.

"Quando *eu* crescer, não vou deixar *meus* filhos fazerem isso e aquilo", falávamos às vezes. A resposta era simples: "Talvez sim. Mas, enquanto você viver em *nossa* casa, é assim que você o fará!".

Era um exercício diário. Linha após linha. Preceito sobre preceito. Éramos lembrados, corrigidos, exortados, ajudados. Cada regra era um bom freio para os nossos egos. Precisávamos daqueles freios.

Por que devo eu sentar-me ereto, manter os cotovelos fora da mesa e o guardanapo, no colo? Por que é importante que eu coma tranquilamente e mastigue com a boca fechada? Por que não devo falar com a boca cheia? Por que não posso estender o braço para alcançar o que desejo? Por que passar a manteiga ao meu irmão primeiro, se preciso de um pouco?

A resposta básica é que isso torna as coisas mais agradáveis para todos. "Somente um grande tolo ou um grande gênio quebrará toda a delicadeza social com impunidade, e nem um nem o outro, agindo assim, se torna uma companhia agradável", diz Amy Vanderbilt. Crianças aprendem realmente, e, quanto mais cedo forem ensinadas, tanto mais cedo terão aprendido. Educar seis filhos não é seis vezes tão difícil quanto educar apenas um, porque os mais novos aprendem mais rapidamente uns dos outros do que aprendem dos pais. Conheço várias famílias grandes de filhos novos que sabem como comportar-se à mesa. Uma refeição com uma família que não sabe isso é uma experiência difícil.

Boas maneiras, disse Ralph Waldo Emerson, são constituídas de pequenos sacrifícios. O amor "não se conduz inconvenientemente, não procura os seus interesses" (1Co 13.5). Um gesto simples como passar a vasilha de manteiga para outra pessoa antes de servir-se a si mesmo é uma expressão exterior, pequena e discreta, mas profundamente convincente, do princípio sacrificial "Minha vida em favor da sua". Quando restam apenas poucos bolinhos, aquele que recusa o segundo oferecimento vivencia as palavras "por humildade, considerando cada um os outros superiores a si mesmo". Uma criança pode aprender facilmente essa atitude. Quando ela quer saber por que isso é importante, podemos ensinar-lhe o versículo bíblico. É o conforto de outra pessoa que deve ser levado em conta, não o meu próprio.

À mesa de jantar, éramos indagados às vezes sobre nossas tarefas escolares ou os acontecimentos do dia, mas não devíamos interromper os outros ou dominar a conversa. Aprendemos a ouvir. Quando tínhamos convidados, o que era frequente, papai se mostrava sensivelmente interessado neles e sempre tentava encorajá-los a falar tanto quanto possível sobre sua vida e seu trabalho. A impressão que essas histórias tiveram em nós foi profunda e duradoura.

Embora em nossa família tenha havido muitos tempos de risadas tumultuosas, tempos em que podíamos brincar de esconde-esconde dentro de casa em dia chuvoso, tempos em que não podíamos deixar de falar alto, correr, pular, subir e descer estrondosamente as escadas, éramos ensinados a *pensar* primeiro — alguém estava dormindo, papai estava estudando, mamãe estava com dor de cabeça? Quietude era a regra geral. Vozes gentis, passos suaves, o fechar calmo das portas contribuíam para a paz no lar. Aprender essas coisas simples é aprender a levar em conta os interesses dos outros acima dos seus próprios. Se batêssemos imprudentemente uma porta (era *tão* difícil lembrar daquela enorme porta de vidro na época de verão), éramos solicitados a voltar para casa e fazê-lo corretamente.

O amor que não busca vantagens egoístas respeita a propriedade e protege a privacidade dos outros. Essa foi uma lição que precisei aprender bem cedo, porque nunca tive um quarto somente meu, e isso significou que às vezes havia limites difíceis de cumprir — o lado dela do guarda-roupa, o meu lado; as gavetas dela, as minhas. Cada uma de nós tinha sua própria toalha de banho e de rosto no banheiro, que sempre deviam ficar penduradas ordeiramente nos suportes. Por quê? Consideração pelos outros. Em que tipo de banheiro você quer entrar? Recentemente, vi num banheiro público uma moça limpar a pia com sua própria toalha de papel. Comentei sobre quão extraordinário aquilo era hoje em dia. "É apenas um hábito, eu acho!", ela sorriu. Benditos sejam os seus pais!

Renunciem.

Desistam.

Doem.

Agradeçam.

Sejam cordiais.

Sirvam uns aos outros em amor.

"O fruto do Espírito é: amor, alegria, paz, longanimidade, benignidade, bondade, fidelidade, mansidão, domínio próprio" (Gl 5.22-23). É nas menores coisas que esse fruto é mais frequentemente manifestado. Isso é cortesia — um vislumbre do mistério de caridade.

27

A DEVOÇÃO
DE UMA MÃE

Mamãe não pensava de si mesma como alguém profundamente espiritual. E teria protestado se alguém o tivesse dito. Mas, sem dúvida, ela era faminta por Deus, intensamente consciente de sua própria fraqueza e necessidade dele. Chamada a ser mãe, encarregada da santa tarefa de cooperar com Deus em moldar os destinos de seis pessoas, mamãe sabia que isso era um fardo muito pesado para carregar sozinha. Ela não tentou. E buscou aquele cujo nome é Maravilhoso Conselheiro, Deus Forte, Pai da Eternidade. Pediu a sua ajuda.

Ela pedia — diariamente. Não bem cedo, na manhã, como papai o fazia (ela não tinha de pegar um trem suburbano); mas, depois que as crianças saíam para a escola, mamãe ia para seu compromisso com o Senhor. Não sei quando me tornei ciente disso pela primeira vez. É provável que não foi em Germantown, mas talvez na casa na avenida Oak. Mamãe sempre tinha sua "pequena cadeira de embalo", como ela a chamava, no seu quarto, ao lado da antiga mesa de costura que ficava embaixo da janela. Em cima da sua nítida toalha branca de linho, estava a ordeira pilha de Bíblia, hinário e pequeno caderno de oração vermelho, com uma caneta acessível. Mamãe, tão ereta quanto a Mãe de Whistler, sentava-se em sua cadeira de embalo, lendo, cantando em voz suave, orando e, eventualmente, rabiscando algo na margem de sua Bíblia ou no caderno vermelho.

Já falei como papai e mamãe começaram sua vida conjugal orando juntos e como, posteriormente, nos reuniam cada dia, de manhã, à tarde e na hora de dormir, para oração. Foram pedras lançadas como alicerce do lar que eles moldaram. Outro alicerce era a vida individual de oração deles. Não há dúvida de que as influências, nos primeiros oito a dez anos da vida de um filho, determinam muito bem seu curso futuro. Aquele que passa com Deus a maior parte das horas em que está desperto é o principal moldador do caráter de seu filho. Esse era o plano de Deus quando criou Eva para ser a mãe da raça humana e Adão para ser o seu marido (protegê-la, suprir as necessidades e cuidar). Mamãe não buscava a Deus somente por *nós*. Ela estava regularmente lá, mantendo seu compromisso com *Deus* — por nós. A semelhança do Senhor Jesus, por causa *de nós* ela se santificava.

Mamãe lia a Bíblia — lia a Bíblia e orava sobre ela ("Maravilhoso Conselheiro, abre Tua Palavra para o meu coração. Abre meu coração para a Tua Palavra"), marcava-a, citava-a, pedia ajuda ao Senhor para entendê-la, lembrá-la e viver por ela. Mamãe acreditava que toda palavra da Bíblia era inspirada por Deus, útil para o ensino, para repreensão, para correção, para educação na justiça.

Já dissemos que mamãe *sempre* lia a Bíblia e orava depois do café da manhã. Mas, sem dúvida, não é possível alguém ater-se perfeitamente a uma agenda, especialmente com uma família grande. Houve outros tipos de lapsos, como mostra um poema em que ela mesma indica ser a autora:

> Quão endurecido e frio o coração — como morto —
> No qual os raios da Palavra do próprio Deus,
> Em meditação diária, não comunicam seu calor.

Se por negligência não nos achegamos a esse fogo,
A princípio, não percebido, entra um frio tremente.
E, quando o Livro permanece negligenciado por dias,
Esse frio assume controle, até toda a alma ficar doente.

E, quando novamente buscamos a Palavra de Deus,
Com coração vazio e alma em desespero acentuado,
Ele vem até nós fielmente — louvado seja o Senhor!
E derrama óleo e vinho sobre todo o nosso cuidado.

À medida que seus filhos cresciam, seu senso de necessidade desse tempo de oração fiel crescia. Apenas o último dos seus cadernos de anotação sobreviveu, mas é uma revelação de seu desejo por Deus e de suas esperanças quanto a seus filhos. A primeira página contém a oração do rei Davi quando o templo estava para ser construído (mamãe sempre escrevia com inicial maiúscula todos os pronomes que se referiam à Trindade, ainda que a versão bíblica não o fizesse):

Teu, SENHOR, é o poder, a grandeza, a honra, a vitória e a majestade; porque Teu é tudo quanto há nos céus e na terra; Teu, SENHOR, é o reino, e Tu te exaltaste por chefe sobre todos. Riquezas e glória vêm de Ti, Tu dominas sobre tudo, na Tua mão há força e poder; contigo está o engrandecer e a tudo dar força. Agora, pois, ó nosso Deus, graças Te damos e louvamos o Teu glorioso nome.

1 Crônicas 29.11-13

Embaixo, ela colocou uma referência à última estrofe de um poema de Amy Carmichael, de *Em direção a Jerusalém*:

Portanto, nos achegamos, Tua justiça, a nossa veste,
Teu sangue precioso, a nossa única, única alegação.
Portanto, nos achegamos, ó Salvador, Senhor, Amado.
A quem, Senhor, poderíamos nos achegar, senão a Ti?

Há listas de oração para cada dia da semana, com os nomes de nós seis no topo de cada lista. Mamãe orava frequentemente as palavras de 1 Crônicas 29.19: "A _____, meu filho, dá coração íntegro para guardar os teus mandamentos, os teus testemunhos e os teus estatutos". Uma pequena nota de rodapé diz: "Isso é, sem dúvida, em favor de Betty e Ginny também". Ela tinha uma grande lista de organizações cristãs de todos os tipos, referindo-se a elas pelas iniciais — PBI, HDA, LAM, SST, SIM, NYBS, ABWE, NCEM etc. — cujas necessidades ela colocava diante de Deus. Mamãe orava por nome em favor de muitos missionários. Lembrava as escolas e faculdades cristãs em que seus filhos estudavam. Billy e Ruth Graham, amigos de meus pais durante anos, constavam em sua lista de terça-feira; uma classe de estudo bíblico de uma neta, na lista de quinta-feira. Ela dedicava as sextas-feiras especialmente à confissão, citando orgulho, criticismo, dúvida, falta de amor e de ações de graça, frieza, desobediência. Ao lado dessa última, ela anotou Deuteronômio 11.26-27: "Eis que, hoje, eu ponho diante de vós a bênção [...] quando cumprirdes os mandamentos do SENHOR, vosso Deus, que hoje vos ordeno". Ela orava por graça, com base em Romanos 5.20: "Onde abundou o pecado, superabundou a graça".

Mamãe fez grande uso de hinos. Ela sabia de cor muitos, talvez centenas de hinos; lia-os, orava sobre eles e os cantava sozinha, apesar do enfraquecimento e estremecimento de sua voz nos anos posteriores. O caderno de anotações cita alguns hinos muito bons. Eis um hino que teve um significado especial depois que seus "filhotes" voaram — o hino de I. S. Stevenson, de 1869:

> Pai santo, em Tua misericórdia,
>
> Ouve a nossa oração ansiosa,
>
> Mantém os nossos amados, agora distantes,
>
> Perto do Teu cuidado.

Jesus, Salvador, que Tua presença
Seja a sua luz e o seu guia;
Em sua fraqueza, guarda-os, ó guarda-os,
Ao Teu lado.

Quando em tristeza, quando em perigo,
Quando em solidão,
Em Teu amor, visita e conforta
A sua aflição.

Que a alegria da Tua salvação,
Seja a sua força e a sua firmeza;
Que Te amem e Te louvem
Dia após dia.

Espírito Santo, que Teu ensino
Santifique a sua vida;
Envia Tua graça para que vençam
No conflito.

Pai, Filho e Espírito Santo,
Deus, o Um em Três,
Abençoa-os, guia-os, salva-os, mantém-nos
Perto de Ti.

Mães de hoje que sentem que sua obra tem sido desvalorizada pelo mundo acharão encorajamento nestas linhas (das quais mamãe não dá a fonte):

Neste breve tempo, o que mais importa,
Enquanto labutamos, agimos e esperamos,
Se cumprimos o papel que ele nos atribui,
Seja ele um pequeno ou um grande labor?

Como a maioria de nós, mamãe era frequentemente incomodada pela questão de sentimentos e experiências serem ou não uma medida válida para seu crescimento na graça. Ela e eu conversamos muitas vezes sobre isso, e ambas tínhamos certeza de que, se a nossa "espiritualidade" ou a nossa aceitação diante de Deus dependesse de emoções e arrepios, éramos, dentre todas as mulheres, as mais infelizes. Não podíamos apelar aos sentimentos. Ela anotou três passagens que a ajudaram. A primeira é do livro *O conhecimento de Deus*, de J. I. Packer:

> Não é quando buscamos sentimentos e experiências... mas quando buscamos a Deus mesmo, olhando para ele como nosso Pai, valorizando a comunhão com ele e tendo em nós mesmos um interesse crescente de *conhecê*-lo e *agradar*-lhe, que a realidade do ministério do Espírito se torna visível em nossa vida. Essa é a verdade imprescindível que pode nos erguer e retirar do lamaçal de opiniões não espirituais sobre o Espírito no qual muitos estão atolados em nossos dias.

A segunda é do livrete *Broken Bread* [Pão partido], de Evan Hopkins:

> Somos tentados frequentemente a pensar que, por causa dos sentimentos flutuantes e de dúvidas embaraçadoras, não somos mais aceitáveis diante de Deus? Lembremos que nunca é por causa de qualquer coisa em nós que somos aceitos, de maneira alguma. A medida de nossa aceitação é o que Cristo é para Deus; e isso permanece sempre o mesmo.

E a outra é de George MacDonald: "A mais elevada condição da vontade humana se evidencia em que, mesmo não vendo a Deus e parecendo que não o compreendemos de modo algum, ainda assim nos apegamos a Ele".

George MacDonald não fazia parte da biblioteca de papai, mas chegamos a conhecê-lo depois, quando um amigo começou a enviar-me as edições originais de seus romances maravilhosos. Mamãe amava-os e achou neles, bem como eu, muito que corrigiu e moldou seu entendimento espiritual. Ela citou de *What's Mine's Mine* [O que é meu é meu]:

> 'Nada de bom virá disso...', ela disse...
> 'Tudo de bom virá disso, Mamãe, se Deus quer que venha.'

De *Warlock of Glenwarlock* [Warlock de Glenwarlock], ela citou:

> Ela sofria de reumatismo, que descreveu como uma "aflição em seus ossos". Mas ela nunca perdeu sua paciência e tirava o bem de uma aflição que parecia especialmente enviada como a disciplina final de pessoas velhas para este mundo, a fim de que comecem bem no mundo vindouro.
> Não há escape do moinho que tritura lentamente e tritura miúdo; e aqueles que se recusam a ser pedras vivas no templo vivo têm de ser triturados em argamassa para isso.

Uma cópia mimeografada de um poema anônimo está colada numa página do caderno de anotações. Contém uma máxima que mamãe achava bastante confortadora e fortalecedora em todos os tipos de circunstâncias, especialmente o tipo que era propenso à paralisia que a autopiedade traz:

> De um velho curato inglês de perto do mar
> Veio no crepúsculo uma mensagem para mim;
> Sua estranha lenda saxã, gravada no coração,
> Contém, parece-me, ensino procedente do céu.
> E, através das horas, as palavras quietas ressoam
> Como suave inspiração: "FAZE A COISA SEGUINTE".

Muitos questionamentos, muito temor,
Muitas dúvidas têm seu tranquilizar aqui.
Momento após momento, descidos do céu,
Tempo, oportunidade e orientação são dados.
Não temas os amanhãs, filho do Rei,
Confia-os a Jesus, faze a coisa seguinte.

Faze-a imediatamente, faze-o com oração;
Faze-a confiantemente, lançando todo cuidado;
Faze-a com reverência, seguindo a Sua mão,
Que a entregou a ti com mandamento solene.
Firmado na Onipotência, salvo em Suas asas,
Deixa todos os resultados, *faze a coisa seguinte*.

Olhando para Jesus, cada vez mais sereno,
Trabalhando ou sofrendo, seja o teu proceder;
Em Sua doce presença, o descanso de Sua calma,
A luz do Seu rosto sejam o teu salmo,
Firme em Sua fidelidade, louva e canta.
Então, como Ele te ordena, *faze a coisa seguinte*.

Mamãe anotou esboços modestos do que aprendia das Escrituras — como Deus dirige nosso caminho (ao ouvido atento, Is 30.21; à mão vazia, Is 41.13; aos pés espontâneos, Lc 1.79); o que o nome do Deus de Jacó faz por nós — dezesseis coisas do Salmo 20; um estudo das ocorrências de "maior que"; a importância da obediência com base na vida de Ester; cinco marcas do povo de Deus segundo John Stott: crescimento, comunhão, adoração, testemunho e santidade.

Ela cita o poema de Robert Browning "O melhor ainda está por vir" e a teoria da relatividade de Einstein: "A amalgamação de espaço, tempo e matéria em uma unidade fundamental", ao que ela anexa Hebreus 1.3:

"Sustentando todas as coisas pela palavra do seu poder" e Colossenses 1.7: "Ele é antes de todas as coisas. Nele, tudo subsiste".

Uma pequena anotação traz uma dor profunda ao meu coração, ao escrever este livro. Com uma caneta vermelha, mamãe escreveu minhas iniciais e uma data (infelizmente — lembro a dor que eu lhe estava causando na época, mas hoje posso agradecer a Deus por sua graça e misericórdia) na margem ao lado destas palavras de Christina Rossetti:

> Minha fé está fraca, minha esperança está fraca;
> Somente o desejo do meu coração clama em mim;
> Pelo grande estrondo de sua necessidade e tristeza,
> Ele clama a Ti.

No rodapé, ela escreveu: "Nenhum poder — não sabemos o que fazer — nossos olhos estão fitos em Ti. 2Cr 20.12".

28

DEIXANDO-NOS CRESCER

Nunca fomos *adolescentes*. Não posso deixar de ser muito agradecida pelo fato de que não se pensava nesse termo em nossos dias. Acho que isso nos poupou de algumas tolices e dores reais. O termo se tornou um rótulo aceito para designar uma etapa da vida temida geralmente por pais e desfrutada por filhos como um tempo em que tudo vale. Mas isso é uma invenção dos tempos modernos e sociedades prósperas. Jesus, aos doze anos, buscou resolutamente os interesses de seu Pai. Os meninos judeus, ao chegarem aos treze anos, marcam uma transição clara da infância para a vida adulta na cerimônia de Bar Mitzvá. O rei Josias tinha oito anos de idade quando começou a reinar, e a Bíblia diz que aos dezesseis anos ele começou a buscar o Deus de Davi, seu pai. Aos vinte anos, ele tomou uma ação vigorosa e abrangente contra a idolatria predominante em Judá naquele tempo. Os meninos índios das tribos que conheci no Equador assumiam o encargo de trazer carne selvagem para a tribo quando tinham nove ou dez anos. Cerca de dois anos depois, eles eram vistos como homens, com todas as responsabilidades implícitas no estado de adulto — caçar, pescar e guerrear para proteger a comunidade e, em breve, suas próprias famílias. Não havia tempo nem inclinação para fazer nada.

Nosso mundo era diferente, é claro, mas não tão diferente do mundo dos índios naquela época como o é agora. Como sobrevivemos àqueles anos entre os dez e os vinte anos de idade, que parecem causar grandes ondas de choques em jovens e pais de jovens em nossos dias? Bem, por um lado, sempre tivemos de "alcançar as coisas". Isso era uma expressão de mamãe. Frequentemente caçoávamos dela a respeito disso, e ela recebia a nossa gozação com muita graça, sendo um exemplo para todos nós, pois éramos uma família dada a caçoar. Atualmente, esse caçoar seria chamado menosprezar as pessoas, muito ruim para a psique ou algo assim. Era bom para nós — só caçoamos de pessoas que amamos. E aprendemos a rir de nós mesmos.

Alcançar as coisas significava fazer a coisa seguinte, o que quer que fosse, e fazê-la naquele momento. Tínhamos muito trabalho a ser feito rápido, para podermos avançar para as coisas que podíamos desfrutar ainda mais, porque havíamos feito as primeiras. Isso também foi bom para nós.

Não fomos ensinados a esperar uma etapa de caos e rebelião. Algumas profecias cumprem-se por si mesmas. Se nunca são ouvidas, nunca acontecem. É impressionante quanto mais simples a vida era sem a televisão! Não sabíamos que se esperava que rejeitássemos propositalmente autoridade, fôssemos totalmente rebeldes, declarássemos a nossa independência, desafiássemos os mais velhos, fizéssemos do nosso jeito. Não sabíamos que tínhamos alcançado um estágio incontrolável, com tudo em ponto de ebulição, com tudo em disputa.

Há mudanças físicas e psicológicas que hoje chamamos "radicais". Essa palavra em si mesma é um alarme. Trememos e nos preparamos para o pior. Nada era "radical" no vocabulário de meus pais. Eles não sabiam o bastante para se preocupar com psicologia. Fizeram o melhor para nos prepararem para as mudanças físicas; e o melhor deles foi suficiente, eu acho. Não incluiu fotos vívidas, discussões detalhadas ou plantar em nossa mente a ideia de que sexualidade é um *problema*. Na verdade, a sexualidade era o maravilhoso desígnio de Deus, algo pelo que devíamos aguardar. Eles nunca tiveram de nos falar que o sexo fora designado apenas para o casamento. Se ouvíamos sobre sexo em qualquer outro contexto, sabíamos que isso era errado.

Mamãe respondia minhas perguntas de maneira bem simples, quando surgiam. Quando eu tinha sete anos de idade, ela explicou que teríamos um bebê em casa dentro de alguns meses e que o bebê estava crescendo no interior dela. Eu não tive a menor ideia de que meu pai teve alguma coisa a ver com esse formidável negócio, até que o bebê seguinte estava a caminho, quando outra pergunta exigiu a resposta dela. Um ano depois, ela me levou numa longa viagem de carro em que tivemos um tempo sossegado, e ela explicou a menstruação e, em poucos detalhes, sobre o amor conjugal. Foi meu pai, eu acho, quem explicou o assunto para os meninos. Tínhamos um livro intitulado *Growing Up* (Crescendo), cujo propósito era ensinar aos filhos os fatos básicos da vida. Acho que eu teria aprendido mais de *Susie's Baby* (Os Bebês de Susie), de Margaret Clarkson, que não estava disponível naquela época.

Coisas terríveis têm acontecido nas décadas dos meios de comunicação em massa. Quem pode negar que, quanto maior a disseminação do *conhecimento* do mal, tanto maior a colheita? Pais são arrastados para uma guerra mais desesperadora do que antes contra os efeitos do conhecimento do mal na mente de seus filhos. Quando, de todos os lados, a mensagem é SE FAZ VOCÊ SENTIR-SE BEM, FAÇA-O!, precisamos de reiteração constante dos princípios de autorrenúncia, pureza e obediência para contra-atacá-la.

ೞೞ

Pais me perguntaram que tipo de punições eu posso recomendar para filhos que estão além da idade de punição física. Eles não sabem o que fazer com adolescentes. O que meus pais fizeram? Eu não consegui pensar em coisa alguma. Perguntei a minha irmã e irmãos. Ninguém pode lembrar quaisquer punições como "castigos restritivos", multas, reter as chaves do carro (raramente as tínhamos, de maneira alguma — nunca tivemos mais do que um carro para toda a tribo) ou outras coisas. Isso não é "a prova cabal"? Educação dada *bem cedo* e *consistentemente* tem efeitos de longo prazo. O fato não é que éramos "boas crianças". É apenas que captamos a mensagem. Nenhuma outra explicação parece possível.

O alvo supremo de nossos pais em sua disciplina, o alvo de qualquer pessoa que ensina algo, é que o pupilo seja levado por graus à autodisciplina e se torne uma lei para si mesmo. Eu sou grata pelos hábitos que eles me ensinaram, porque hábitos são coisas poderosas — trabalho, oração, obediência, ir à igreja, "comer seu espinafre antes de comer a sobremesa". Estas coisas me ajudaram durante toda a minha vida.

Por muitos anos, papai escreveu editoriais (que conhecíamos como "anotações editoriais") para o *Sunday School Times*. Eram concisas, práticas e, muitas vezes, frutos de sua experiência imediata. Em um dos editoriais, ele disse:

> O problema com muitos pais é que eles não começam suficientemente cedo a insistir em obediência, falar a verdade e respeito aos pais; e, infelizmente, muitos deles não se comportam no lar de maneiras que inspiram respeito. Amor, bondade, alegria e bons tempos deveriam abundar em todo lar cristão. Mas esses são asfixiados em lares em que há desobediência e desrespeito e a vontade dos filhos domina. Os pais são os representantes de Deus no lar, e, à semelhança dele, deveriam manter corretamente o equilíbrio entre Lei e graça.

Não é fácil controlar a vontade de filhos sem render-se a caprichos ou provocar resistência. Uma grande educadora disse:

> Desde o início, tem de ser reconhecido que a obra é lenta. Se for forçada muito rapidamente, ou um ponto de ruptura se introduz, e o filho, muito incitado à perfeição, se vira em reação e se torna obstinado e rebelde; ou, se, infelizmente, o processo de forçar é bem-sucedido, um

pequeno arquétipo é produzido... Por outro lado, se aqueles que têm de criar filhos, temerem demais confrontar as inclinações deles e buscarem sempre a linha de menor resistência, ensinando lições enquanto as crianças brincam e amenizando toda situação difícil do caminho, o resultado é uma vontade fraca e frouxa, uma mente sem poder de concentração e, na vida posterior, pouquíssima desenvoltura em emergência ou pouquíssimo poder de suportar dificuldades ou provações.

Janet Erskine Stuart,
A Educação de Moças Católicas

Quanto a fazer livros sobre educar filhos, não há fim. Quanto a discussões sobre que método funciona melhor, não há fim. Não tenho a intenção de fazer aumentar o número daqueles livros, nem de solucionar as discussões, mas apenas de apresentar o que um casal de pais cristãos realmente fez. A pergunta será feita: o método deles *funcionou*? Como eu responderei? Posso dizer que crescemos em um lar pacífico. Não consigo pensar em alguma qualidade mais desejável do que essa, porque era a paz do Senhor. Tivemos muito sorrir. Tivemos diversão. Amávamos nossos pais, e eles nos amavam. Falávamos a verdade. Acho que todos nós somos quase fisicamente incapazes de olhar alguém nos olhos e mentir. Incluí a história de minha única tentativa frustrada de roubar algo. Phil escreveu do exército para agradecer mamãe e papai por treiná-lo a obedecer, porque não era tentado a quebrar as regras como outros o eram. Os princípios que nossos pais nos ensinaram são uma parte da essência de nossa vida.

Se o inquiridor persiste e indaga: nenhum de vocês nunca se rebelou?. A resposta é que somos pecadores. A natureza pecaminosa com que nascemos é uma natureza rebelde, e tenho certeza de que eu não fui a única que teve às vezes um espírito muito rebelde, como a de um menino pequeno que, ao ser ordenado sentar-se numa cadeira por castigo, ele se sentou obedientemente, mas declarou que "estava de pé em seu interior".

Nossas falhas, que foram muitas, não se devem ao fracasso de nossos pais em mostrar-nos o caminho certo.

Meu avô Philip E. Howard escreveu um livrete precioso intitulado *The Many-Sided David* (O Davi de Muitos Lados). Em seu capítulo sobre a história de Absalão, "O Rei com o Coração do Pai", ele disse:

> Um rapaz que considera a hereditariedade uma desculpa para o pecado não é mais saudável em sua consideração do que o pai que se julga inculpável pelos delitos do filho. Um pai nunca pode ser o que deveria ser para seu filho até que aceite francamente a responsabilidade pessoal diante de Deus e dos homens por sua parte na personalidade do filho.
>
> Por outro lado, um filho nunca pode ser o homem que poderia ser até que se recuse a admitir completamente o engano de que os pecados de seu pai prejudicam e modificam seu próprio relacionamento com Cristo, em quem ele achará não um mero exemplo e ética, mas também uma personalidade capacitadora que nunca esbarra em hereditariedade no ato de dar a um filho novidade de vida. Cristo não se oferece a um rapaz com reservas condicionadas às crenças ou aos hábitos do pai...
>
> Um moderno estudante cristão da natureza humana, o Sr. Patterson DuBois, revê as supostas e não científicas "leis" de hereditariedade e conclui com esta afirmação clara baseada em seus estudos sobre o assunto: "Nenhum indivíduo deve se contentar ou se apavorar com o desconhecível fator de sua própria hereditariedade" [...].
>
> Nós que somos filhos não sabemos que é fatal ao caráter, no que diz respeito a vigor espiritual, descansar na vida espiritual de nossos pais ou estabelecer limites para a obra de Cristo em nós pela medida da fraqueza de nossos ancestrais?

Pela vida física que nos deram, pela vida espiritual que nos mostraram e por todos os meios em que fomos enriquecidos, porque nossos pais deram literalmente sua própria vida por nós, agradeço a Deus.

DEIXANDO-NOS PARTIR

Não foi fácil para nossos pais nos deixarem partir. Eles sabiam desde o início que eram administradores, não proprietários, dos filhos que Deus lhes dera. Não éramos propriedade deles. Nós lhes havíamos sido emprestados por um tempo, uma custódia sagrada da qual eram administradores designados por Deus. Chegou o tempo em que a custódia tinha de ser liberada. Soltar suas rédeas espirituais deve ter sido a coisa mais difícil para pais como os meus, cuja principal preocupação sempre havia sido fixar nosso coração nas coisas do alto. E se a nossa visão começasse a apegar-se às coisas da terra? Provavelmente eles não poderiam monitorar a nossa maneira de pensar, mas seria forte a tentação de acharem que deveriam fazer *algo* mais do que orar.

Antes de chegarmos aos doze anos de idade, eles estavam relativamente seguros de que cada um de nós havia feito um compromisso com Cristo. Tinham feito sua parte nisso, mas sabiam que nenhum pai ou nenhuma mãe pode converter um filho. A conversão é obra de Deus. É um novo nascimento, que depende não de descendência natural, "nem da vontade da carne, nem da vontade do homem, mas de Deus" (Jo 1.13). Não creio que nossos pais poderiam ter deixado isso mais claro para nós do que o fizeram.

No entanto, chega o tempo em que a decisão de infância tem de ser examinada. Mamãe e papai recuaram, sabendo que seu papel então era orar, mais do que fazer qualquer outra coisa; orar para que Deus cumprisse em seus filhos a aliança que fizera com a casa de Israel — "*Na sua mente* imprimirei as minhas leis, também sobre *o seu coração* as inscreverei; e eu serei o seu Deus, e eles serão o meu povo" (Hb 8.10 — ênfase minha).

George MacDonald escreveu:

> Toda geração tem de fazer seu próprio buscar e seu próprio achar. O erro dos pais é frequentemente esperarem que o achar deles fique em lugar do buscar de seus filhos. Esperam que os filhos recebam aquilo que satisfez à necessidade de seus pais com base no testemunho deles. Considerando que seja manifesto corretamente, o testemunho deles não é a base para a crença dos filhos, somente para a busca dos filhos. Essa busca é a fé em germinação.
>
> The Miracles of Our Lord [Os milagres de nosso Senhor], p. 78

Essas observações de MacDonald estão no contexto da história narrada em João 4, sobre o oficial de Cafarnaum que se dirige a Jesus em Caná e lhe suplica que vá e cure seu filho que está ao ponto de morte. Jesus lhe diz que seu filho viverá. O oficial crê na palavra de Jesus, volta para casa e descobre que a febre deixara seu filho na mesma hora em que Jesus falara. Para o pai, foi um milagre inquestionável. Os servos e o filho, por outro lado, talvez o tenham ignorado como uma coincidência, porque não tinham, eles mesmos, visto o Senhor e não o tinham ouvido falar. Não tinham nenhuma base, senão o testemunho do pai.

Tendo como base o testemunho de nossos pais, nós, os Howard, seguimos muitas direções diferentes em nossas buscas individuais. Mas, quando nos reunimos em 1990, estando o mais novo de nós com 50 anos de idade, gastamos horas conversando, com grande afeição e gratidão, sobre o lar, os pais e tudo que eles nos deram. E alguns de nós percebemos que estamos retornando cada vez mais àquele legado maravilhoso. Recentemente, Tom jantou com dois amigos que vinham de lares semelhantes ao nosso. Todos os três homens concordaram que, embora discordassem, em medida variada, das maneiras em que haviam sido educados, acharam que estavam se tornando cada vez mais como seus pais, dia após dia. Isso foi uma surpresa e uma revelação para eles, enquanto conversavam. Talvez tenha sido um cumprimento quase literal do antigo provérbio sobre ensinar um filho no caminho em que ele deve andar e, "ainda quando for *velho*, não se desviará dele" (Pv 22.6).

Foi somente depois da morte de meus pais que soube que minha decisão, depois da graduação na faculdade, de me identificar com um grupo comumente (embora não "oficialmente") chamado Irmãos de Plymouth foi um choque e tristeza severos para ambos. Não que tenham achado que eu abandonara a fé. Eles respeitavam os Irmãos, mas tinham certas apreensões. Não podiam ter deixado de sentir (no lugar deles, *eu* sentiria isso) que considerei a educação e o exemplo deles como não muito satisfatórios. Sinto dizer, mas isso foi exatamente o que pensei. Eles me questionaram cordialmente, é claro, mas nunca me deixaram saber como se sentiam, nem me admoestaram como certamente teriam feito se cressem que eu estava tomando um caminho que seria espiritualmente desastroso.

O primeiro grande "deixar partir" aconteceu em 1941. Tanto Phil quanto Dave haviam estudado na Stone Brook School antes (por um ano cada, eu acho), mas isso foi em Long Island (Nova York), não muito longe de casa. Em 1941, Phil foi para o Praire Bible Institute em Alberta, no Canadá; e eu fui para a Hampden DuBose Academy, em Orlando, na Flórida. A viagem foi de trem (viagens áreas eram apenas para ricos) naqueles dias. Alberta e Flórida poderiam também ter sido o Polo Norte e o Pacífico Sul.

Sabíamos que tínhamos de ficar distantes por nove meses. Não haveria viagens para casa no Natal e nas férias de Páscoa. E, em relação às ligações telefônicas, nunca sonhávamos em fazer chamadas de longa distância. Isso também era para os ricos, exceto nas emergências mais horríveis.

Phil tinha dezessete anos; eu tinha catorze. Papai e mamãe tinham confiança nos padrões espirituais de ambas as instituições. L. E. Maxwell, fundador e diretor do Praire Bible Institute, era um professor bíblico firme e amigo de nossa família. Os Dubose haviam convidado o nosso tio Charley para falar na HDA; por isso, sabíamos que eles "não podiam ser assim tão inferiores". Ele nos trouxe uma cópia do anuário deles, cheio de fotos atraentes da linda Flórida — palmeiras, praias de areia branca, lagos tranquilos, moças em vestes formais, rapazes em ternos brancos, classes pequenas sentadas na grama com professores jovens e bonitos. Eu fiquei embebida nessas fotos por horas, vendo-me em uma longa beca em meio às azaleias. Anelei por ir. Falamos sobre isso durante semanas. Um internato? Por quê? Bem, era uma escola cristã. Não havia nenhuma escola cristã diurna de que tivéssemos conhecimento. Eu não tinha amigos cristãos em minha classe na escola pública. Sentia-me muito fora de ambiente. Meus pais esperavam que o treinamento na HDA confirmasse e fortalecesse a educação que eles tentaram me dar (e o fez realmente). Essas pareciam boas razões, mas, em termos de finanças, estava fora de questão. No entanto, a morte do tio Charley não muito depois de colocar papai na posição de editor do *Sunday School Times*, aumentou seu salário e o capacitou a pagar os trezentos dólares que cobriam quarto, comida e ensino.

A autobiografia de mamãe diz:

> Com a partida de Betty e Phil para duas escolas de bases religiosas semelhantes, mas de extremo contraste em aparência exterior e ideias sociais, começou um tempo descrito mais tarde pelo membro mais novo da família como de "fazer subir e descer malas pelas escadas!". FAZER SUBIR as malas quando os itinerantes retornavam para as férias de verão. BATER e ARRANHAR malas quando desciam as escadas para a partida! Aqueles eram dias em que enxugávamos as lágrimas secretamente quando o West Coast

Champion partia em direção ao sul ou o Trail Blazer, em direção ao oeste, ou o ônibus da Greyhound rugia levando uma ou outra de nossas queridas crianças.

Deixar partir não significa abandonar. Mamãe escrevia fielmente para Phil e para mim, uma carta todo domingo e um cartão postal toda quarta-feira. Na academia, a correspondência era colocada nas caixas de correios marcadas em ordem alfabética. Eu pegava as correspondências da letra "H" e as vasculhava avidamente. A visão da letra redonda e suave de mamãe, escrita à mão, me deixava feliz. Sinto muito agora pelo fato de que nunca pensei em guardar aqueles cartões e cartas, nem mesmo uma. Eram sempre cheias de realizações e expressões de amor da família e incluíam usualmente alguma palavra de encorajamento da Escritura, ou um hino, ou um poema que poderiam ajudar-me na situação do momento. Um desses poemas sobreviveu porque eu o memorizei e o copiei em minha Bíblia (não sei a fonte, mas acho que pode ser Martha Snell Nicholson):

De Uma Mãe para o Salvador

Como Tu andaste pelas veredas da Galileia,
Assim, amado Salvador, anda com ela por mim,
Pois, como passaram-se anos e adulta ela está,
Não posso seguir; sozinha ela tem de andar.

Sê, Tu, meus pés, que tenho usado para ficar,
Pois Tu podes acompanhá-la em todo caminho;
Sê, Tu, minha voz quando coisas pecaminosas seduzem,
Instando-a a escolher aquelas coisas que permanecem.
Sê, Tu, minhas mãos, que as dela costumavam segurar,
E todas as coisas mais que mães têm de renunciar.

Quando ela era pequena, eu podia seguir e guiar,
Mas, agora, eu rogo que Tu estejas ao seu lado,
E, como a Tua mãe bendita Te envolveu,
Amado Salvador, envolve a minha moça por mim.

Papai também escrevia para mim de vez em quando. Ele citava para mim um de meus versículos bíblicos favoritos, Isaías 41.10: "Não temas, porque eu sou contigo; não te assombres, porque eu sou o teu Deus; eu te fortaleço, e te ajudo, e te sustento com a minha destra fiel" (Is 41.10).

Quando Peter Marshall estava prestes a sair para seu primeiro emprego distante do lar, sua mãe caminhou com ele até ao pequeno portão de ferro.

"Não esqueça seu versículo, meu garoto", ela disse. "'Buscai em primeiro lugar o reino de Deus e a sua justiça, e todas estas coisas vos serão acrescentadas'. Há muito tempo que coloquei você nas mãos do Senhor. E não descartarei você, não. Ele cuidará de você. Não se preocupe."

Também assim meus queridos pais *colocaram* cada um de nós nessas mesmas mãos e jamais nos *descartaram*.

30

O ASSUNTO DE CASAMENTO

Quando meu irmão Jim pediu a papai sugestões para uma lista de oração, papai lhe disse que deveria orar sobre as duas decisões mais importantes com as quais ainda se depararia, que eram, em ordem de importância, uma esposa e sua vida profissional. A decisão supremamente importante — a de se unir a Cristo como Senhor e Salvador — fora resolvida havia muito tempo. Nossos pais fizeram do casamento de seus filhos um assunto de oração por anos e diariamente vivenciavam diante de nós o exemplo de um casamento verdadeiramente cristão. Não que pensássemos no casamento como tal — dificilmente sabíamos que havia outro tipo de casamento. Quando comecei a sonhar em ter um marido, era sempre um marido cristão. Isso era axiomático. Sabíamos o que a Bíblia diz sobre o "jugo desigual".

Porque tínhamos aprendido as Escrituras desde bem cedo na infância e fôramos ensinados e encorajados, de toda maneira possível, a sujeitar a nossa vida a Cristo, os anos de adolescência, tão temidos por muitos pais hoje, quase não foram tão perigosos para nós como teriam sido sem o cuidado espiritual que nos foi dado tão zelosamente. Tínhamos "âncoras". Tínhamos, como disse o soldado ao qual papai ofereceu um Novo Testamento, algo "para nos prender".

Mamãe falara sobre seus namorados, começando com o pequeno rapaz Quaker que carregava uma mochila escolar.

NINGUÉM carregava uma MOCHILA ESCOLAR! Ele tentava me encontrar depois das aulas para caminhar comigo. Para evitá-lo, eu escapulia de maneiras diferentes, mas às vezes ele me localizava, e, então, eu o ouvia correndo por trás de mim, com a mochila batendo para cima e para baixo em suas costas. Então, eu partia como uma gazela, e a corrida não era justa, porque eu era leve em meus pés, e ele, pesado. Uma vez, aceitei um convite dele para assistirmos a uma apresentação vespertina, num sábado, da Orquestra da Filadélfia. Sua tia, Hanna Morris, foi conosco, e ela era uma mulher verdadeiramente agradável que viveu na famosa mansão Morris, na avenida Germantown.

Depois, houve o Johnny, filho do pastor episcopal. Lembro-me de ele sentar e falar comigo na sala na rua Green. Eu ficava tão sonolenta que os olhos se tornavam vesgos. Ele não notava (eu espero) porque amava ter audiência... Bob era muito fiel. Quando esteve no ROTC, durante a Primeira Guerra Mundial, ele me pediu "que esperasse por ele". Eu apenas levei na brincadeira, o que realmente foi descortesia de minha parte, porque tenho certeza de que ele foi bastante sério. Ele também me levou a algumas das melhores coisas — ao Fortnightly Club e a palestras interessantes.

Wis Wood também foi outro interessado e, certa vez, sugeriu a possibilidade de nos darmos bem por toda a vida! Como usualmente gastávamos qualquer tempo em que estávamos juntos em debates intensos, assegurei-lhe que não tinha a intenção de passar minha vida debatendo com ele.

Houve outros namorados sobre os quais ouvimos falar, e acho que contei três propostas de casamento. Portanto, mamãe falou com autoridade quando me deu duas instruções específicas concernente a rapazes:

1. Nunca cace os rapazes.
2. Mantenha-os a certa distância.

Havia toda uma cosmovisão nessas máximas simples, uma visão da ordem de Deus na criação de homens e mulheres. Harmonia, não uníssono. Diferenças gloriosas, não igualdade. Complementariedade, não intermutabilidade. Um, o operador; o outro, o cooperador. Eva foi criada para Adão, não Adão para Eva. Cristo é o Noivo, representado no casamento pelo marido como aquele que é responsável, para cortejar e conquistar, chamar sua noiva para si mesmo e lhe dar seu nome, amá-la, protegê-la e suprir suas necessidades ao sacrificar-se a si mesmo. Tudo isso estava em minha cabeça quando eu tinha cerca de onze ou doze anos, mas eu entendia perfeitamente o que significava "nunca os cace". Eu segui o conselho.

A segunda regra tem sido correta para muitas mulheres além de mamãe. Quando os filhos do psicólogo Henry Brandt eram adolescentes, se opuseram à exigência de que carros fossem usados apenas para transporte e não para entretenimento. Ele os exortou a manterem alguma "luz" entre os corpos. A pergunta veemente de seu filho foi: "Você não confia em mim?".

Sua resposta: "Absolutamente, não. Quando você está usando um terço do assento para vocês dois, tocando aquele corpo quente, com o sangue dela correndo quente e o seu corpo fervendo, eu devo dizer que *não* confio em você. Coloque-me na mesma posição com a mãe da moça, eu não confiaria em *mim*. De fato", ele diz agora aos setenta e quatro anos de idade, coloque-me na mesma posição com a avó da moça e eu não confiaria em mim. Toda carícia e todo beijo têm um efeito cumulativo. O poder do beijo é mais forte do que o poder da vontade".

Mamãe teria dito amém para isso. Sua regra fazia sentido para mim porque a monogamia fazia sentido para mim. Uma mulher para um homem, e não transgredir até que isso seja declarado e comprometido. Por que cair nos perigos da terra de nenhum marido? Mantenha a sua distância. Mantenha o mistério. Deixe-os pensando. Não lhes dê material com que trabalhem.

Também segui esse conselho. Sendo eu extremamente acanhada e bem alta, isso prenunciava que ela teria muitas preocupações neste respeito. Eu era cerca de trinta centímetros mais alta do que quase todos os rapazes até que cheguei ao ensino médio; por isso, nenhum deles me procurava, e eu preferia morrer a procurá-los. Não me lembro de surgir o assunto de sair com um rapaz até o Halloween, quando eu estava na oitava série. Um rapaz rechonchudo, de cabelos ruivos chamado Ned, que era quase da mesma altura que eu era, pediu-me para ir a uma festa. Fiquei emocionada. Oh! Maravilhoso! Oh! Maravilhoso! Betty Howard? Pedida para sair com um rapaz? Mas, oh! *querida*! Eu saberia a respeito do que conversar? E se eu o entediasse? O que eu vestiria?

Mamãe ficou satisfeita e calma e foi pragmática em tentar me ajudar a ver que tudo sairia perfeitamente bem se eu apenas esquecesse de mim mesma e fizesse perguntas sobre coisas que interessavam a ele. Ned viria à nossa casa, é claro, e eu teria de levá-lo à sala de visitas para conhecer mamãe e papai. Deveríamos estar de volta às dez horas. Nada desastroso deve ter acontecido naquela noite, pois não me lembro de absolutamente nada, exceto que usei um novo par de sapatos de camurça marrom, meus primeiros "saltos" e meia-calça de seda.

Isso foi por um momento. Ninguém me pediu para um encontro social na nona série; e na décima série eu estava no internato, onde era pouco provável que moças deviam ser bajuladas quando pedidas, porque havia apenas algumas ocasiões específicas em que encontros sociais eram permitidos, e nessas ocasiões sabíamos que os rapazes, pobrezinhos, eram mais ou menos obrigados a nos pedir — e não tínhamos permissão de recusar.

Muito antes de minha irmã Ginny ir para a Hampden Dubose Academy, era evidente que a história dela seria diferente da minha. Ela começou lá no jardim da infância ou primeira série a permitir que o pequeno Richie Bartello levasse a sua lancheira quando caminhava com ela da escola para casa. E desde então tivemos rapazes rondando-a, em número suficiente para deixar meus pais de orelha em pé ou, melhor, de joelhos.

Não estou certa do que meus irmãos fizerem a respeito de moças. A minha impressão é que eles fizeram realmente muito pouco. O primeiro amor de Phil eram trens. Ele gastava muito tempo andando de bicicleta pela Third Street, perto da ferrovia, usando seu boné de engenheiro, acompanhando os trens à medida que se moviam lentamente pela cidade. Ele sabia os horários em detalhes, conhecia de nome alguns dos operadores das máquinas e até foi convidado, certa vez, para viajar com eles. Podia identificar todos os tipos de locomotivas e fazia uma imitação perfeita de barulhos dos motores a vapor. Obviamente, ele não tinha tempo para meninas — exceto Susie. Mas isso foi mais cedo. Quando Phil e Susie McCutcheon tinham ambos dez anos de idade, pegaram o bonde e o metrô para Filadélfia, a fim de passarem o dia. Papai recebeu em seu escritório uma chamada de emergência do pai de Susie: "Seu filho levou minha filha para o centro da cidade, e agora estão sem dinheiro". Os dois pais acharam o casal negligente sentado em uma banca de jornal, balançando as pernas e alimentando os pombos com amendoim. O custo dos amendoins sugou o dinheiro das passagens de volta. O cavalheirismo já era.

Uma menina, esperando algum sinal da parte de Tom, que não era expansivo, se colocou ao lado dele com um tímido "Alguém me disse que você gosta de mim". "Bem", disse Tom (ele estava na quarta ou quinta série), "alguém lhe disse algo *errado*". Chega de moças que tomam a iniciativa.

Uma coisa papai deixou bastante claro para seus quatro filhos homens: nunca diga a uma mulher que você a ama até que esteja pronto a acompanhar essa confissão com uma proposta imediata de casamento. Ore muito e busque a vontade do Senhor neste assunto tremendamente importante, *antes que* você fique envolvido. Então, no tempo do Senhor, diga-lhe: "Eu amo você. Quer casar comigo?". Sem dúvida alguma, essa regra protegeu meus irmãos (e quem sabe quantas moças?) de muita angústia.

Teófano escreveu:

> Aquele que passou sem perigo pelos anos da juventude navegou, por assim dizer, através de um rio tempestuoso e, olhando para trás, bendiz a Deus. Mas outro, com lágrimas nos olhos, olha para trás com pesar e amaldiçoa a si mesmo. Você nunca recuperará o que perdeu em sua juventude. Aquele que caiu de novo atingirá o que é possuído por aquele que nunca caiu?
>
> *Raising Them Right* [Criando-os corretamente], p. 62

Mamãe e papai continuaram em oração — a mulher certa para cada filho, o homem certo para cada filha, no *tempo certo*. E, sem dúvida, eles também colocavam incessantemente diante do Senhor o trabalho que seguiríamos, pedindo que cada um de nós buscasse, acima de tudo, a vontade de Deus.

A Segunda Guerra Mundial ainda estava em andamento quando Phil se formou no Praire Bible Institute, em 1944. Viagens eram quase impossíveis porque os trens estavam lotados de tropas, porém, de algum modo, mamãe conseguiu reservar um assento e, de algum modo, ela pôde comprar uma passagem para Alberta — sem dúvida, um presente das mãos de Deus por meio de um dos seus servos. A formatura no PBI foi realizada durante a conferência de primavera, quando convidavam preletores e havia um forte apelo para todos os alunos considerarem seriamente o campo missionário no exterior. Mamãe escreveu:

> Nem mesmo lembro quem eram os outros preletores (além de William Chisholm, da Coreia), nem o que disseram, mas voltei para casa com um versículo que me ocorria repetidas vezes: "Rogai, pois, ao Senhor da seara que mande trabalhadores para a sua seara". Ótimo! Certo! Eu orarei sobre isso. Mal eu sabia o que me custaria. Um dia, enquanto eu orava sobre esse assunto, um pensamento inquietante entrou em minha mente: "Sobre os filhos de quem você vai orar que Ele envie?".

Fugi das implicações que percebi estavam chegando. Foi algum tempo depois que pude começar a orar, de maneira tímida, que ele enviasse *meus* filhos para o seu campo!

Naquele outono, Phil entrou no que era então chamado National Bible Institute, na cidade de Nova York. Ele queria fazer o curso missionário médico em preparação para ir, como esperava, ao campo missionário; China e Sibéria faziam parte de seus pensamentos naquele tempo.

Uma pequena e linda moça de Charlotte (Carolina do Norte) era aluna na escola bíblica, e Phil, que até então não tinha olhos para moças, começou a achar a companhia dela muito agradável. Eu prometera a Ginny e a Tommy, que na época tinham dez e oito anos e meio, que passaríamos um fim de semana em Nova York, enquanto Phil estivesse no NBI. Phil arranjou várias viagens para agradar a seu irmão e à sua irmã, e fiquei admirada (e satisfeita) em descobrir que Margaret Funderburk estava sempre incluída nesses planos. Antes de voltar para casa, perguntei a Phil se ele gostaria de que eu a convidasse para nos visitar em seu caminho de volta para Charlotte. Ele ficou surpreso e contente com a ideia, e um pouco de insistência foi necessário para obter a aceitação dela.

Uma noite, enquanto Margaret estava em Moorestown, mamãe e Phil tiveram uma conversa.

Eu lhe perguntei francamente com se sentia a respeito de Margaret. Houve um longo silêncio e, em seguida, ele disse: "O que você quer dizer?". Tentei ser bem casual ao responder: "Bem, suponha que você nunca a veja novamente, depois que ela for embora daqui. O que isso importa para você?". Outro longo silêncio e um breve "Eu não sei. Nunca pensei nisso!" No dia seguinte, ele a levou de trem para Keswick, para passarem o dia. E, em seu retorno, enquanto andavam da estação para a nossa casa, eu os espionei, e caminhavam de braços dados!!! Sempre fui grata por aquele dia e pela viagem de barco no lago, quando Phil apresentou uma pergunta muito importante à nossa querida nora, Margaret!

Margaret, pequena, esbelta e muito bonita, com olhos azuis e lindos cabelos escuros, naturalmente ondulados, compartilhou de meu quarto. Eu a observei quando, certa noite, sentou-se na cama e escreveu uma carta ("uma carta de amor!", disse para mim mesma) para Phil. Eu ficava séria quando pensava que ela seria a esposa de meu irmão maior. Minha cunhada. Nada mais importante havia acontecido em nossa casa. Ali estava uma evidência solene da orientação do Senhor, um negócio com o qual eu estava lutando e com o qual me preocupava um pouco. Ele *me* guiaria claramente? Eu saberia? Phil soube. Quando ele retornou de vê-la partir na estação de trem, perguntei-lhe se estava certo de que a amava.

"Eu amo aquela pequena garota como nunca pensei que poderia amar ALGUÉM!", ele disse. Eu não podia duvidar da palavra de um homem com aquele brilho em seus olhos.

Eu seria a próxima? Mamãe e papai nunca me fizeram essa pergunta. Eles apenas falaram com Deus.

Durante o meu último ano de faculdade, Dave trouxe seu amigo Jim Elliot à nossa casa, para passar as férias de Natal com a nossa família. Longas conversas depois que os outros se retiraram para dormir mostraram que Jim e eu tínhamos muitas coisas em comum, mas não tivemos tal coisa como um "relacionamento" nos meses seguintes. Mamãe escreveu sobre o que aconteceu em junho:

> A fim de participarmos da formatura de Betty, alguns recursos extras precisavam ser escavados de algum lugar. E, por isso, a grande poncheira Rose Medallion de mamãe foi vendida para custear as despesas. Não foi uma graduação feliz para mim — apesar do excelente boletim

de Betty na faculdade – porque ela me disse, quando saímos de lá, que ela e Jim haviam descoberto que amavam um ao outro, mas que não se veriam mais depois da formatura, porque ele sentia que devia servir a Deus como um homem solteiro... A profunda admiração que Dave sentiu certa noite, quando viu Betty e Jim saírem juntos pela última vez (como pensavam), é indescritível. Lembro-me disso muito bem.

Eles gostavam muito de Jim. Papai disse somente uma coisa que lembro sobre a situação: Deus não é o autor de confusão. Ele e mamãe oravam clara e persistentemente pela vontade de Deus para nós dois. O desenvolvimento dessa vontade é apresentado em detalhes em outro livro (ver *Paixão e Pureza*).

Em seguida, na ordem de nascimento, está Dave. Mamãe recontou:

Já descrevi o meu envolvimento no casamento de Phil! A vez seguinte foi um tanto diferente, mas igualmente admirável! Um dia antes de Dave sair de casa, no outono de 1949, para ir à Foreign Missions Fellowship, da Inter-Varsity Christian Fellowship, ele e eu conversamos sobre seu interesse na possibilidade de ir trabalhar no Afeganistão. Perguntei-lhe se os homens envolvidos nessa obra achavam melhor um missionário ser casado ou solteiro. Dave respondeu que achavam melhor um homem ser casado, mas, em seguida, ele disse: "Não vejo como conseguirei encontrar moças na obra da FMF, pois estarei viajando por todo o país e não permanecerei muito tempo em único lugar".

Na manhã seguinte, nas orações familiares, Papai orou especialmente por Dave quando assumisse as responsabilidades em seu novo trabalho com a FMF, e, enquanto ele orava, o nome de Phyllis Gibson relampejou em minha mente. Depois das orações, Papai saiu para tomar seu trem matinal, e eu me voltei para Dave e lhe disse muito casualmente e sem qualquer *intenção oculta*: "Dave, o que aconteceu com aquela moça com a qual você costumava se encontrar em Wheaton, chamada Phyllis Gibson?" (Poderia dizer que me lembrava dela mais como uma amiga de Betty, que a chamava "Gibby" e com quem estive uma ou duas vezes). Eu gostaria de ter estado com uma câmera em mãos e pudesse ter preservado para a posteridade a expressão de pasmo na face de Dave quando eu disse isso! Ele parecia quase chocado! "Mamãe", ele disse, "não consegui tirá-la de minha mente durante todo o verão, e tenho me perguntado se aquilo era do Senhor. Por isso, orei colocando uma prova no sentido de que, se esse fosse o pensamento dele para mim, VOCÊ falaria sobe ela para mim! Isso foi a prova mais difícil em que pude pensar!"

Acho que minha própria expressão facial também teria sido digna de uma fotografia! Eu fiquei boquiaberta e pensei: *Oh! O que eu fiz?*.

Na hora do almoço daquele dia, eu coloquei a comida no prato de Dave como costumava fazer, mas percebi que ele somente brincava com a comida. Por fim, eu disse: "Qual é o problema, Dave? Não se sente bem?". "Sim, estou bem, mas há muitas borboletas em meu estômago!"

Ouvindo essa afirmação impressionante, Jimmy, que na época tinha nove anos de idade, voltou-se para ele e perguntou: "Dave, você comeu borboletas?".

Bem, quando Dave chegou no Colorado, onde deveria começar seu trabalho com a FMF, os homens da equipe descobriram que Dave queria muito visitar uma jovem que residia em Montana e tornaram possível que ele fosse até lá. Não muito tempo depois, recebemos um telefonema de longa distância anunciando o noivado deles!

O envolvimento dos pais no casamento de seus filhos pode ocorrer de várias maneiras. Provavelmente a melhor maneira foi como Papai agiu no romance entre Tom e Lovelace! Deve ter sido por volta de 1961 que ele me disse um dia: "Espero que você se associe a mim em orarmos juntos no sentido de que Deus dê Lovelace Oden para ser a esposa de Tom". LOVELACE ODEN! Eu a conhecia muito pouco, e, além disso, ela era uma missionária no Japão, servindo com a China Inland Mission, e Tom era o nosso filho solteirão que ensinava inglês para meninos ingleses em Kingsmead, na Inglaterra. Eles estavam em lados opostos do mundo, e eu não via maneira possível de isso acontecer. (Oh! Quão pequena é minha fé!) Eu respondi que estava orando que Deus trouxesse a mulher de sua escolha para a vida de Tom, mas não tinha certeza de que podia ser específica ao ponto de pedir que essa mulher fosse Lovelace. "Bem, eu posso", respondeu Papai. "Eu me sinto bastante seguro a respeito disso!" Ele a tinha conhecido quando era uma candidata para a CIM, e ele fazia parte do conselho e fora muito impressionado por ela. Eu sabia que ela tinha estudado na Hampden Dubose Academy e Wheaton e que ela e Tom se viram nessas escolas; mas eu não a conhecia realmente. De vez em quando, nos dois anos seguintes, Papai me dizia: "Espero que você esteja orando sobre Tom e Lovelace". Sempre me senti um pouco culpada, porque minha fé não estava à altura da fé que ele tinha em relação a este assunto. Ele não viveu para ver a resposta dessa oração.

Também foi assim na vida de nossos outros três em relação ao seu casamento. Orações iniciadas quando ainda estavam em seus primeiros anos de adolescentes, por parte de seus pais, foram respondidas de maneiras individuais, visto que não há um padrão fixo para os lidares de Deus conosco.

Havendo esmagado sucessivamente as esperanças de vários homens jovens que aspiravam ao coração dela, Ginny caiu repentinamente nos braços do glamoroso presidente da classe de formandos de 1952, quando ela era uma pequena caloura em Wheaton. Ficamos muito surpresos na época, mas vinte anos nas Filipinas têm sido abençoados por Deus na obra deles de tradução e evangelização.

Papai, Jim e eu fomos a Nova York, a fim de nos despedirmos de Tom no navio que o levaria à Inglaterra, para dois anos de ensino. Jim confidenciara com ele algumas esperanças e temores sobre uma jovem que estava em Wheaton. E a palavra de despedida de Tom para ele, uma palavra de encorajamento para prosseguir com suas esperanças, pareceram dar-lhe luz verde. Deus tem abençoado certamente a união dele com a querida Joyce, em muitas maneiras — quatro filhos encantadores, 81 hectares de terra em Minnesota, uma casa confortável e, o melhor de tudo, uma pequena capela onde têm servido a Deus por vários anos com a alegria de ajudar muitos. A apreciação inata por beleza e arte ainda têm sua realização na obra exposta no pequeno estúdio.

E assim agradecemos a Deus pelos queridos genros e noras ou, melhor, como a tribo Trumbull teria dito, pelos nossos AMORES.

31

AS CARTAS DA FAMÍLIA

Dos legados palpáveis que meus pais nos deixaram, nada me parece mais extraordinário do que suas cartas — tanto em número quanto em conteúdo. Quão ricos éramos por não termos condições de pagar chamadas de longa distância! Poucas famílias hoje têm o registro detalhado e permanente que agora está em uma caixa no meu sótão — o conjunto completo das cartas de mamãe para seus filhos desde 1954 até 1985. Não é incomum, posso acrescentar, que também tenhamos cartas de uma trisavó para seus filhos, escritas mais de um século antes. Acho que somos um grupo de inveterados guardadores de registros.

Como mencionei, mamãe começou a escrever para Phil e para mim duas vezes por semana em 1941, quando saímos para a escola. Estou certa de que nunca houve uma semana de sua vida, de setembro de 1941 até ela começar a perder seus poderes mentais em meados dos anos 1980, em que ela não escreveu para seus filhos.

A oração de mamãe "Senhor, envia meus filhos" começou a se cumprir em abril de 1952, quando eu fui para o Equador. Na véspera de minha viagem de navio, ela escreveu:

Minha querida Bets,

Quão embaraçada eu me sinto neste momento, quando tento colocar em palavras minha gratidão a nosso Pai celestial por sua boa mão sobre você no passar dos anos, por sua fidelidade, embora eu tenha sido tão infiel, por lhe chamar ao serviço dele e lhe dar graça e fé para ser obediente, por lhe dar coragem quando o caminho parecia difícil e total e completa confiança em cada passo do caminho. Você tem sido *grande* conforto e uma ajuda muito real para mim, espiritualmente. Sentirei falta de poder compartilhar as minhas "angústias" com você, querida, mas agradeço a Deus por você e pelo fato de que Ele a está guiando. Enquanto escrevo, um garganta-branca [pardal] está cantando — mais uma lembrança de *Seu* amoroso cuidado!

Em seu tempo livre, examine estes versículos e obtenha deles coragem e alegria renovadas, à medida que você começa uma vida sob novas e, provavelmente, difíceis condições: Dt 1.17, 21, 29-31; Jr 1.7-9.

Como disse outro dia, para mim é um conforto saber que Jim [Elliot, que já estava no Equador] estará perto de você, porém um conforto muito maior é lembrar que sua vida está "oculta com Cristo, em Deus" — o único lugar seguro! Deus guarde você, querida.

Amo você sempre.

Mamãe

P.S. Este cartão [com uma foto da costa rochosa do Maine] me lembra "Quem é rocha, senão o nosso Deus?".

Phil e Margaret foram para o Território do Noroeste, no Canadá, em 10 de fevereiro de 1953, onde serviram entre os índios Slave, transpondo seu idioma à escrita, sob os auspícios da (posteriormente) Northern Canada Evangelical Mission. Onze dias após a partida de Phil e Margaret, Dave e Phyllis foram para Costa Rica, com a Latin America Mission.

Em 1954, Jim foi para a Hampden Dubose Academy. Nesse tempo, mamãe já tinha uma máquina de escrever e começou a usar o método ache-e-pressione (com um dedo de cada mão), fazendo pelo menos cinco cópias em papel carbono. Jim guardou prudentemente suas cópias, devolvendo-as periodicamente a mamãe, que as arquivava. Quando máquinas de fotocópias se tornaram disponíveis, ela começou a fazer cópias de todas as nossas cartas para si mesma e a enviá-las, semana após semana, para os demais filhos. Era um pacote gordo que podíamos esperar — sua carta, frequentemente com vários anexos e várias cartas dos irmãos. Nem sempre conseguíamos enviar-lhe uma carta por semana, mas, costumeiramente, pelo menos duas ou três por mês.

A carta da família servia para manter um tipo raro de unidade entre nós, quando estávamos dispersos pelos quatro ventos. Éramos unidos por ela, como não podíamos ter sido de outra maneira. E, quando mamãe faleceu, conversamos sobre parar com as cartas. Ninguém quis, por isso continuamos a nos manter informados uns dos outros —

não semanalmente, mas, talvez, seis ou oito vezes por ano, fazendo cópias mais facilmente do que mamãe podia fazê-las.

Como dar alguma ideia do sabor das cartas familiares de nossos pais? Escolher dentre centenas dessas cartas não é fácil. Mas eis uma parte da primeira carta que Jim recebeu, datada de 5 de setembro de 1954:

> Queridos filhos,
>
> Isso inclui agora o nosso mais novo, e estou tendo um tempo difícil em assimilar que ele tem catorze anos e, de fato, está a caminho da HDA. Sim, ele e Tom saíram no verdadeiro estilo Howard nesta manhã, alguns minutos ATRÁS — por volta das 7:25 — em uma grande caminhonete de pão, preta e pesada [uma doação de um padeiro cristão para a HDA]. Jim estava sentado em uma das cadeiras dobráveis ao lado de Tom, e atrás estavam o baú e a maleta de Jim, bem como a bagagem de Tom, um travesseiro e uma coberta, caso algum deles fique com sono. Devem parar por uma noite em hotéis, porque Tom precisará dormir...

> Dave, a sua carta que nos falava sobre a visita do general foi TÃO emocionante, e nós a devoramos...
>
> Phil e Margaret, suas boas cartas chegaram ontem, e, quando chegamos em casa na quinta-feira, achamos os pacotes esperando por nós. Jim ficou TÃO encantado com seu trenó em miniatura, e eu me deleito com essas ocasiões maravilhosas... Aquele adiantamento certamente foi interessante. Bets, como você o compara com o que você usou?

As cartas eram sempre em tom de conversa. Mamãe respondia os assuntos sobre os quais escrevíamos. Em nossa mente, não havia dúvida de que ela absorvera cada palavra e fazia comentários sobre as coisas como teria feito se estivéssemos sentados juntos ao redor da mesa. Em retorno, ela esperava comentários de nossa parte e respostas específicas às suas perguntas.

Em abril de 1955, Ginny, Bud e seu bebê Kenny foram para Palawan, nas Filipinas, com a Associação de Batistas para a Evangelização Mundial. Em sua partida, mamãe escreveu:

> Não tenho deixado minha mente deter-se nos sinais da presença do pequeno Kenny que não estão mais aqui. Uma carta de Isobel Kuhn [autora e missionária na China] falando sobre a sua separação de Kathy [sua filha] tem esta mensagem que me ajuda e pode ajudar Ginny e Bets: "O Senhor me mostrou como posso usar minha cabeça para ajudar meu coração. Todos os pensamentos aflitivos devem ser evitados e todas as cenas angustiantes são desnecessárias. Planeje a separação de modo a manter os pensamentos em outras coisas... ela é sempre mais difícil para aquele que fica, porque a memória pode cavoucar o coração". Sinto que devo cerrar o punho e fazer um rosto firme, como Bets costumava mostrar a maneira que Phil fazia no PBI ou posso entregar-me às lágrimas. Acho que é melhor começar a falar sobre outras coisas; do contrário, as lágrimas virão.

Em fevereiro de 1955, nossos pais visitaram Dave e Phyllis, em Costa Rica, e Jim e eu, no Equador, pouco depois do nascimento de nossa filha Valerie. Durante essa viagem, ficou evidente que algo estava errado com papai. Ele não demonstrava sua usual personalidade interessada, inquiridora e disposta. Ao voltarem para casa, ele fez um encefalograma. A carta de mamãe relatava:

> Havia um enorme tumor no cérebro, no lobo frontal direito. O médico não ocultou a realidade para mim, mas falou sobre as possibilidades... um tumor "do tamanho de uma bola de golfe" que não é maligno ou uma malignidade com raízes que não podem ser completamente removidas e, por isso, tende a reaparecer. É claro que a outra possibilidade é que o paciente morra na mesa de cirurgia. Sou grata em dizer que, por sua graça, o Senhor me capacitou a enfrentar todas essas possibilidades com o desejo único de que SUA VONTADE fosse feita. Tom é um baluarte e tem estado conosco nobremente, embora ontem, ao ver Papai logo depois da cirurgia, ele tenha passado mal e teve de sair por um momento. Eu, também, tive de sentar-me ao lado da cama de Papai e abaixar a cabeça a fim de não desfalecer.

Quatro dias depois, ela escreveu:

> Sou muito grata por estar perto de Papai e tenho muitos motivos pelos quais devo louvar ao Senhor. Billy [Scoville, sobrinho de papai, que realizou a cirurgia] está muito satisfeito com a recuperação rápida de Papai — ele disse que é a mais rápida que já viu desde a "maior operação no mundo".

Em 1956, meu esposo, Jim (éramos casados havia 27 meses), e quatro colegas missionários foram mortos pelos índios para os quais tencionavam levar o Evangelho. Mamãe escreveu uma carta pessoal para mim, logo que soube das notícias pelo rádio. Eis um trecho:

> Como eu anseio tomar você em meus braços e confortá-la. Ainda não temos nenhuma palavra oficial acerca do acontecimento. Há muitos rumores. Pessoas bem-intencionadas telefonam com as últimas coisas que ouviram do rádio ou da TV. A informação seguinte pode contradizer a anterior. Esperanças surgem e desaparecem. Mas, em meio a tudo isso, Deus está dando paz incrível, não para pedir que os rapazes sejam poupados, e sim a paz de que SUA vontade perfeita se realize e de que vocês, queridas meninas, fiquem tão maravilhosamente conscientes de SUA força e graça, que se surpreenderão com a paz de coração que Ele pode dar.
>
> A citação seguinte, de Amy Carmichael, parece apropriada: "Jônatas... não consola tanto a Davi, que se torna necessário a ele. Jônatas fortalece a mão de Davi em Deus. Deixa seu amigo forte em Deus, descansando em Deus, seguro em Deus. Ele desprende seu querido Davi de si mesmo e o prende ao seu Socorro Sempre Presente. Em seguida, Jônatas vai para sua casa, e Davi permanece no bosque — com Deus".

A carta para a família foi escrita dois dias depois, quando houve a notícia final:

> Queridos filhos, "os mortos em Cristo ressuscitarão primeiro... nós... seremos arrebatados juntamente com eles... para o encontro do Senhor... e, assim, estaremos para sempre com o Senhor. Consolai-vos, pois, uns aos outros com estas palavras".
>
> Bets, minha querida, talvez até hoje mesmo você esteja com seu amado! Que a esperança da vinda do Senhor seja maravilhosamente preciosa e fortalecedora para todos nós. Posso dizer apenas o que Jó

disse: "O Senhor o deu e o Senhor o tomou; BENDITO SEJA O NOME DO SENHOR!". Ele prometeu que "saberemos" o que ele está fazendo, mas, até então, vamos "amá-lo, confiar nele e louvá-lo"...

Em toda esta semana de incerteza, angústia, esperança, desespero, tem havido uma paz que excede todo o entendimento, a graça prometida que tem sido suficiente. Duas mensagens estão em meu coração — "com o Teu sangue compraste para Deus os que procedem de toda tribo, língua, povo e nação". Entre estes, TEM de haver alguns Aucas — como o meu coração os alcança com amor, compaixão e paciência, para que ouçam a Palavra de esperança e quão honrada me sinto em ser a mãe de seis filhos que, todos, têm o grande interesse de levar essa Palavra até aos confins da terra. Vamos nos unir em oração em favor dos Auca, em favor dos Slavey, em favor do povo de Costa Rica e de Palawan que não conhecem e estão sem esperança.

E a outra mensagem que retornou a mim continuamente foi a que está em Daniel 3.17: "O nosso Deus, a quem servimos, é capaz e LIVRARÁ (não temais os que matam o corpo)... MAS, SE NÃO, embora ele me mate, CONFIAREI NELE".

Dois dias depois, mamãe escreveu outra carta pessoal, falando sobre os muitos amigos que estavam orando por mim e por toda a família e sobre o transbordamento de amor que estavam experimentando. Então, ela acrescentou:

É claro que estamos nos perguntando o que você fará, querida. Não escrevi para insistir em que volte para casa por um tempo, pois sei que você sabe quanto eu adoraria ter você aqui, mas, nem por um minuto, eu desejaria que você voltasse sem ter certeza de que isso é a vontade de Deus para você. Estou certa de que você desejará continuar, e estou com você nisso.

Em março daquele ano, mamãe me visitou de novo na floresta. A Sra. DuBose, entendendo o anseio de mamãe por ver com os próprios olhos que tudo estava bem comigo, pagou a viagem dela e a acompanhou. Durante aquelas poucas semanas, papai assumiu o trabalho de escrever as cartas da família. Ele escreveu:

> Betty, tenho as suas cartas de 23 e 28 de fevereiro e apreciei muito sua descrição da pequena festa que você deu a Valerie [seu primeiro aniversário]. Isso foi magnífico! Acho que Mamãe precisará de alguns lenços de papel ou procure ao redor do seio dela um pequeno quadrado de musselina.

Ele estava sendo cuidado em casa pela nossa queridíssima ajudante de muitos anos, a Sra. Kershaw, que morou no sul do estado de New Jersey por toda a vida e tinha uma maneira singular de se expressar. Papai não pôde resistir em contar-nos algumas cenas:

> A Sra. Kershaw me falou de um pombo que costumava entrar na cozinha de uma fazenda para se alimentar; era bastante inofensivo. Mas, referindo-se à fazendeira, a Sra. Kershaw disse: "Ela o enxotava com medo de que ele fizesse alguma obra por ali". Um eufemismo incomum!
>
> Quando ela relembrava a propriedade rural em que tinha morado, eu perguntei: "Vocês tinham um banheiro do lado de fora?". Oh! sim, gelado até à morte!" — com uma vassoura na mão. "Mas era uma ótima casinha. Era um banheiro muito bonito!"
>
> Sinto bastante saudade de vocês, mas, como disse antes, sou muito grato pelo fato de que vocês estão na linha de fogo por amor a Deus. Estando sozinho, ultimamente tenho desfrutado de comunhão especial com Ele, mas não pense que eu não preciso de suas orações, porque preciso realmente. O diabo nunca para enquanto estamos aqui.
>
> Uma grande quantidade de amor para todos vocês, de seu amoroso papai.

Quase todas as cartas que papai escrevia para a família descrevem as coisas simples e agradáveis que, ele sabia, desejávamos ouvir. Mas, quando escrevia para nós individualmente, ele nos fortalecia no Senhor, como, por exemplo, quando um de meus irmãos passava por um período de dúvida agonizante:

> Suas dúvidas não são incomuns. O melhor dos homens as tem, e já notei em muitos dos escritores mais velhos que eles eram afligidos ocasionalmente por elas. "Amados, não estranheis o fogo ardente que surge no meio de vós, destinado a provar-vos, como se alguma coisa extraordinária vos estivesse acontecendo [...] O diabo, vosso adversário, anda em derredor, como leão que ruge procurando alguém para devorar; resisti-lhe firmes na fé, certos de que sofrimentos iguais aos vossos estão-se cumprindo na vossa irmandade espalhada pelo mundo" (1Pe 4.12; 5.8-9)... O diabo sempre tentará deteriorar a sua fé na Palavra e confiscá-la de você; mas lembre-se de que, quando Cristo foi tentado de três maneiras no deserto, Ele citou a Escritura três vezes e usou sua própria palavra apenas no final, e o diabo foi repelido...
>
> Temos de permanecer firmes no fato de que a Palavra de Deus é verdadeira, ela tem resistido ao teste dos séculos, ainda é o melhor best-seller, sendo poderosa para nos fortalecer e nos ajudar a enfrentar a tentação. Eis uma estrofe de um hino excelente que está no hinário de Keswick (Inglaterra):
>
> > Confia nele quando dúvidas te atacam,
> > Confia nele quando tua fé é pequena,
> > Confia nele quando o confiar nele
> > Parece a coisa mais difícil de todas.
>
> ...Ora, apenas firme-se nas promessas de Deus como Isaías 41.10, Salmo 55.22, Salmo 27.1... Aprenda os velhos hinos e medite-os à noite e quando você for tentado. Estamos orando por você, e Deus o ama.
>
> Eu também. Seu amoroso papai.

Como já vimos, mamãe colocava, às vezes, seus pensamentos em versos. O poema seguinte, intitulado "O Conforto das Escrituras para Uma Mãe de Seis", foi, de acordo com a anotação de mamãe, "elaborado às três horas da manhã em 25 de abril de 1959":

> Eu o vejo, Senhor, em toda aquela terra congelante,
> Uma figura galante avançando intrepidamente,
> A neve e o vento picantes batem em sua face —
> Eu preciso me apoiar em Tua promessa, Senhor.
> Pois corações índios são frios e gélidos também,
> "Um coração de carne por pedra", ouço-Te dizer?
> E: "Ele deixará os meus cativos saírem!"
> Descansa hoje, meu coração, nesta Palavra segura.
>
> Na floresta fumegante, Senhor, cheia de vida rastejante,
> Ela trabalha de modo paciente para falar do Teu amor,
> Onde nada se conhece, exceto apenas conflito humano.
> De onde vem a minha ajuda, senão de Ti, no alto?
> Flechas de dia! Ah! Senhor, aquelas lanças dos Auca!
> Teus anjos estão encarregados dela? Sim, eu sei —
> Mas, Senhor, terror de noite, solidão e lágrimas —
> Sim, Senhor, esses rios "não transbordarão".
>
> E, então, outro filho, ó Deus, tão querido,
> A oposição existente lá é ferrenha e real;
> O ódio astuto vestido de preto[2] — isso eu temo,
> O inimigo é poderoso, Senhor, seu coração é aço!
> Qual foi aquela palavra sussurrada? Tu és Maior?

---

2   Havia forte perseguição de protestantes por católicos nesse tempo na América Latina. Agora, muita coisa mudou em relação a isso.

O Deus forte... todo poder, escudo e fortaleza!
Em TI descanso meu coração aflito agora mesmo,
E a Tua Palavra é o meu conforto em aflição.

Mas, Senhor, os tufões sacodem o barquinho,
Em que a outra filha procura levar
A povos não alcançados de ilhas remotas
A Palavra — "Cristo morreu — Ele é teu Rei-Salvador".
O que Tu dizes, Senhor? (Quão bondoso és para mim!)
"Até o mar e o vento me obedecem. Paz, acalmem-se!
Por recifes de corais pontiagudos e mar rebuliço,
Estarei com ela: Tu não temerás nenhum mal!"

Dois mais estão em meu coração, Senhor. Esses eu trago.
Filhos amados pelos quais derramaste Teu precioso sangue.
Tua Palavra vem tão rapidamente (meu coração cantava!)
"Os passos desses são ordenados pelo Senhor."
A imaginação mantida em Ti, disseste?
Sim, só então paz perfeita pode ser obtida.
Confiá-los a Ti? Toda noite e Todo dia,
Meu Pai, toma-os, guarda-os para Ti mesmo.

Durante o verão de 1963, meus pais venderam a casa em Moorestown e se mudaram para Vero Beach, na Flórida, onde amigos queridos, os Walter Buckingham, lhes haviam *dado* uma casa. Papai escreveu uma carta de família em 8 de novembro, não imaginando que seria a última:

Querida família,
    Uma vez mais, tomo em mãos a minha Corona em miniatura para escrever-lhes a carta semanal. Aqui é um dia glorioso, com o

termômetro em 25 graus, um sol brilhante e céu azul, com uma agradável brisa vinda do Ocidente. Hoje de manhã, mamãe e eu passamos em nossos testes escritos para a carteira de motorista da Flórida. Hoje à tarde, ela pegou a nossa placa de veículo na Indian Rivah Cote House [sua versão de um sotaque da Flórida], eu a coloquei no carro, e agora somos quase cidadãos da Flórida... Há cinco cartas e um bilhete de vocês aqui, que responderei um por um.

Ele faz exatamente isso, tomando-nos em ordem de idade e comentando sobre cada uma das cartas. Ele termina com um excerto de um livro antigo intitulado *The Old Gospel for the New Age* (O Velho Evangelho para a Nova Época), escrito por H. G. Moule:

(sobre Charles Simeon, de Cambridge) "dia após dia, suas primeiras horas acordado, ganhas do sono por autodisciplina intrépida, foram gastas, em toda a sua vida desde a juventude em diante, em conversa solitária com Deus". Depois, sobre Ridley, um mártir: "Em 16 de outubro de 1555, em Oxford, numa manhã de chuva torrencial e sol esporádico, numa estaca colocada na valeta Balliol, num fogo aceso com demora e dificuldade que fez sua obra violenta apenas aos poucos, morreu Nicholas Ridley, bispo de Londres, que fora bispo de Rochester e anteriormente Mestre de Pembroke, nesta universidade, clamando com uma voz alta e maravilhosa: *In manus tuas, Domine, comendo spiritum meum*,[3] até que o fogo chegou ao saco de pólvora, e o clamor foi silenciado".

Fim do papel. Tenho de parar. Por favor, desculpem os muitos erros. Eu leio prontamente todas as cartas de vocês; não lembro os detalhes de seu trabalho tão bem quanto sua mãe, que os levava *no* coração, mas eu oro em detalhes por vocês toda manhã, bem cedo. E igualmente os

---

[3] Em tuas mãos, Senhor, entrego o meu espírito.

levo *em* meu coração, e amo todos vocês. Muito interessado em tudo que estão fazendo.

Amor para todos, inclusive para os netos, de papai e vovô.

No dia de Natal, ele e mamãe estavam tomando o café da manhã. Ele se virou para olhar sobre seu ombro esquerdo, o que mamãe achou estranho, porque ele não tinha olho esquerdo. Isso aconteceu várias vezes, e, quando mamãe perguntou por que, ele disse que alguém estava lá. Ele foi tão insistente que, por fim, ela caminhou com ele ao redor da pequena casa, assegurando-lhe que estavam sozinhos. Depois, eles caminharam para a casa dos Buckingham, ao lado, onde haviam sido convidados para abrir presentes. Quando chegaram à soleira, papai caiu. A Sra. Buckingham ouviu mamãe cochichar: "Ó Senhor, leve-o rápida e facilmente". Ele foi levado ao hospital e morreu dentro de uma hora. A carta de mamãe para a família, escrita em 1º de janeiro, começa com a Escritura: "Engrandecei o SENHOR comigo, e todos, à uma, lhe exaltemos o nome" (Sl 34.3).

> Quão bondoso Ele tem sido para comigo em dias recentes! Só posso agradecer-Lhe continuamente por sua bondade e misericórdia! Faz apenas uma semana desde que levamos Papai para o hospital. Acho que posso dizer que ele não sofreu de maneira alguma... A coisa mais interessante sobre a partida de Papai foi a maneira como ele continuava a olhar por sobre os ombros e a dizer que alguém estava atrás dele! Vários têm dito que era o Senhor...
>
> Quando ouvi que ele partira, pude apenas sentir um grande senso de alívio e regozijo. PLENITUDE DE ALEGRIA para Papai. Por que deveríamos ficar tristes? Exceto por algumas lágrimas no momento em que ouvi, meu coração tem estado livre de tudo, exceto gratidão.

O testamento de papai, rascunhado em março de 1948, começa desta maneira:

Eu, Philip Eugene Howard Jr., residente em Moorestown, no estado de New Jersey, faço e declaro que isto é a minha última Vontade e Testamento, revogando, por meio deste, outros testamentos feitos até agora por mim.

Desejo dar testemunho da minha fé no Senhor Jesus Cristo como meu Salvador pessoal, crendo que seu sangue me purifica de todo pecado; que Ele foi preparar um lugar para mim, bem como para todos os outros crentes; que eu tenho a vida eterna nEle; e que serei ressuscitado fisicamente, com todos os outros crentes na segunda vinda de Cristo e, a partir de então, estarei para sempre com o Senhor.

Desejo também dar graças e louvor, de todo o coração, a Deus, meu Pai celestial, por sua misericórdia e graça abundantes para comigo em toda a minha vida; por meu nascimento em um lar cristão feliz e piedoso, onde fui educado por meus queridos pais no conhecimento de Deus e de sua Palavra; por me dar grandes vantagens no que diz respeito a estudo, viagem e amizades; por me dar uma esposa querida, amorosa e eficiente, que me deu seis filhos e me têm animado, confortado e ajudado em todos os anos de nossa vida singularmente feliz juntos; por me preservar em muitas viagens; por me proteger em acidentes e me permitir servi-Lo por muitos anos. Anseio por ver a face de meu Salvador e pelo jubiloso encontro com meus amados no céu.

A correspondência que recebemos em grandes números de todo o mundo foi para nós uma nova revelação do caráter do homem que fora nosso pai. Houve cartas de pequenos e grandes, mas nenhuma foi mais importante, eu acho, do que a de uma missionária veterana da África Ocidental, a Srta. Janet Miller, que nunca o conhecera, mas tinha lido o *Sunday School Times* durante anos. Ela escreveu à mão em aerograma:

Para os filhos piedosos de pais piedosos:

Não se preocupem com quem eu sou; apenas um ninguém, um dos milhares que acharam por meio da Palavra de Deus forças para enfrentar demandas impossíveis de um mundo árduo; levados à Bíblia por meio do [Sunday School] Times, que revelou o espírito resoluto do pai de vocês, o Cristo que falava por meio dele... Que coroa de vitória ele está usando agora! Que recompensa ele recebeu, começando com a jornada conduzida pessoalmente com Aquele que ele sentiu estar às suas costas, que o guiara por toda a vida e o tornara uma bênção para milhares. Ao ler, ouvíamos não o editor, mas Cristo Jesus que falava. E ele sempre foi mais do que solícito a ajudar indivíduos como o seu Senhor o fez na terra, os fracos e os enfermos no corpo, mente ou espírito, cheio de simpatia. Não se preocupem em responder. Apenas um dos muitos. Que o Senhor Jesus Cristo esteja com todos vocês.

Mamãe permaneceu na Flórida por sete anos. Suas cartas para nós continuaram como sempre. E passava seus verões comigo em New Hampshire. Deus lhe deu o privilégio (e consolo) de servir como mãe para um grupo de mulheres mais novas em uma classe bíblica. Achamos um apartamento para ela em Massachusetts, onde Tom, Ginny e eu, com nossos cônjuges, estávamos, todos, morando. Depois, ela se mudou para uma pequena suíte na casa de Tom, e, após quatro anos, ela escolheu entrar num lar de idosos em Quarryville, na Pensilvânia.

Sua carreira terminou em 7 de fevereiro de 1987. Uma parte de uma carta que escrevi para a família e amigos que a amavam conta a história:

Ela estava disposta e bem-vestida de manhã (nunca em sua vida ela veio para o café de qualquer outra maneira), veio com a ajuda de seu andador para o almoço, deitou-se depois, tendo feito comentários bem realistas sobre alguém que ela soube estava morrendo e perguntou onde seu marido estava. Depois, naquela tarde, uma parada cardíaca a levou muito tranquilamente.

Cada um de nós, em ordem cronológica, usou alguns minutos no funeral para falar sobre algum aspecto do caráter de mamãe. Phil falou sobre a constância e infalível disponibilidade dela como mãe; sobre seu amor por papai ("Ele era sempre o meu amante", ela disse). Eu relembrei como ela costumava esfregar os olhos à mesa, rindo, ao ponto de chorar, de algumas das descrições bizarras de papai ou mesmo de suas piadas contadas frequentemente; como ela era obediente ao padrão do Novo Testamento de feminilidade piedosa, incluindo hospitalidade. Dave falou sobre a entrega irrestrita de mamãe ao Senhor: primeiro, de si mesma (na conferência Stony Brook em Nova York), depois, de seus filhos (dolorosamente, no Praire Bible Institute, no Canadá); falou sobre como, ao deixarmos o lar, ela nos acompanhou não somente com oração, mas também, quase sem interrupções por quarenta anos, com uma carta semanal. Ginny falou sobre o que significa ser uma senhora; como disciplinar a si mesma, seus filhos e seu lar. Tom lembrou os livros que mamãe lia para nós (A. A. Milne, Beatrix Potter, *Sir Night of the Splendid Way* [O Cavaleiro do Caminho Esplêndido], por exemplo) e as canções que ela cantava para nós enquanto embalava cada um de nós, filhos pequenos ("Silêncio, meu bebê, não chore", "Vá Dizer à Tia Nancy"), moldando a nossa visão da vida. Jim a retratou na pequena cadeira de balanço de vime, na janela saliente de seu quarto, depois de lavar e secar a louça do café da manhã, sentada em quietude diante do Senhor, com a Bíblia, o devocional *Luz Diária* e um caderno de anotações.

Os últimos três anos foram os mais tristes para todos nós. A arteriosclerose tinha feito sua obra na mente de mamãe, e ela estava confusa e solitária ("Por que Papai não veio para me ver?" "Ele já está com o Senhor há vinte e três anos, mamãe." "Ninguém me disse!"). Mostrando-se ainda uma dama, ela calçava seus sapatos, fazia as unhas, sempre oferecia uma cadeira para os que vinham. Ela não tinha perdido seu humor, sua quase imbatível destreza no Scrabble, sua habilidade de tocar o piano, cantar hinos e lembrar-se dos filhos. Mas ela queria que orássemos para que o Senhor a levasse para o Lar; e nós oramos.

O funeral terminou com os seis filhos cantando "A Luta Acabou!". Depois, todos os membros da família, incluindo nossas queridas tias Alice e Anne Howard, cantamos "A Deus Seja a Glória". O culto no cemitério terminou com a doxologia (aquela com aleluias). Pensamos nela agora com sua pobre e frágil mortalidade deixada para trás e seus olhos contemplando o Rei em sua beleza.

"Se você soubesse o que Deus sabe a respeito da morte", escreveu George MacDonald, "bateria palmas com suas mãos letárgicas".

EPÍLOGO

Aqueles que acharam esta descrição da família de um homem muito diferente do modelo que gostariam de seguir provavelmente não chegaram até aqui para ler o epílogo. Alguns podem ter lido totalmente, achando princípios que justificam seu anelo por segui-los, mas sentindo-se desesperançados quanto a fazerem isso. Para esses, quero repetir o que disse em meu prefácio — esta é a história da família de *um* homem, destinada a ser uma descrição e não uma prescrição. Os princípios são corretos e bíblicos, eu creio. A sua aplicação diferirá em tempos e lares diferentes.

Não fique desanimado! Se você está convencido do valor dos padrões aqui apresentados, nunca pense no impossível. É sempre possível fazer a vontade de Deus. Comece a preparar-se para fazer. O que você quer que seu lar seja? O que *Deus* quer que ele seja? Não desperdice tempo perguntando a si mesmo se você *pode* fazê-lo. A pergunta é apenas "Você *fará*?". Sua fraqueza é, em si mesma, uma afirmação contundente da misericórdia divina (2Co 12.10).

Quando Davi falou a seu filho Salomão que Deus o escolhera para edificar sua casa, Davi o encorajou com estas palavras: "Sê forte e corajoso e faze a obra; não temas, nem te desanimes, porque o Senhor Deus, meu Deus, há de ser contigo; não te deixará, nem te desamparará, até que acabes todas as obras para o serviço da Casa do Senhor" (1Cr 28.20). O mesmo Senhor não será com qualquer homem ou mulher a quem ele dá a tarefa de edificar um lar? Peça-lhe!

Quando subíamos aquelas montanhas em New Hampshire, alguns de nós ficávamos cansados mais rapidamente do que outros. Sempre havia um ou dois que se apressavam adiante e viam o cume, enquanto o resto ainda labutava para subir. Havia um grito: "Vamos! Estão quase chegando! Esperem até que vejam esta visão!".

Chamado

Se você já está um pouco adiante de mim, me chame —
Animarei o coração e fortalecerei os pés na trilha pedregosa,
E se, talvez, a luz da fé estiver fraca, porque há pouco óleo,
Seu chamado guiará meu lento percurso, enquanto cansado vou.

Chame e me diga que Ele foi com você através da tempestade;
Chame e diga que Ele o guardou ao romperem-se as raízes da floresta;
Que, ao trovejarem os céus e o terremoto abalar a montanha,
Ele o levou para cima e o sustentou quando o próprio ar estava parado.

Ó amigo, chame e diga-me, porque eu não posso ver sua face;
Dizem que ela brilha com triunfo, e seus pés voam na corrida;
Mas há névoa entre nós, e os olhos de meu espírito estão turvos,
Eu não posso ver a glória, embora anseie por uma palavra dEle.

Mas, se você disser que Ele o ouviu quando sua oração foi apenas um clamor,
E, se disser que Ele o viu através do céu da noite entenebrecido de pecado,
Se você já está um pouco adiante de mim, ó amigo, me chame —
Animarei o coração e fortalecerei os pés na trilha pedregosa.

Mamãe me enviou essas linhas, cujo autor ela desconhecia, quando eu era uma jovem mãe. Fui animada pelo chamado dela. É minha oração que essa história seja um "chamado" para animar outros.

LISTA DE LEITURA PARA PAIS

ABBOT, John. *A mãe no lar:* Reflexões diárias para mães cristãs. [Tradução Karis Davis]. Knox Publicações; Ananindeua, PA.

ALEXANDER, J. W. *Thoughts on Family Worship* (1847). Soli Deo Gloria Publications; Ligonier, PA.

BARNES Jr., Robert G. *Who's in Charge Here?* Word Publishing; Waco, TX. Evitando a "luta de poder" com seus filhos.

CHILD, L. *The Mother's Book.* Publicado primeiramente em Boston em 1831. Publicado atualmente por Applewood Books, c/o The Globe Paquot Press; Chester, CT.

COLFAX, David e Micki. *Homeschooling for Excellence.* Warner Books; New York, NY. Os quatro filhos dos autores foram ensinados em casa até entrarem em Harvard.

HENDRICK, Gladys West. *My First 300 Babies.* Janna Windsor; Arcadia, CA. Escrito por uma parteira muito sábia que fez o parto de 300 bebês e ajudou os pais a entenderem que "não é o que o bebê faz — porque às vezes ele parece imprevisível — é o que vocês fazem a respeito".

PRENTISS, Elizabeth. *Stepping Heavenward* (1869). Grace Abounding Ministries, Inc.; Sterling, VA. Diário de uma mulher desde a idade de 16 anos até ao casamento e à maternidade. Íntimo, prático, agradável.

RYLE, J. C. *Os deveres dos pais*. [Tradução Rodrigo Silva]. Editora Letras; Foz do Iguaçu, PR.

TÉOFANO, o Recluso. *Raising Them Right, A Saint's Advice*. Conciliar Press; Mt. Hermon, CA.

TRUMBULL, Henry Clay. *Como capacitar seus filhos para a vida.*[Tradução e adaptação Andrea Câmara]. Clube de Autores; Joinville, SC.

WILSON, Ken. *The Obedient Child*. Servant Books; Ann Arbor, MI. Filhos não nascem obedientes; precisam ser educados.

LIVROS SOBRE CASAMENTO:

MASON, Mike. *O mistério do casamento*. Mundo Cristão; São Paulo, SP.

O melhor livro que conheço sobre o assunto.

VON HILDEBRAND, Alice. *By Love Refined, Letters to a Young Bride*. Sophia Institute Press; Machester, NH. Ela responde a quase todas as perguntas que uma noiva poderia fazer.

FOTOGRAFIAS

Katharine Gillingham com seus pais

KG, à esquerda, em seu Buick

Philip E. Howard Jr (menor criança no tapete), com seu avô, Henry Clay Trumbull, e família

PEH Jr., no centro, atrás, com os pais, o irmão Trumbull, as irmãs Anne e Alice

PEH Jr., com sua noiva, 14 de junho de 1922

*Bangalô Gale, Franconia, New Hampshire (KGH na varanda),
cena de lua de mel*

KGH com Elisabeth

Lugar de nascimento da autora, Rua Ernest Laude, 52, Bruxelas

Avenida East Oak, 29, Moorestown, New Jersey

Rua Washington West, 103, Germantown, Pensilvânia

Avenida West Maple, 3, Moorestown

Os Howards em Germantown, com seus quatro primeiros filhos

Sentados: *Dave e Phyllis (sua esposa),
Elisabeth, Margaret (esposa de Phil) com a filha Kay, Phil, Jim;
Atrás: Tom, Ginny, Mamãe e Papai, 1951*

O Ministério Fiel visa apoiar a igreja de Deus, fornecendo conteúdo fiel às Escrituras através de conferências, cursos teológicos, literatura, ministério Adote um Pastor e conteúdo online gratuito.

Disponibilizamos em nosso site centenas de recursos, como vídeos de pregações e conferências, artigos, e-books, audiolivros, blog e muito mais. Lá também é possível assinar nosso informativo e se tornar parte da comunidade Fiel, recebendo acesso a esses e outros materiais, além de promoções exclusivas.

Visite nosso site

www.ministeriofiel.com.br

Impressão e Acabamento | Gráfica Viena
Todo papel desta obra possui certificação FSC® do fabricante.
Produzido conforme melhores práticas de gestão ambiental (ISO 14001)
www.graficaviena.com.br